Wangluo Zhili yu Zhixu Shengcheng
—— Jiaoyu Zhengce Bianqian Zhong de Zhili Yanhua

网络治理与秩序生成
——教育政策变迁中的治理演化

张 衡 著

ZHEJIANG UNIVERSITY PRESS
浙江大学出版社

图书在版编目(CIP)数据

网络治理与秩序生成:教育政策变迁中的治理演化 /
张衡著. —杭州:浙江大学出版社,2019.4
ISBN 978-7-308-19076-3

Ⅰ.①网… Ⅱ.①张… Ⅲ.①高等教育—教育政策—
研究—中国 Ⅳ.①G649.20

中国版本图书馆 CIP 数据核字(2019)第 066630 号

网络治理与秩序生成——教育政策变迁中的治理演化

张　衡　著

责任编辑	蔡圆圆	
责任校对	杨利军　夏湘娣	
封面设计	春天书装	
出版发行	浙江大学出版社	
	(杭州市天目山路 148 号　邮政编码 310007)	
	(网址:http://www.zjupress.com)	
排　　版	杭州隆盛图文制作有限公司	
印　　刷	浙江省良渚印刷厂	
开　　本	710mm×1000mm　1/16	
印　　张	17.75	
字　　数	318 千	
版 印 次	2019 年 4 月第 1 版　2019 年 4 月第 1 次印刷	
书　　号	ISBN 978-7-308-19076-3	
定　　价	55.00 元	

序　言

在教育与国家、社会背后有一个神秘的"X"，它是教育与国家、社会互动所镶嵌的结构背景，更是相应秩序达成的作用力量。它涉及教育与外在力量通过何种方式相聚，同时其自身也在不断嬗变。

本书实际上是围绕"X"的探索，从孕育到面世历经数载。早在攻读博士学位之前，笔者已关注到高教治理这一重大课题。其间，初步涉猎了计划秩序、自生秩序、高教分类分层研究等内容，这为之后思考"高等教育良序何以达成"这一学术命题埋下了种子。

工作缘故，笔者开始关注高职群体，特别是高职群体在"升格"规制、"不安心定位"指责之下，何以"乐此不疲"不懈抗争？新制度主义社会学中的合法化机制趋同解释，总感觉解释力尚显不够。读博士期间，笔者对政策研究产生浓厚兴趣，逐渐萌生从政策过程角度考察治理互动的想法。因为政策是行动者策略互动的逻辑中介，政策过程研究无疑有助于构建高等教育秩序研究的中层理论。于是，笔者确立了从教育政策变迁角度切入教育治理的选题。

研究教育政策变迁，主要基于以下考虑。探讨"好教育"，可从正（良序条件）、反（失调原因）两方面来揭示教育良序实现的条件和机制。政策变迁分析，着力于"寻求真相"，其中的政策失灵研究，通过"把伤疤揭开"这一举动，"知兴替、明得失"，为教育治理现代化探索提供启示。

同时，美国政治学家保罗·皮尔逊也倡导：社会科学研究不能仅问"什么"，还要追问"何时"，研究视角应从"快照"切换到"动画"，实际上是对非历史主义方法的批判。历史发生学的视角，对忽视时间脉络、将"变项"抽离出来加以研究的功能主义缺陷做了弥补。① 是在"A 导致了 B"之后，进一步"打开黑箱""找寻机制"（"基于时间的解释"），试图回应"A 如何导致了 B"的

---

① ［美］保罗·皮尔逊. 时间中的政治：历史、制度与社会分析［M］. 黎汉基，黄佩璇，译. 南京：江苏人民出版社，2014.

颇有价值的探索。① 正如"出牌顺序错了,一手好牌也会打输",但时机与时序的重要性却一度被学界所忽视,表现在:长期以来,社会科学研究较多关注导致特定结果的原因,相对忽视了作为原因的诸要素起作用的先后顺序和时间点。

政策变迁研究,无疑是一种时间维度的分析。那么该如何钩沉历史?年鉴学派遵循的是一种整体史观,认为没有什么历史事件或现象仅仅通过自身的历史渊源、产生发展原因就能得到完全说明,转而提倡从社会、整体的视角加以分析。这种"大历史观",以"自下而上"的研究方法看历史,虽从细枝末节入手,但并不"就事论事",而是从社会深层结构角度来重新解读,捕捉现象背后的国家与社会关系等大问题。

像黄仁宇的《万历十五年》、孔飞力的《叫魂:1768年中国妖术大恐慌》等,虽从某个年份说起或特定事件入手,但"看远不顾近",摆脱具体历史事件的束缚,穿透层层迷雾,达成了对一个时代甚至中国历史一针见血的分析,为理解当代中国国家治理逻辑提供了极好的切入点或反省机会。② 孔飞力将社会事件与政治命题勾连在一起,涉及其对"事件"的理解——人们在制度中的相互关系同发生于现实世界中的"事件"绝非"风马牛不相及"的。

同样,教育政策"事件"也不是孤立的,"事件史"背后是"结构史"。考察教育政策变迁,也在于从政策变迁"事件"中跳出,挖掘幕后"看不见的黑手",找出究竟是哪些因素、何种力量在推动着教育政策变迁。唯此,才能更好地审视国家与社会的关系,特别是政府与高校间的边界重构。教育治理现代化,在时间维度上,因有了"从何处来"的考察,"向何处去"才更有方向。

本书旨趣即在于此,借鉴人类学"在村庄中进行研究,而非单纯研究村庄"的思路,研究的是教育政策变迁,但更是"在教育政策变迁中"进行研究。意在从纷繁复杂、表现为"层出不穷琐事"的政策变迁表象梳理中跳出,探索政策"何以变迁"等更为深邃的命题。事实上,教育政策变迁中的问题,既表征着多元共治的现实境遇,也暗含着更换治理模式的契机,除涉及教育秩序生成命题外,更昭示着教育治理现代化的未来路向。

政策变迁研究方面,传统政策内容研究偏重官方文件解读,相对来说缺失了底层民间社会的考量。如詹姆斯·C.斯科特所言,如果说寻找失败的原因是国家的视角,那么观察失败的角度恰在它的反面,即人民的视角。对

---

① 郝诗楠,唐世平.社会科学研究中的时间:时序和时机[J].经济社会体制比较,2014(2).

② [美]孔飞力.叫魂:1768年中国妖术大恐慌[M].陈兼,刘昶,译.上海:上海三联书店,2012;赵世瑜,杜正贞,张宏艳.《叫魂》三人谈:政治史、整体史、自下而上的历史观[DB/OL].http://cul.qq.com/a/20160218/022402.htm.

教育政策失灵的剖析,同样不能离开底层视角,特别是从政策对象——高校出发来重新审视。为避免曲解和误读,要求研究者沉入教育基层,仔细聆听弱势者、失语者的声音,真正从底层处境、行动来理解相关诉求和行为,方能确保产生经得起学术考验的思想作品。

为此,笔者以"里内的门外人"身份,近距离地考察了高职相关群体对特定教育政策的认知和行为,随着研究的深入,开始有了一些新的发现。从某种程度上说,教育政策问题,除反映政策过程缺乏充分博弈外,更涉及杰克·奈特所提及的"制度分配效应",以及"利益分配的政治"等命题。

随后遇到的问题是,该如何书写。"在教育政策变迁中"进行研究,无疑要求在事件、现象描述、叙事之外进一步给出原因解释、理论分析。寓分析于叙事,涉及事实陈述与理论解释的关系处理,特别是研究者的个体立场和研究过程是否要在文本中呈现。常规做法是尽可能避免彰显个性,以使研究更具科学性。但也有研究者提出质疑,认为这是怯懦的、没有学术勇气的表现。如社会学者项飙,就把"发现的逻辑"——学术研究经历,写进文本中。以自己的调查寻访和研究过程为主线来组织材料,按照自己对事件真相和事件背后理论内涵的兴趣,进行话题转换,该说事时说事,该讲理时讲理。认为这样可以"增加研究报告的可讨论性和可检验性",对读者而言,也有踏上"发现之旅"的观感。[①]

鉴于底层史、理解社会学的方法论选择,研究过程中,笔者持一种同情的理解态度,采取了类似处理方式,包括融入自身判断等。力争不过分指责相关方行为(抗争或规制)的不对,也不过分拔高相关行为之意义。但在避免走极端与力求深刻之间,处理起来可谓着实不易。要说明的是,书中观点远非终极结论,读者尽可见仁见智。

书稿即将付梓之际,特别感谢家人在背后的默默付出,感谢眭依凡教授的教育指导,感谢华东师范大学教育学院和浙江大学公共管理学院老师、同学们的支持帮助!

---

① 冯仕政.个案研究的表述:问题、实质与实践[N].中国社会科学报,2010-02-23.

目　录

导　论 ……………………………………………………………… (1)

第一章　学制政策变迁的历史 ……………………………………… (11)

　　第一节　"类型"政策的变迁 …………………………………… (12)

　　第二节　"层次"政策的变迁 …………………………………… (29)

第二章　网络治理：教育政策变迁研究的新途径 ………………… (45)

　　第一节　网络治理的理论基础、价值及应用 ………………… (45)

　　第二节　政策变迁的网络治理分析途径 ……………………… (58)

第三章　教育网络治理特征分析 …………………………………… (62)

　　第一节　网络治理环境、类型结构与互动行为 ……………… (62)

　　第二节　决策层行动者的资源、立场、策略 ………………… (71)

　　第三节　资政层行动者的资源、立场、策略 ………………… (78)

　　第四节　影响层行动者的资源、立场、策略 ………………… (82)

第四章　学制政策变迁中的网络治理行动缘起 …………………… (96)

　　第一节　高等教育分类分层与秩序生成 ……………………… (96)

　　第二节　身份认同与承认政治 ……………………………… (100)

　　第三节　制度认同与抗争政治 ……………………………… (105)

第五章　"类型"政策变迁中的网络治理 ………………………… (110)

　　第一节　"分流"政策出台背景与过程 ……………………… (110)

　　第二节　网络治理互动 ……………………………………… (111)

　　第三节　网络治理行动的政策影响效果 …………………… (114)

第六章　"层次"政策变迁中的网络治理：初步探索期 ………… (117)

　　第一节　层次提升的倡导博弈 ……………………………… (117)

　　第二节　"本科院校办技术应用本科"与"高职院校试办长学制"

　　　………………………………………………………………… (127)

网络治理与秩序生成——教育政策变迁中的治理演化

第七章 "层次"政策变迁中的网络治理:严格规制期 ……………… (131)

    第一节 推行"两年制"中的网络治理 ……………………… (131)

    第二节 "颁布升格禁令"后的网络治理 …………………… (138)

第八章 "层次"政策变迁中的网络治理:全面改革期 ……………… (152)

    第一节 "分级制"试点中的网络治理 ……………………… (152)

    第二节 "转型"与"长学制"试点中的网络治理 …………… (160)

第九章 教育政策变迁中的集体行动与网络治理 ………………… (176)

    第一节 动力机制:政策变迁中的治理参与集体行动"何以可能"

    …………………………………………………………………… (176)

    第二节 教育网络治理的现实境遇与未来路向 …………… (189)

第十章 教育政策变迁背后的秩序生成逻辑 …………………… (207)

    第一节 高校组织身份的认识误区 ………………………… (207)

    第二节 对规制型教育政策的反思 ………………………… (214)

    第三节 秩序生成的逻辑 …………………………………… (223)

结 语 ……………………………………………………………… (236)

参考文献 …………………………………………………………… (241)

索 引 ……………………………………………………………… (266)

后 记 ……………………………………………………………… (277)

导　论

在治理体系及治理能力现代化被列为全面深化改革的目标后,教育领域积极探索,深化"管办评分离""放管服推进"等系列改革,教育治理现代化成为新时期的改革重心。

教育领域始终面临一个霍布斯难题,即教育如何才能有秩序。但在变革转型期,却经常能够看到一些政策失灵现象。它反映的不仅是政策问题,在更深层面更是教育善治何以成为可能的命题。围绕秩序达成,政策失灵反映了政策主体与政策客体关系处理方面的问题。关系调试的逻辑中介即政策,因此从政策变迁角度研究,可以为相关问题的求解提供新的进路,特别是利于把握政策变迁背后的治理演化轨迹,清楚教育治理现代化"从哪里来,向何处去"。

研究政策过程,关注多元行动者如何推动政策变迁,可以帮助我们更好地理解办学自主权、教育秩序生成、教育治理。因为它提供了全新的视角——行动着的办学自主权,实践着的经验层面(而非规范意义)的教育秩序;能够揭示教育治理的现实境遇如何,教育秩序是"以什么方式"实现的。

就权利而言,其不在于被公布,而在于被运用。它不仅是一个概念,更是经验。对一定结构安排所诱发的教育治理行动的考察,有助于获得一种制度外的视角,理解"冲突"所蕴含的变革意义,及组织是如何从制度的"创造物"变为"创造者"[①],从而弥补单纯权利概念表现的不足,更好地服务于教育治理现代化的建设。故而,探究治理行动(围绕教育政策展开)与教育秩序的关系就成为具有重大理论与现实意义的研究课题。

一、选题陈述与研究意义

传统政策科学理论研究经历了从理性决策模式到有限理性模式,再到过程阶段模式的发展演变。演变背后,是时代环境的重大变迁及对政策认识水平的不断提升。但不变的是前提假设,即政策问题可被清晰界定,政策可分割为明确的阶段,政策都以公共部门为主导,即使有非公共部门的参

---

① ［英］安东尼·吉登斯.社会学［M］.李康,译.北京:北京大学出版社,2009:84.

与,也仅是处于从属地位或是政策对象。然而,随着全球一体化、信息技术革命及各类组织活动空间的变大,此项假设受到了挑战。

挑战主要体现在对国家与社会关系的重新反思上。以欧洲法团主义传统为代表的"国家中心论"和以美国多元主义传统为代表的"社会中心论",对国家角色存在不同认知,提出了不同的国家与社会关系模式。反映在政策过程研究上,多元主义,强调利益团体在政策过程中的作用,却忽视了国家与利益团体间的互赖关系;法团主义,强调国家与利益团体间的互赖关系,而忽视了不同利益团体间的竞争关系。两者皆将国家与社会割裂开来,片面地强调一方作用,致使对政策过程的理解难以客观、全面。对传统国家与社会"二分"观点的质疑,促使学界重新审视政策过程中的两者关系。

从新公共管理运动讲求效率,到新公共行政运动追求公平、公正和参与,再到治理运动研究国家与市场、社会间的关系,公共组织一直在探寻应对复杂公共事务的新的管理方式。改革价值取向是为了削减政府机构和改革其管理方法,解决"政府失灵",结果出现了政府部门分权化、资源分散化、公私部门界限模糊的现象。日益复杂的社会环境,如信息不确定性、问题多变性、政策关联性、组织自主性凸显等,给政策过程带来了严峻挑战。政策主体多元化,要求改变传统的由政府主导的政策过程模式。政策资源分散化,要求政府与社会建立合作互动关系。

但主流的政策"阶段论"将政策过程分为政策制定、政策执行、政策评估等不同阶段,虽利于简化理解政策过程,却忽略了政策过程的连续性和互动性;而且仍是一种政治、行政二分视角,假定政策行动者间存在等级差别,政策制定与执行由不同行动者完成,一方负责决策,一方负责执行,决策由决策者单方面做出。换言之,传统政策过程理论,更多强调政策主体的单向行为,忽略了多元主体间,特别是政策主客体间的博弈互动,越来越难以适应日益复杂的政策环境,逐渐丧失了对政策过程的解释力。

政策网络、网络治理提供了新的视角,关注到政府不再是政策过程的单一主导者,政策过程中充斥着各类行动者,他们资源交换互动形成了治理网络,从而以"关系结构观"取代"地位结构观",建立起不同于市场机制和科层制的互赖关系分析途径。

在差序格局的关系社会,决策过程极富"人格化特征"的中国,政策网络、网络治理无论是作为政策分析方式还是治理模式,都不失为一种值得探索的研究视域。那么,源于西方的理论在中国有适用土壤吗?中国的教育政策过程是否体现、多大程度上体现了政策网络、网络治理的特点?对政策过程及结果的影响如何?现阶段的教育治理存在哪些问题?这些皆需在具体研究中予以回应。

（一）问题的提出

米尔斯(C. W. Mills)倡导一种"社会学的想象力"，即将具体情境中的个体烦恼与社会结构的公共议题间建立联系，在微观经验材料和宏观社会历史间进行穿梭。布尔迪厄也试图超越微观与宏观的二元对立，以个体性即社会性的方法论，展示个体遭遇与社会结构及变迁间的复杂关系，揭示个体苦难的社会性，反映社会深层的结构性矛盾。[①] 同理，对大学生就业难的烦恼、职教缺乏吸引力的烦恼、"放乱收死"循环怪圈、政策失灵等也需从深层次的教育结构去理解。如此，方能解释问题根源，揭示制造机制，分析未来路向。

撷取高职教育学制政策变迁开展研究，主要是考虑高职教育在我国发展历史相对较短，政策变迁易于把握，更因政策过程参与主体多元，特别是涉及与普通高等教育的博弈互动，涵盖高教两大类型，对研究政策变迁背后的治理演化而言，样本选择具有一定代表性。再者，高职学制政策涉及办学类型与办学层次，内容涵盖比较丰富，包括与专科的历史关系、修业年限及与办学层次相关的"专升本"、升格规制、学位授予等问题，具有多层次特征，加之政策前后"反反复复"，跌宕起伏，也满足了样本选择的典型性特征。此外，笔者有"田野调查"的工作便利，可从"行动立场"出发，观察审视政策受众"主位观点"，从而可以走出传统"客位观点"的思维定式，在"真相"探索中，逐步把握"真实"。

人类学家格尔兹曾说"我们不是在研究村落，而是在村落中进行研究"。同样，学术研究不能止步于表层现象描述，毕竟研究政策变迁（"变了什么"）不是目的，探究政策事件、现象背后深层次的东西方是关键。政策变迁背后是规则调整，更是秩序演变，对政策变迁"背后的推动力量"——治理参与、秩序演变逻辑的分析，乃是研究主旨所在。本书不仅在研究高职政策变迁，更是在高职政策变迁中进行研究。这涉及个案研究的学术抱负，即超越个案，从具体到一般，从微观到宏观。毕竟，政策变迁反映着政府与社会（高校）关系的变革，更映照着教育良序、教育治理现代化的实现路径。

概言之，本书研究问题如下：（1）学制政策变迁"变了什么""怎么变的"，即政策内容/价值研究、政策过程研究；（2）政策"为什么变""如何变"，即政策变迁背后的动力机制，秩序演变逻辑；（3）推动政策变迁的治理参与"效果如何""将走向何方"，即教育多元共治的现实境遇与未来路向等。

（二）研究意义

政策网络、网络治理等理论方法的引入，为融合相关研究领域，实现理

[①] 郭于华.倾听无声者的声音[J].读书,2008(6).

论突破奠定了基础。聚焦政策这一逻辑中介，可为政府与高校关系重构，教育治理现代化的操作化提供启示。

1. 理论意义

（1）可丰富教育政策制定、执行研究。在研究视角上，从关注政策内容、结果，转向政策制定、执行过程研究，有助于走出传统研究因过于关注规范层面（应然）而缺乏事实层面（实然）解释力的困境（如政策失灵）。

不再将政策过程视为单一权威中心的线性政策过程，而是多元、多维、多层网状结构下的策略互动，可实现研究图景转换，有助于在传统"垂直维度"的视角外，补充"水平维度"的观察，把握现实层面的政策过程运行逻辑。

换言之，传统"阶段论"框架将政策过程视为依次向前、动态、线性的过程，包括议程设置、方案设计、方案遴选、政策执行、政策评估等，将其转向政策网络分析，可纠正"功能—阶段"范式不能解释政策过程难以分割为截然不同阶段及不再只是政府理性规划的偏颇，可为政策失灵研究提供新的进路。

（2）融合了几大分裂的研究领域，利于拓展、深化相关理论认识。互动论的研究取向，视组织为"行动者"，将几大彼此分裂的研究领域——组织研究、身份研究、集体行动研究、微观政治研究、政策过程研究、秩序生成研究等融合起来，可深化相关理论研究。

如传统组织研究，多从结构功能主义出发，视组织为"螺丝钉"。相应地，施之于组织的政策，也多以功能主义视角，对组织持一种褊狭的静态理解。而集体行动研究，关注焦点在相关人群，缺失了对组织这一行动单元的考察。

当将政策过程视为"行动者"的组织所参与的集体行动（治理参与）领域时，就确立了"微观政治"哲学的立场，组织身份的动态建构性、政策的生成性将不难理解。更重要的是，违反政策/制度规定的所谓"越轨""污名"可能被颠覆，规范的自身缺陷将暴露。同时，强调多元共治的资源互赖，也就跳出了传统国家与社会二分下"计划秩序"或"自生秩序"的二元对立窠臼，秩序达成将有新的实现路径——协商治理。

（3）有助于丰富教育政治学、政策社会学等学科理论建设。传统教育政治学的关注重心在宏观政治（"教育与政治"），聚焦教育与国家宏观政治的互动关系，缺失了对微观政治的研究（"教育即政治"）。后者强调教育内部蕴藏着政治，不同利益群体间（如高职教育与普通高等教育间）存在政治博弈。如此，将拓展教育政治学的研究范围。

麦克·布洛维概括了四种社会学：批判社会学、公共社会学、专业社会学和政策社会学。① 其中,政策社会学生产解决实际问题的工具性知识。现阶段国内政策学与社会学两大学科的交叉融合尚显薄弱。政策过程研究与集体行动研究、身份认同研究、污名研究等结合,无疑将丰富政策研究的社会学想象力。

2.现实意义

(1)可为政府与高校关系"去行政化"提供政策学研究进路。目前,政府与高校关系正朝"下放权力",扩大高校办学自主权方向发展。"去行政化"落实到两者关系的调适上,"政策民主"是突破口。现实中"抗争"现象的不断涌现,使"不服从时代的公共管理"②问题浮出水面。如南方科技大学招生事件、湖南民族职业学院自授"能力学士"等,反映的正是高校组织对政府职能部门"不服从"的态度、行为,以及背后的公共管理问题。多元主体治理互动研究,利于理解政策过程的现实逻辑,发现反映在这一改革进程中的现实困境及未来路向。

(2)可以为完善相关政策、保障决策质量提供启示。长时段的政策变迁回溯性分析,有助于清楚政策变迁的内容、过程、优劣得失,进而为前瞻性政策分析奠定基础,为相关政策的未来发展提供建议(如"现代职业教育体系建设"),为实现科学、民主决策,减少政策失灵等提供借鉴。

(3)有助于发现权力下放、多元治理参与进程中的阶段亮点及现实问题,如内容涉及协会、智库等,有助于在现阶段强调非政府组织参与、智库建设的"热度"之外提供一些"冷思考",如强调公私伙伴关系、服务外包,如何保障公益的实现? 智库作用"何以可能"? 此外,规制失灵的考察,也有助于反思管制(规制)类政策工具的运用问题。

二、研究思路与研究方法

(一)研究思路

以学制政策变迁为个案,探究多元行动主体是如何结成相应网络结构,并通过策略互动,以"集体行动"参与教育治理,推动政策变迁及秩序演化的。

30 多年的学制政策变迁史,涉及高职教育"类型""层次"两大方面的政策演进。其中,"类型"指涉高职教育与专科教育两者关系的历史调整;"层

---

① 麦克·布洛维.公共社会学[M].沈原,等译.北京:社会科学文献出版社,2007.
② 国外学者措辞上用的是"反政府",非指推翻政府,而是指将怨气直接撒在政府身上,指责政府未能妥善处理相关公共问题,如民权运动、占领华尔街运动等。参见:谢丽尔·西姆拉尔·金,卡米拉·斯蒂福斯.民有政府:反政府时代的公共管理[M].李学,译.北京:中央编译出版社,2010.

次"体现在"办学层次"政策及"修业年限"两个方面。

研究首先将梳理政策变迁到底"变了什么"（政策内容分析），借此发现政策的"变"与"不变"，"政策失灵"到底"反映了什么"（政策价值分析）。

在此之后，将以政策网络为启发装置考察政策变迁过程——政策如何产生、执行情况如何，又是"如何变的"（政策过程分析）。首先，从整体层面考察教育政策的治理环境（政策环境分析），涉及治理结构特征、互动行为，特别是各方行动者的资源、立场、策略（"网—线—点"逻辑）。随后，转入多案例分析，涉及向专科"分流"、推行"两年制"、推行"分级制"、"转型"与"长学制"试点等政策安排，从微观、动态层面考察多元治理参与的互动情况，及对政策过程、结果的影响（"点—线—网"逻辑）。

分析潜藏理论比较意识，意在通过宏观审视微观，点出政策治理参与所涉组织身份、集体行动、制度认同、秩序生成等命题，旨在从个别中抽取一般，从微观走向宏观。

最后，力图走出个案的微观描述空间，透过微观反观宏观，实现重构理论的学术抱负。在微观政策变迁案例分析的基础上，着力探索变迁背后的作用机制；尝试探索三个问题——多元共治的集体行动"何以成为可能"、网络治理的现实境遇与未来路向、教育秩序生成的逻辑。

（二）研究方法

1. 方法论

（1）理解社会学、民族志研究。"理解社会学"认为社会学的主要研究对象是人（人群）的行为，人是具有能动性的主体，自然科学的方法可能行不通，主张运用理解的方法研究社会科学，通过理解相关行为的主观意义来认识社会实在，解释说明原因。

民族志也译为文化人类学，是不同文化群之志。民族志区分了主位观点（当地人取向观点）、客位观点（专家取向观点）两种研究策略。前者探究当地人如何思考感知现实世界，后者则是观察者所注意、所认为的。当采取所谓置身事外的"客观的"观察者立场时，往往易堕入主观主义深渊，即客观的观察者用主观推测来解释现象。

对高职教育层次提升诉求，外在观察者的客位观点通常是"不安心定位"。为获得对这种具有长期"越轨"动机现象的深度把握，主位观点不能缺失。这有助于将主流认知"悬置"，同时呈现规范两端的声音——规则制定者、执行者双方观点，或许能补充以往研究中"被边缘化"部分的"声音"。

（2）微观史研究、集体行动研究。政策变迁研究，即是在做"政策史"研究。但以往的研究，如传统宏观史学的"帝王将相史""英雄史"一样，呈现的多是政策的"高大全"形象，政策失灵现象往往作为"隐蔽的现实"被低估、忽视或摒弃。事实上,政策变迁往往与底层"小人物"(组织)的行动有关。微观史关注个体和群体、局部和整体的二律背反问题,往往可通过独特性考察发现相较于"以往"出乎意料的东西。

学界中的集体行动研究、底层抗争研究,多聚焦于由"人群"组成的社会运动(如民权运动、女权主义运动、绿色环保等)及群体性事件等,缺失了对"组织"这一行动单元的考察。当将组织研究与集体行动研究,特别是底层研究、抗争政治研究融合,考察"行动中的组织",或许可以拆解精英单向度的历史叙事,还原、重塑被遮蔽的底层历史,深化组织研究、制度/政策变迁研究。

分析高职群体——高等教育中的弱势群体,围绕层次规制的"底层抗争",这一在宏大政策历史叙事中无声者的"隐藏的文本"[①],书写未被书写的反抗史,因引入"底层视角",可能会产生新发现,补充或纠正固有认知。

(3)政策网络、网络治理研究。基于利益需求,一群行动者以资源互赖建立了某种联合体,相互协调促成政策问题或方案的形成、发展,即产生政策网络。政策网络的优势是在传统"垂直"维度(政策主体、政策客体)外,增添了"水平"维度(多元行动主体的治理参与)的考察,跳出了主客二分模式,强调主体间关系,有助于从"互动论"角度分析政策变迁。

研究将从政策分析模式、网络治理模式两条路径出发,既展现多元行动主体策略互动对政策过程和结果的影响,同时也将之视为多元共治,协力应对教育问题的治理模式。

2.具体方法

(1)参与观察。研究者深入研究对象的生活、工作情景中,在日常过程中进行观察。此方法具备"无先入之见"的优势,为获得现实真实图像,揭示行为方式背后的"文化密码"提供了保障。参与观察分:完全参与、参与观察、完全观察。第一种强调"局内人身份",即研究者兼具参与者身份。涉及政策,要求参与者为政府部门内部官员(或职员),不太符合高校研究者。第三种是以"观察员"身份所做的短期调研,往往可能浅尝辄止。

本研究采取第二种方式。笔者有高职院校工作经历,对于民族志研究的"先融进去,再跳出来",作为前提的"融进去"已不成问题。"自我"(高职人)、"他者"(可能会少了几分职教圈的"我们感""狂热")的双重身份,或许能够以一种"里内的门外人身份",在"接近"与"远离"间保持一种平衡,以更

---

① 斯科特相对于"公开的文本"提出,"公开的文本"不表现从属者真正的认识,可能只是一种策略、一种表演;"隐藏的文本"是在权力限制下生产出来的后台话语(至关重要却又未得到足够强调)。参见詹姆斯·斯科特的《支配与反抗的艺术:隐藏的文本》。

好地"跳出来"。套用格尔兹的话,"本研究不是在研究高职,而是在高职中进行研究"。从高职群体的"行动单位"立场来观察审视,可能会在传统主流认知外产生新的理解。

(2)访谈法。访谈方式为半结构式访谈,基本围绕着某些既定问题展开,但对不同访谈对象,具体问题、讨论详略程度及发问方式不尽相同。既可避免结构式访谈难以对问题做深入探讨的局限,也可避免无结构式访谈费时、费力、易离题等缺陷。访谈对象选择主要采用非随机的方便样本法和滚雪球法,对象涉及政策制定者、专家、政策目标群体等。

(3)文献法。研究选用公开的文献资料,如报纸、学术论文、著作、会议报告、访谈录、提案议案及网页、博客等电子资料。这些资料或经过出版检验,或是当事人的自然流露,相对少了调研访谈中的"访谈效应",具有较高的真实性、可信度。

此外,对高职高专教育网、协会网站、智库网站、《职业技术教育》等杂志,以进程跟踪法(针对杂志长达30年,个别网站近10年)作了文献分析。好处是:一方面便于了解当时的时代背景,以更好理解相关政策,防止访谈中产生"近因效应";另一方面也是微观史、底层研究的需要,相关资料可以丰富对基层"运行中"的政策(如"变通式"政策执行)的认识,还原真实的政策版本。资料涉及官方与高校办学者围绕相关政策的"论战",退休官员的往来书信、代表委员的提案议案、相关时任官员在相关会议或视察中的讲话等,力求"原汁原味"。同时,也为分析协会、智库等多元行动者的治理参与行为、作用奠定了基础。

(4)政策分析法。既包括政策内容分析、价值分析,也包括政策过程分析。前者意在把握30多年高职学制政策演变历程及利弊得失;后者主要通过政策网络分析法,探究多元行动者关系结构、行动策略及对政策过程、政策结果的影响。

(5)案例研究。主要运用多案例研究法,将高职学制政策区分为"类型"政策与"层次"政策两块内容:"类型"政策指涉高职教育与专科教育(普通高等教育)的关系演变;"层次"政策体现在"办学层次"政策(如升格规制等)及"修业年限"两个方面。

研究方式上,借鉴"分析性叙述"方法,将历史案例叙述和理性选择理论结合,重视结构性因素的作用,纠正"反历史"倾向。同时,借鉴布洛维的扩展个案思想,思考结合特殊性与普遍性、微观与宏观关系处理问题。意图超越高职政策变迁个案,为政府与高校关系重构、教育秩序生成、教育治理现代化等更为宏大的命题提供启示。

三、研究内容

为直观起见,将研究内容、分析思路以列表、配图方式呈现,如表 A-1 和图 A-1 所示。

表 A-1　各章研究内容、分析思路

章	标 题	研究内容	分析思路
	导论	选题陈述,研究思路、方法、内容	
第一章	学制政策变迁的历史	"类型""层次"政策变迁	政策内容分析 政策价值分析
第二章	网络治理:教育政策变迁研究的新途径	政策网络分析、网络治理研究途径	理论基础
第三章	教育网络治理特征分析	网络环境、类型结构与互动行为 多元行动者的资源、立场、策略	整体分析 网—线—点
第四章	学制政策变迁中的网络治理行动缘起	作为治理行动缘由的身份认同、制度认同、秩序生成、承认政治、抗争政治	宏观审视微观
第五章	"类型"政策变迁中的网络治理	"分流"政策变迁中的治理互动	政策过程分析
第六章	"层次"政策变迁中的网络治理:初步探索期	层次提升必要性、途径的倡导博弈,"本科院校办技术应用本科"与"高职院校试办长学制"探索中的治理互动	案例研究
第七章	"层次"政策变迁中的网络治理:严格规制期	推行"两年制""颁布升格禁令"后的治理互动	点—线—网
第八章	"层次"政策变迁中的网络治理:全面改革期	"分级制""转型"(地方本科转型职教)与"长学制"试点中的治理互动	
第九章	教育政策变迁中的集体行动与网络治理	网络治理行动的动力机制,亮点、问题及对策建议	失灵原因教训 微观反观宏观 从具体到一般
第十章	教育政策变迁背后的秩序生成逻辑	高校组织身份认识误区、规制政策失灵缘由、政策变迁的秩序生成逻辑	

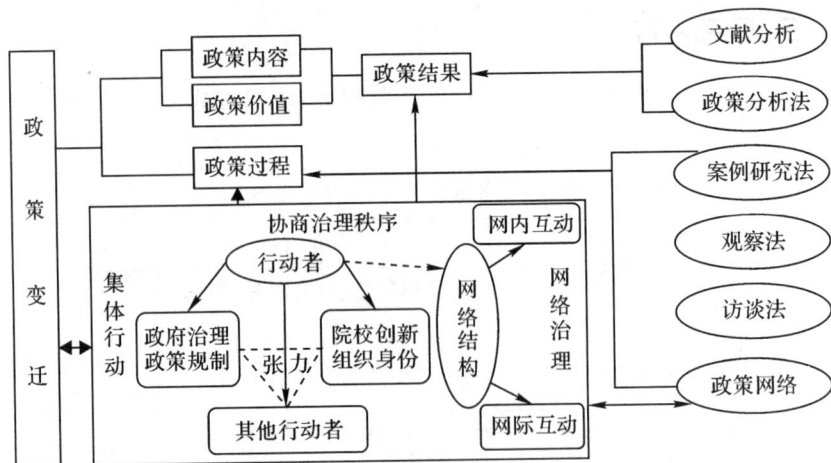

图 A-1　全书分析思路

第一章　学制政策变迁的历史

孙绵涛教授将教育政策分析划分为：教育政策内容分析、教育政策环境分析、教育政策过程分析、教育政策价值分析等。[①] 本章主要指向政策内容分析，辅之以政策价值分析。通过梳理政策变迁历史脉络，特别是透过表象形态，总体把握政策文本所隐含的内容特点和价值取向的演变，探究现有政策变迁中的矛盾问题，并为后文从新的角度分析奠定基础。

政策变迁，一方面指政策在制定和实施过程中，政策目标、方向、政策安排、政策工具、效应随时间推移而转变；另一方面也指在政策体系中不同政策之间的替代或创新过程。[②]

总括式"教育政策变迁"，因缺乏对政策本身的"起承转合"探究，往往湮没在宏大的"教育发展史"中，而失之空洞无物；微观的"单一具体政策演变"则又稍显琐碎。默顿的中层理论，为研究提供了启示。对高职教育政策的研究，应找寻到一个中观概念，既具有一定抽象包容性以免失之琐碎，同时也易于把握并言之有物，即应找到一个包容性更强、能反映具体政策变迁之关联性，特别是能体现重大变迁的研究对象。概言之，"重大变迁""包容性强""关联度高"是政策变迁研究对象确立所应满足的三大遴选要素。

为此，在政策对象遴选上，本研究采取特尔斐法（专家调查法），根据专家在互不见面的情况下对相关高职政策重要性程度的估判是否达成一致看法的情况，最终确定以"定性/定位政策"作为分析对象。

定性/定位政策是关涉高职教育性质及其在经济社会发展，特别是在教育领域中地位的相关政策。高职教育发展史，首先是对高职教育性质、地位认识的政策观念演变史；是对作为一种全新教育认识不足的自然反映，时至今日，定性/定位政策在职教界仍聚讼不息。

[①] 孙绵涛.教育政策分析——理论与实务[M].重庆:重庆大学出版社,2011.
[②] 林小英.教育政策变迁中的策略空间[M].北京:北京大学出版社,2012:20.

　　为使研究聚焦,结合职教界长期以来的焦点在于"类型"与"层次"之争①,高职教育已被明确为高等教育中的一个类型,但仍不同程度上存在将之视为低层次教育的政策安排。把握"类型"与"层次"之争,就易于清楚诸多方面政策变迁的内核。因此,下文主要从学制②政策两方面——"类型"与"层次"展开探讨。

第一节　"类型"政策的变迁

　　高等职业教育,是一个具有中国特色的概念。国际上,一般统称为"技术和职业教育与培训"(Technical and Vocational Education and Training,简称 TVET),涵盖中等职业教育。高职教育政策变迁史,即是确立高职教育是一种新的高等教育"类型",具有不同"特色"的存在。其间,涉及"类型"的政策变迁大致经历五个阶段③,详见表 1-1。

表 1-1　涉及"类型"的政策变迁分期

阶　段	主要特点	转折点
模糊定位阶段 (1980—1991 年)	简单以"自费、走读,国家不包分配"为区别标准。缺乏办学特色,与专科学校区别不甚明显	1990 年广州会议开启对高等专科教育的治理整顿。1991 年《关于加强普通高等专科教育工作的意见》提出:职业大学一部分应办成培养高级技艺性人才的高职教育,一部分可明确为普通高等专科学校
转向摇摆阶段 (1991—1996 年)	部分短期职业大学向高等专科学校分流,并入普通高等教育,致使高教类型探索出现挫折	1995 年《关于推进职业大学改革与建设的几点意见》规定"职业大学要保持相对稳定,不再改名高等专科学校

---

　　①　相较于职业技术师范学院(大学)、"职业技术教育学"在职教师、研究人员培养上办学(培养)层次的高移而言,作为主体的高职院校长期以来一直停留于"专科"层次,也由此引发了"高职教育到底是一种办学类型,还是一种办学层次(专科)"的争论。

　　②　学制是学校教育制度的简称,指一国各级各类学校的系统,规定各级各类学校的性质、任务、入学条件、学习年限及它们之间的纵向和横向关系。广义学制已涵盖"类型""层次"两个方面;狭义学制指向"修业年限",如"三年制""四年制"等,并对应办学层次——专科、本科、研究生教育。出于聚焦"类型"与"层次"之争,及分析上的便利考虑,本书选取广义学制的概念。

　　③　时期划分,不以高职教育发展史而以政策文本为准,体现出高职作为一种高教"类型"的政策演变。

阶　段	主要特点	转折点
类型确立阶段 （1996—1999 年）	《中华人民共和国职业教育法》《中华人民共和国高等教育法》出台，高职教育法律地位得以明确	1999 年印发《试行按新的管理模式和运行机制举办高等职业技术教育的实施意见》（俗称"新高职"）； 1999 年召开高职高专教学工作会议，下发《教育部关于加强高职高专教育人才培养工作的意见》
内涵探索阶段 （1999—2006 年）	重心逐步下移，关注专业设置规范，明确教学工作思路、水平评估等	2006 年颁布《教育部财政部关于实施国家示范性高等职业院校建设计划，加快高等职业教育改革与发展的意见》
特色深化阶段 （2006 年以来）	通过精品课程、教学团队、实训基地建设、试行工学结合、半工半读、单独招生改革、技能大赛、师资培训、示范/骨干院校建设等，巩固类型特色	

一、模糊定位阶段（1980—1991 年）

该阶段的主要特征是，一种新的高教办学机构——职业大学的诞生。但在办学初期，其在办学类型上存在模糊定位。

（一）社会背景

十年"文革"动乱期间，全国各类职业技术学校遭到严重破坏，造成教育结构单一的不良局面。鉴于当时大学入学率较低、大量返城知青需安置就业，出于社会稳定及国家教育经费短缺的考虑，国家决心在普通教育之外发展职业技术教育。1978 年 4 月，邓小平在全国教育工作会议上提出扩大职校比例以后，各地开始中等教育结构改革试点。1980 年 10 月，国务院批准教育部和国家劳动总局《关于中等教育结构改革的报告》；1981 年，胡耀邦、赵紫阳又作出指示，进一步推动了中等教育结构调整和职教发展。教育结构单一化状况有了变化，职教有了初步发展。[①]

鉴于当时普通高校元气大伤，正处于逐步恢复阶段，高考"千军万马争过独木桥"的局面造成高等教育入学率矛盾十分突出。20 世纪 80 年代初期，结合地方人才需求，一些大、中城市开始举办短期高等教育试点。此类院校名为联合大学、走读大学或短期大学等，学制一般为三年（专科），以培

---

① 孙震瀚.大力发展职业技术教育　为四化培养劳动后备技术力量[J].职业技术教育，1984(2)：3.

养地方经济建设所需专业人才为目的,招收对象以应届高中毕业生为主,兼招社会青年、在职工人和农民。招生数量由地方根据人才需求量而定,不受国家统一指标限制。最主要的是实行自费、走读、不包分配、择优推荐的原则,采用联合办学、定向培养方式,这样就打破了劳动就业制度上的"大锅饭""铁饭碗",利于调动学生学习的积极性,同时也节省了国家投资,为封闭沉闷的国内高教带来一阵清风。但是,作为一种新生事物,开办初期,职业大学在类型特征上存在模糊认识,在办学上也暴露出向传统大学"看齐"的趋向。

(二)政策评析

1980年8月,江苏省政府发出《关于同意创办金陵职业大学的批复》,批复同意南京市革委会"创办金陵职业大学"。我国第一所职业大学由此诞生。

1982年11月颁布的《中华人民共和国国民经济和社会发展第六个五年计划(1981—1985)》在第二十八章"高等和中等职业教育"中提出:"提高大学专科的比重。试办一批花钱少、见效快、酌收学费、学生尽可能走读、毕业生择优录用的专科学校和短期职业大学。"1983年4月,《国务院批转教育部、国家计委关于加速发展高等教育的报告的通知》指出,要逐步调整好高等教育内部比例关系,多办一些专科;在《关于加速发展高等教育的报告》中,积极提倡大城市、经济发展较快的中等城市和大企业举办高等专科学校和短期职业大学。5月,《教育部、劳动人事部、财政部、国家计委关于改革城市中等教育结构、发展职业技术教育的意见》(〔83〕教中字006号)提出,"克服单纯追求升学率和轻视职业技术教育的倾向,使职业技术教育逐步发展成为与普通教育并行的体系"。1985年《中共中央关于教育体制改革的决定》再次指出,"根据大力发展职业技术教育的要求……高中毕业生……一部分接受高等职业技术教育。……着重加快高等专科教育的发展。……发展职业技术教育要以中等职业技术教育为重点……同时积极发展高等职业技术院校,优先对口招收中等职业技术学校毕业生……逐步建立起一个从初级到高级……与普通教育相互沟通的职业技术教育体系"[①]。上述政策文本说明,此阶段政策重心在恢复高等教育,改善高教结构,扭转本专科比例不合理状况,着重加强专科教育发展。职业教育方面,重心仍坚持放在中职教育,但"高等职业技术教育/院校"已开始在官方文件中正式使用,而"使职业技术教育逐步发展成为与普通教育并行的体系"的表述,则已经表明确立职业教育作为一种新类型教育的政策意图。

---

① 《中共中央关于教育体制改革的决定》[EB/OL]. http://www.moe.edu.cn.

1986 年 7 月 2 日至 7 月 6 日,国家教委、国家计委、国家经委、劳动人事部在北京联合召开第一次全国职业技术教育工作会议,提出高职学校和部分高等专科学校、广播电视大学,应划归到高职教育,从而拓宽了高职的外延。1986 年 12 月 15 日国务院发布《普通高等学校设置暂行条例》,其中第三章"学校名称"的第十五条指出:"称为高等职业学校的,须符合下列规定:(一)主要培养高等专科层次的专门人才;(二)以职业技术教育为主。"

到 1986 年,全国职业大学已达 128 所,还有一些城市正积极筹建中。[①]尽管短期职业大学一开始就尝试以"自费、走读、不包分配"的新机制办学,但对此类院校性质的认识一直比较模糊。一批参与办学的老同志并不讳言当初办学时,并未考虑是要办一种全新类型的高校,而认为就是在办大学而已,这为短期职业大学缺乏特色埋下了伏笔。问题主要是办学方向、培养目标不明确,按普通大学模式去办,成为地方举办的综合性高等专科学校。如职教司司长孟广平(职教司首任司长)在福建考察调研了六所职业学院后,指出:"自费、走读,国家不包分配,不是职大办学的根本方向……以普通大学的标准……就失去了办职大的本来宗旨。"[②]

作为一种全新事物,职业大学在开办初期,缺乏办学特色,与专科学校区别不甚明显。此外,对普通高专是否属高等职业技术教育范畴,在当时也引起了广泛争论。如国家教委副主任王明达指出:"高等职业技术教育与专科有一些区别,尽管高职学校算专科层次,但是否所有专科学校都算高等职业技术教育,要适当区分一下。部分专科在学科面上……是比较广的。而高等职业技术学校主要强调针对性。……凡是属于职业技术教育特点的,学生毕业后就可直接顶岗,而不应有过渡时期。总之,高等职业技术教育与专科有联系,也有区别。专科的职业定向不强,但高等职业技术教育则很强。办高等职业技术教育目前应提出,是试办阶段。现有一部分职业大学,但是否真正办出了职业大学的特点?我看有的没有办到。……关于职业技术教育的概念,以文化基础来划分职教是个历史概念,并不是一成不变的。我倾向于以职业技术教育本身的程度来划分。我们讲的职业技术教育是指职业教育和技术教育,而不是职业教育中的技术教育。"[③]

上述讲话,说明教育主管部门领导将职教阶段发展重心主要还是放在中职教育,而不是高职教育,但已经关注到职业大学与专科学校的区别。更重要的是,就职业技术教育概念的内涵表明态度,回应了学界中存在的"南

---

① 《中国教育报》,1986 年 7 月 5 日。转引自《职业技术教育》,1988(1):48.

② 国家教委职教司司长孟广平在福建调研[J]. 职业技术教育,1988(1):3.

③ 王明达谈我国职业技术教育法规建设[J]. 职业技术教育,1990(6):9—10.

派"与"北派"关于是"职业教育"还是"职业技术教育"的"正名之争",①拓展了"职业技术教育"的内涵,丰富了其类型特征。此外,不是依据"入口"("入学层次",学生文化程度是初中还是高中),而是依据"出口"(职教"修业年限")来划分职教层次,也回应了学界关于中专办高职班(中专招初中毕业生"5年制")是否属于高职教育的争论。

也正因为职业大学在开办初期办学定位上趋同于大学,国家教委于1990年11月27日至12月1日在广州全国普通高等专科教育工作座谈会期间,开始酝酿对职业大学的调整改革。

二、转向摇摆阶段(1991—1996 年)

该阶段的主要特征是,部分短期职业大学向高等专科学校分流,并入普通高等教育,使高教类型探索出现挫折,给高职教育界带来极大震动,造成此后几年职业大学院校数和在校生数一直徘徊不前。

(一)社会背景

大环境方面,早在1988年,国家已出现经济过热、市场失控的局面。9月的十三届三中全会做出了治理整顿和深化改革的决定。1989年3月,李鹏在全国人大七届二次会议上所做的《坚决贯彻治理整顿和深化改革方针》政府工作报告、11月十三届五中全会通过的《关于进一步治理整顿和深化改革的决定》,都为教育领域治理整顿提供了宏观背景。而1990年年底的广州会议,则直接开启了对高等专科教育的治理整顿。

(二)政策评析

1991年1月6日,国家教委下发《关于加强普通高等专科教育工作的意见》。该通知指出:"现有大多数短期职业大学……与普通高等专科学校区别甚微……认真研究这些学校的办学方向。一部分应办成以培养高级技艺型人才为目的的高等职业教育;一部分……可以明确为普通高等专科学校。……为了提高普通高等专科教育的生源质量,选择部分专科学校……与一般本科院校同批录取……普通高等专科教育……毕业生是否授予相应的学位的问题,建议国务院学位委员会对此进行研究、论证。"②

有研究者指出该通知"包含以下几个层次内容:一,现有短期职大无自己特色,所进行的教育不是高职教育,而是事实上的专科教育;二,普通高专

---

① 关于"正名之争",参见:20 年回眸与见证 道可道——关于职业技术教育理论建设的话题[J].职业技术教育,1999(11):4—9.

② 国家教委关于印发《关于加强普通高等专科教育工作的意见》的通知[EB/OL]. http://www.moe.edu.cn.

教育不是高职教育;三,高职教育是以培养高级技艺型人才为目标的教育。……将高职与高专决然分开,且把高职教育理解为仅仅培养技艺型人才,值得商榷"。①

时任江苏省教委副主任叶春生,在1990年广州会议上直接表达了异议,后撰文指出:"何谓技艺型人才? 是指技术、工艺,还是技能手艺? 分流的出路是两条,非此即彼,可否亦此亦彼? ……从多功能变成单一功能,能否适应地方需要,是否会把'活龙'盘成'死蛇'呢?"②

高等职业技术教育研究会在相关研讨会中也指出,"这实际上是否定了职业大学这种类型及其办学模式""专科也应属于高等职业技术教育范畴……不宜把专科学校一概划入普通高校范畴,也不要把现有的职业大学排除在高等职业技术教育之外"。③

当然,也有学者指出:"1990年……专科教育改革会,纠正向本科升级的办学思想和'本科压缩'式教学模式,明确了加强实践教学、重点培养能力、办出特色的教改方向。当时虽然没有提高等职业教育,实质是要求高等专科学校按高职方向发展。"④

从政策效果看,"分流"实际上为一批试图回避、删除"职业"二字,追求"学术性"的职业大学"开了口子",间接造成"高职低于大专"的社会印象,引起职教界内多方质疑。同时,使职业大学普遍产生一种生存危机感,怀疑职业大学这种新型办学形式是否能够生存下去。一些职业大学并未贯彻"分流",而是继续探索高职教育发展道路。直到今天,全国高职院校中仍活跃着一些职业大学。

思想上的争锋,促使各方进一步思考高职教育的性质。如职教司杨仲雄调研员指出,"广州专科会的意见是要在高等专科与高等职业教育之间划一条比较清楚的界限。而5年来,高专改革中越来越呈现出高职特色。……近来,有了变化,提出高职教育是'普通高等教育范畴中的职业教育类型',可能是新的开始。……但这里的范畴是序列的含义,还是内涵的含义,还要由今后的实践来判断。职业大学在高职教育内涵与方向处理的随意性问题

① 阙斌.高职:如何重塑自我——关于高等职教学历教育特色的思考[J].职业技术教育,1994(8):6.

② 叶春生.二十年的实践与探索——高等职业技术教育论文集[M].北京:高等教育出版社,2004:63.

③ 杨金土,等.30年重大变革——中国1979—2008年职业教育要事概录[M].北京:教育科学出版社,2011:510.

④ 王浒.跨世纪高等职业教育的思考[C]//孟广平.面向21世纪我的教育观.广州:广东教育出版社,2000:372.

仍值得各方关注"。①

在院校分流使职业大学发展受阻的同时，一种新型高职学校也酝酿诞生。1991年1月18日至21日，第二次全国职教会在北京召开。25日，国家教委与中国人民解放军总后勤部联合发出《关于试办邢台高等职业技术学校的通知》，指出邢台高等职业技术学校（1997年更名为"邢台职业技术学院"）的培养目标为达到五级及以上技术等级的技艺型人才，属专科层次。10月17日颁发的《国务院关于大力发展职业技术教育的决定》（下文简称《决定》）提出，"积极推进现有职业大学的改革，努力办好一批培养技艺性强的高级操作人员的高等职业学校"。至此，拉开了高等职业技术院校创设的大幕。

虽然《决定》再次强调建立包括高职在内的职教体系的重要性，但职教界关注的重心仍在中职教育、中专教育体制改革方面，对高职教育还是定位在"适当"发展上，并未明显推进。直到1993年国务院批转《国家教委关于加快改革和积极发展普通高等教育的意见》，确立大力发展专科和研究生层次教育两个重点，以及在1994年6月召开的第二次全国教育工作会议上，相关领导人再次提及高职教育，才使发展高职教育的问题重新成为热点。

在这次全国教育工作会议上，国务院总理李鹏在报告中指出，"高中后的分流，即高中毕业生除进入普通高等教育外，都能逐步……进入高等职业学校。接受过各级各类职业教育的毕业生，根据本人的意愿、条件和可能，都允许接受更高层次的教育，获得继续深造的机会"。② 副总理李岚清在讲话中提出："发展高等职业学校，主要走现有职业大学、成人高校和部分高等专科学校调整主要方向及培养目标，改建、合并和联办的路子。"③此后，1994年7月3日发布的《国务院关于〈中国教育改革和发展纲要〉的实施意见》以及国家教委主任朱开轩在1996年6月17日全国职业教育工作会议上的报告，皆按此思路，最终形成了高职教育以改革、改组、改制现有职业大学、成人高校和部分高等专科学校为主，以少量重点中专举办高职班为补充的发展途径（俗称"三改一补"）。同期，深圳高等职业技术学院于1994年4月28日正式挂牌成立（1997年更名为"深圳职业技术学院"）。

1995年，在《国家教委职教司关于印发国家教委副主任王明达同志在苏南现代职业教育制度改革试验研讨会上讲话的通知》（教职司〔1995〕29号）中，王明达指出："培养生产与服务第一线所需实用人才的教育，可划为职业

---

① 杨仲雄.发展高等职教的三个问题[J].职业技术教育,1995(9):6—9.
② 中共中央文献研究室.十四大以来重要文献选编(上)[M].北京:人民出版社,1996:839.
③ 中共中央文献研究室.十四大以来重要文献选编(上)[M].北京:人民出版社,1996:857.

教育。职业教育属于专业教育的一部分。大体可按这个界限来划,但不能分得很细。……现有的高等专科学校其培养目标多数应与高等职业教育相同。当前应该把主要精力花在改革培养目标上,体现高等职业教育的特色。高职……要纳入高等教育的管理范围。李鹏总理的讲话把高等专科和高等职业教育是并列起来讲的。现在有一种意见认为,不要把高等职业教育同一般高等教育一样来管,应单列计划。也有一种看法从生源上来划分是否是高职,认为招应届中等职业学校毕业生的就是高等职业教育。高等职业教育的本质特征不在办学形式,不在招生对象,关键是培养目标。……对现有的学校要改,在起步阶段,不要把精力花在去画线排队上,因为还在探索,画线排队就可能引起混乱。但应有计划选择一些学校进行改革实验,办出特色后再规范,不要急于改名。在改革实验中原属哪一块教育管的不要变更管理属性。"上述言论说明在高职教育如何管理上,国家教委已逐渐意识到分流后所产生的质疑及不良后果,开始趋向走一条慎重稳妥的路线,不再急于画线排队,以免引起混乱。

直到国家教委成立高职协调组调研起草《关于积极发展高等职业教育的原则意见》,并将征求意见稿带到了 1995 年 8 月在北京平谷召开的"高等职业教育座谈会"上,提出"在高教事业中单列高职教育发展计划。……专科层次招生增量部分,主要用于发展高等职教。今后职业大学将不再改名为高等专科学校"①,并于 10 月 6 日印发《关于推进职业大学改革与建设的几点意见》(教职〔1995〕12 号),规定"职业大学要保持相对稳定,要在办学特色上下功夫,今后职业大学不再改名高等专科学校",院校分流说才告一段落。到 1998 年,职业教育、普通教育、成人教育实行"三教统筹",高等专科学校、成人高等学校和职业技术学院由教育部高教司统一管理,统称"高职高专教育"。

三、类型确立阶段(1996—1999 年)

该阶段的主要特征是,随着《中华人民共和国职业教育法》(下文简称《职教法》)、《中华人民共和国高等教育法》(下文简称《高教法》)的出台,高职教育和高职院校在我国高教体系中的法律地位得以明确。1996 年全国职教会的召开,更是有力推动了高职教育新阶段的发展。

(一)现实背景

1998 年以前,大学录取率极低,半数以上的高中毕业生考不上大学。特

---

① 寒尽.国家教委正着手制定《关于积极发展高等职业技术教育的原则意见》[J].职业技术教育,1995(10):4.

别是1996年以后的高中毕业生基本为独生子女,家长及子女的压力都很大,担心上不了大学,又无一技之长,可能成为社会负担。然而,1980年《关于中等教育结构改革的报告》却将职教发展重心定位在中职教育。1993年《国家教委关于加快改革和积极发展普通高等教育的意见》强调要大力发展专科教育,此后,《中国教育改革和发展纲要》提出职教发展要求,1994年第二次全国教育工作会议上又提出了发展高职教育的相关要求。发展高职教育,逐渐步入政策议程。

为有序推进高职教育发展,高职协调小组于1996年4月15日起草《高等职业教育发展几个问题的汇报》,明确了发展途径、发展方针、招生学制、基本规划等问题。19日,国家教委向李岚清呈交《关于发展高等职业教育的汇报提纲》。23日,李岚清听取朱开轩、王明达的汇报后,就发展途径、文凭、名称、学制、经费等作出指示。5月15日,通过了《中华人民共和国职业教育法》。6月7日,王明达主持召开高职协调小组第三次会议,研究如何贯彻李岚清指示精神,决定采用部分省市试点的方法逐步推行。9月6日,工程院院士张光斗给李岚清写信指出,"高等职业学校数目仍然很少,而且还是压缩型的。对比德国高专,我国高专毕业生就业困难,又无工程技术和工艺操作特长,对工业建设发展不利,必须改革"①。由此,经过中央领导高度重视,教育行政部门精心准备,社会精英积极呼吁,《职教法》出台,全国职教会召开,等等,高职类型地位的确立迎来了春天。

(二)政策评析

全国职教会后,下发了两份通知——《国家教委、国家经贸委、劳动部关于印发朱开轩、陈清泰、林用三和王明达同志在全国职业教育工作会议上的讲话的通知》(教职〔1996〕11号)、《国家教委、国家经贸委、劳动部关于印发李鹏总理和李岚清副总理在全国职业教育工作会议上讲话的通知》(教职〔1996〕12号)。在李岚清讲话中,明确了发展高职教育的必要性、主渠道("三改一补")、实施方式(试点,逐步发展)、校名规范(逐步规范为"职业技术学院")等,指明了方向道路。朱开轩则提出了"主要培养高中后接受两年左右学校教育的实用型、技能型人才,优先满足基层第一线和农村地区对高等实用人才的需要"的培养目标。

王明达的讲话中,就高职性质和培养目标特征的阐述已经触及高职教育的类型特色。"高等职业教育是……高等教育的一部分,是一种特殊类型的高等教育。高等职业教育是指在高中阶段文化、技术教育基础上实施的

---

① 郝克明,顾明远.90年代中国教育改革大潮丛书·职业教育卷[M].北京:北京师范大学出版社,2002:170.

专业教育。……职业教育的本质特征体现在培养目标和培养模式上。"讲话指出高职教育应具有的主要特点,涉及服务面向、专业设置(根据社会需求)、教学内容(不按学科安排,而按岗位群职业能力要求确定,基础课以"必须和够用"为度)、实践要求(比例较大,学生毕业能基本顶岗)、办学模式(校企结合)、证书制度(学历、职业资格证书)、师资建设(重视外聘)等方面,为高职教育发展起到了定型作用。

从职教司相关领导的讲话和研究文章中,也可发现我国对高职教育认识的新变化。如杨金土司长认为:"高职教育主要是高等技术教育。与其他类型高等教育必有交叉,但有自己特定的培养目标和条件要求。……与高职最不易区分而目前争议又较多的是普通高专教育。……现有高专中的一部分,首先是工科和农林科,与高职内涵本来一致,应提倡殊途同归,而不是刻意追求差异。……发展高专的主要动因往往基于层次较低,周期短,比较省钱,毕业生易于下基层。但作为一种独立存在的教育类型却是比较模糊的。如能把高职教育作为高等教育中的一个类型……确立起来。层次上,根据需要及可能而定(当前,无疑以专科层次为主,但又不能……限制于专科层次),……授之……如'技术学院'之类的校名……那么,高教结构将发生历史性变化……高专教育现存若干关系不顺问题也容易得到解决。……高等教育确需认真研究教育类型结构和人才类型结构问题……对技术型人才的培养,不能仅停留于对现有普通高校一般性倡导和教学改革要求上,而应旗帜鲜明地确立一种类型的高等教育,专事培养这类人才。"[1]

职教学会副会长、职教司司长孟广平指出,"职教实质上成了升学教育的一种补偿。……我们……是双轨制教育,一面是升学,一面是就业;升学是一等教育,就业是二等教育。这种体制下,教育就有了双重目标。……那么,我国职教的地位该怎样摆,值得我们思考。……必须从根本上考虑……教育体系和格局,把职教的地位放到比较恰当的位置。否则,我们老是处于矛盾之中"[2]。

职教学会副会长、原国家教委副主任王明达说,"教委认为短学制高教(除师专外)都应属于高等职业教育,也就是说,专科都应划到高职范畴。培养目标是一线操作型和管理型人才。……高职毕业生要面向第一线,到基层,到农村去"[3]。

上述讲话思想,反映了教委新旧领导认识上的不断深入,并初步概括了

① 寒尽.杨金土谈我国高等职业教育的发展[J].职业技术教育,1996(10):4—5.
② 职教专家在职高委第四次年会上的讲话[J].职业技术教育,1996(11):14.
③ 王明达.在中华职教社七届三次理事会上的报告[J].职业技术教育,1997(3):4.

高职教育的类型特征。而专科逐步向高职过渡的思想,则是对之前"分流说"——"职业大学部分转为专科学校"的反转。开始结合人才类型结构思考教育类型结构,指出高职教育是高教中的一个类型。特别是,从职教发展困境出发,直陈教育结构安排上存在的问题——双轨制及升学教育的补偿教育(分流教育),开始思考构建职教体系,"高职教育主要是高等技术教育""不限于专科层次"等,为高职教育是"类型"还是"层次"之辩做了思想铺垫。

1997 年 9 月 25 日的《国家教委关于高等职业学校设置问题的几点意见》,明确了"新设高等职业学校一般称为职业技术学院,由省级人民政府或国务院有关部门申报,经全国高等学校设置评议委员会评议通过后,由国家教委审批"。1998 年 3 月 16 日由国家教委、国家经贸委和劳动部联合印发的《关于实施〈职业教育法〉加快发展职业教育的若干意见》指出,高等职业教育是高等教育的组成部分,重申以"三改一补"方式发展高职,并指出今后国家每年新增的高校招生计划指标应主要用于发展高职教育。

同年,教育部审批建立了 14 所高职学校(皆以"职业技术学院"命名)。教育部计划建设司负责人重申了"三改一补"原则,并强调重点是改革。当年已有高等专科学校要通过深化教学改革,加强教学实践环节,办出职教特色。① 加上 1997 年邢台、深圳两所高职院校更名为"职业技术学院",作为高职院校主体的"职业技术学院"/"职业学院"名称沿用至今,从校名上彰显了高职的办学类型特征。

此阶段最大的亮点是,1996 年 5 月 15 日颁布的《中华人民共和国职业教育法》第一次以法律形式对高等职业教育和高等职业学校的社会地位予以确立,其中"高等职业学校"与"普通高等学校"对应。1998 年 8 月 29 日颁布的《中华人民共和国高等教育法》进一步确立了高等职业教育(学校)在高教(高校)系列中的法律地位。这样,作为一种新的教育类型,高等职业教育就正式确立了自己在高等教育系统中的地位。

四、内涵探索阶段(1999—2006 年)

该阶段的主要特征是,在前半阶段规模快速扩张后,高职教育特色不彰的问题暴露出来,继而开启了内涵探索相关实践。

(一)现实背景

1996 年全国教育工作会议后,全国举办的高职院校非常有限。一是尚处试点阶段,二是主要采取"三改一补"方式发展。时任上海教委副主任薛

---

① 教育部近日批准建立 14 所高等职业技术学院[J].职业技术教育,1998(8):4.

喜民指出，"在'三改一补'方针中，只有高专改革成高职不需国家教委审批，其他都要严格审批，而高专又不愿办，所以全国举办的高职院校很有限"。[①]教育主管部门"稳重有余，开拓不足"，致使高职学校数、学生数迟缓增长。适逢1998年亚洲金融危机，加之对"高等教育大众化"的理论误读，为扩大内需，也鉴于落榜考生过多会给社会带来不安定因素，高校扩招大幕开启。这一时期，高职教育在院校规模、数量上有了快速增长，但人才培养缺乏特色，也导致学生就业不畅，内涵建设问题逐渐浮出水面，对高职教育类型特色的政策引导成为阶段重心。

（二）政策评析

1999年1月11日，国家计委和教育部联合印发《试行按新的管理模式和运行机制举办高等职业技术教育的实施意见》，明确了实施机构：短期职业大学与职业技术学院、普通高等专科学校、本科院校内设立的高等职业教育机构（二级学院）、具有高等学历教育资格的民办高校、经教育部批准的少量国家级重点中专、办学条件达到国家合格标准的成人高校等（俗称"六路大军"办高职）。按新的管理模式和运行机制举办的高职教育（俗称"新高职"，以区别于1998年以前的高职）为专科层次教育，招生计划为指导性计划，以学生缴费为主，政府补贴为辅。毕业后不包分配，不再使用《普通高校学校毕业生就业派遣报到证》，由举办学校颁发毕业证书，与其他普通高校毕业生一样试行学校推荐，自主择业。国家不再统一印制毕业证书内芯。这些，后被概括为"三不一高"[②]。

此项文件，结合了亚洲金融危机带来的扩大内需、高教大众化、高校大扩招的时代需求，调动了各方力量投入到高职发展中来，但也产生了一些负面影响。高职教育界认为，它给社会带来一种印象，即高职教育门槛很低，什么学校都可以办，导致高职教育办学机构良莠不齐，影响办学质量。此外，在权责下放的同时，过早地将一种还有待政府扶持的新生事物推向市场，给正处于艰难爬坡阶段的高职教育"泼了一盆冷水"。将高职教育划入另册的规定（"三不一高"），形成了"二流教育""非正规教育""落榜生教育"等社会偏见和认识误区，使高职教育遭遇"认同危机"，招生、就业不畅，影响了此类院校的健康发展。

1999年2月24日，教育部颁布的《面向21世纪教育振兴行动计划》重

---

① 教育部高教司.高职高专教育改革与建设：1999年高职高专教育文件资料汇编（下册）[M].北京：高等教育出版社，2000:306.

② 指不转户口、不再统一印制毕业证书内芯、不包分配和不再使用《普通高校学校毕业生就业派遣报到证》，高收费。

申了"三改一补"原则①:"部分本科院校可设立高等职业技术学院,基本不搞新建。……高等职业教育必须面向……培养生产、服务、管理第一线需要的实用人才,真正办出特色。"6月13日,《中共中央国务院关于深化教育改革,全面推进素质教育的决定》提出,"职业学校要实行产教结合……吸收企业优秀工程技术和管理人员到职业学校任教,加快建设……'双师型'教师队伍。……制定国家职业(技能)标准,明确……岗位要求……实行学业证书、职业资格证书并重的制度"。上述文件要求,特别是建设示范性职业技术学院、产教结合、"双师型"教师队伍、制定国家职业(技能)标准、"双证书"等要求,使高职教育的类型特色建设进一步明确。

1999年年初,适逢高校扩招,国家计委、教育部宣布增加10万计划指标用于高职教育招生,同时宣布在10个省市开展高职教育试点工作。5月,教育部成立了"全国高职高专教育人才培养工作委员会"。6月下旬,再度扩大招生计划,高职再扩招11万人,全国所有省市都有举办高职的资格。②招生政策的调整,直接促进了高职教育的快速发展。为了完成扩招任务,教育部批准设置了34所职业技术学院。

11月8日,教育部召开高职高专教学工作会,高教司钟秉林司长做题为"努力开创高职高专教学工作新局面"的报告,界定了高职人才培养模式的基本特征,提出了高职高专的工作思路,以及此后5年的工作目标——前两年抓规范、促建设,后三年抓改革、出特色,初步形成有特色的高等技术应用型人才培养模式。本次会议是改革开放后第一次召开的高职高专教学工作会议,会后下发的《教育部关于加强高职高专教育人才培养工作的意见》(教高〔2000〕2号),明确了高职高专教育(不含师范)的办学指导思想,人才培养模式的基本特征、工作重点和工作思路,成为高职教育发展的指导性文件。

在本次会议上,高教司已确定着手制定《高职高专专业设置指南》,意图从专业设置原则、设置条件和专业名称等方面发挥指导作用。此后几年,经过项目立项研究、地方调研,教育部最终于2004年10月22日下发《教育部关于印发〈普通高等学校高职高专教育指导性作用目录(试行)〉的通知》(教高〔2004〕3号)。专业目录的出台,正如教育部高教司李津石和高等教育教学评估中心李志宏所言,使高职院校专业开设混乱、内涵不清等问题得到了解决,有助于体现其技术应用型特色,防止专业办成"本科压缩型"专业,为下一步考虑设立高职高专教育学位提供了有力参考,也为"双证书"直通起

---

① 面向21世纪教育振兴行动计划[EB/OL].http://www.moe.edu.cn.
② 树伟.九九高校扩招,职教受益多多[J].职业技术教育,1999(14):17.

到了参考、铺垫作用。①

2000年1月17日,教育部印发了《教育部关于加强高职高专教育人才培养工作的意见》和《关于制订高职高专教育专业教学计划的原则意见》。3月23日,教育部高教司印发了《关于加强高职高专教育教材建设的若干意见》。6月12日,教育部下发了《关于在高职高专教育中开展专业教学改革试点工作的通知》(教高〔2000〕32号)。2002年5月,教育部办公厅印发了《关于加强高等职业(高专)院校师资队伍建设的意见》。从上述文件名称即可发现教育主管部门对高职教育的引导,重心逐渐下沉,越来越具体、深入,意图凸显此类教育的应用性、针对性。

此外,教育行政部门还第一次以大规模项目的研究方式,推动高职教育发展。2000年6月,教育部下发了《关于组织实施〈新世纪高职高专教育人才培养模式和教学内容体系改革与建设项目计划〉的通知》(教高〔2000〕3号),两批102个项目研究,涉及高职高专教育的地位、作用、性质、培养目标、培养模式、教学内容与课程体系、教学方法与手段、教学管理等诸多方面。项目发挥了"指挥棒"的引导作用,促使高职教育工作者深入思考高职特色内涵建设问题。

高职教育自1999年进入大发展时期,到2005年,普通专科学校从313所调整到186所,高等职业院校则从161所增加到892所。② 当时,很多高职院校以"三改一补"方式组建,不同程度上存在办学思想不够明确,未按高职教育规律办学的问题。办学定位出现偏差,成为"本科压缩饼干"或"中专发面馒头",专业设置"重文轻工",实训条件差——"书本上种田,黑板上开机器"。"三不一高"使高职教育在生源、经费投入、就业等方面处于不利局面,投入增幅跟不上扩招增幅,教学条件容纳达致极限,影响了教学质量。为此,2003年2月教育部办公厅下发了《关于全面开展高职高专院校人才培养工作水平评估试点工作的通知》(教高司〔2003〕16号),开始试点评估。2004年4月,《教育部办公厅关于全面开展高职高专院校人才培养工作水平评估的通知》(教高厅〔2004〕16号)下发,意图通过评估,引导学校准确定位,坚持以服务为宗旨,以就业为导向,走产学研结合的发展道路,努力办出特色。

2002年7月28日至30日,第四次全国职业教育工作会议在北京召开。会后下发了《国务院关于大力推进职业教育改革与发展的决定》(国发〔2002〕16号),提出"大中城市和经济发达地区要积极发展高等职业教

① 李津石,李志宏.以指导性专业目录为依托推动高职教育持续健康发展[J].中国高等教育,2005(1).

② 陈英杰.中国高等职业教育发展史研究[M].郑州:中州古籍出版社,2007:201—202.

育……举办综合性、社区性的职业技术学院。在国务院领导下,建立职业教育工作部际联席会议制度……高等专科学校和成人高等学校要逐步统一规范为'××职业技术学院'。……适当增加高等职业教育专科毕业生接受本科教育的比例。适度发展初中后五年制高等职业教育;高等职业学校可单独组织对口招生考试,优先招收中等职业学校优秀毕业生"①。上述规定,无论是在发展倡导、校名规范,还是在招生、学制安排上,皆体现出对类型特色的系统考虑。特别是高等专科学校要逐步统一规范为职业技术学院,这是在"三改一补"(仅针对部分高等专科学校,倡导而非硬性规定必须改)基础上的更进一步的推进。如此,从文件上就彻底明确了短期学制教育机构的高等职业教育办学性质,"高职与高专之争"不复存在,高专院校也是高职教育的一种机构类型。

两年后的 2004 年 6 月,第五次全国职教会召开。会议召开的背景是 2003 年十六届三中全会首次把高技能人才的培养作为人才培养的重点,以及在全国人才工作会议上,胡锦涛总书记对高技能人才培养的强调与教育部《2003—2007 年教育振兴行动计划》和劳动保障部《3 年 50 万新技师培养计划》等。会后,发布了《教育部等七部门关于进一步加强职业教育工作的若干意见》。该意见结合 4 月 6 日教育部印发的《关于以就业为导向深化高等职业教育改革的若干意见》部分内容,如以就业为导向、两年制学制改革等,意图通过在学制上的区分,解决三年制高职院校不安心定位办成"本科压缩饼干"的问题,引导其办出类型特色。同时,强化对职业教育实训基地的支持力度,保障高职教育应用性的类型特征。但推行两年制过于"一刀切",在执行中被逐渐搁置。

一年后的 2005 年 10 月 28 日,《国务院关于大力发展职业教育的决定》颁布。《决定》提出,到 2010 年,高职招生规模占高教招生规模一半以上,并指出职教办学方针是"以服务为宗旨、以就业为导向",培养模式是"工学结合、校企合作",以及依靠行业企业发展职业教育等,还首次明确了经费投入、学生资助制度等。上述规定,通过具体可操作的保障措施,为类型特色凝练提供了抓手,奠定了政策基础。11 月 7 日,第六次全国职业教育工作会议召开。

纵观此阶段的政策变迁,从初期规模扩张到专业设置规范,从明确教学工作思路再到水平评估,三次全国职业教育工作会议从"大力推进"到"大力发展",对高职教育类型特色的探索重心逐步下移,越来越注重应用型人才培养的配套保障政策制定。

---

① 国务院关于大力推进职业教育改革与发展的决定[EB/OL]. http://www.moe.edu.cn.

五、特色深化阶段(2006 年至今)

本阶段的主要特征是,官方文件正式明确高职作为高等教育的一个类型。此后,通过精品课程、教学团队、实训基地建设、工学结合、半工半读、单独招生、技能大赛、师资培训,特别是示范/骨干院校建设等,推动高职教育深化改革,加强内涵建设,其类型特色逐渐巩固彰显。

(一)社会背景

2002 年到 2005 年四年内连续三次召开全国职教会,职业教育的战略地位被提到了空前高度。2005 年,《中共中央关于制定国民经济和社会发展第十一个五年规划的建议》明确了教育发展任务,其中高职教育横跨两大领域,既要"大力发展"(职业教育),又要"提高质量"(提高高等教育质量)。特别是 2005 年《国务院关于大力发展职业教育的决定》,明确逐步增加公共财政对职业教育的投入,首次提出加强职教基础能力建设,并以"四项工程""四大计划""四项改革"等具体措施予以保障。[①] 2006 年 11 月 15 日,温家宝总理在中南海主持召开第三次教育工作座谈会,邀请有关专家围绕职业教育座谈,强调要把职业教育放在更加重要、更加突出的位置来抓。"也许我们的座谈会,可以传递出某种信息:职业教育已经列入中南海的议事日程。"[②]"十一五"期间,中央财政决定筹集 100 亿元专项资金,用于加强职教基础能力建设,为全面推进人才培养模式转型、类型特色深化提供了宏观背景,高职教育发展战略机遇期由此到来。

(二)政策评析

2006 年 6 月 11 日,中共中央办公厅、国务院办公厅下发《关于进一步加强高技能人才工作的意见》(中办发〔2006〕15 号),将加强高技能人才工作确立为重大任务,并提出具体意见,为高职教育改革发展提供了政策指引。

11 月 3 日,《教育部财政部关于实施国家示范性高等职业院校建设计划,加快高等职业教育改革与发展的意见》(教高〔2006〕14 号)下发,重申"以服务为宗旨,以就业为导向,走产学研结合发展道路"的办学方针,意图通过提高示范院校整体水平、推进教学建设和教学改革、加强重点专业领域建

---

① "四项工程":国家技能型人才培养培训工程、国家农村劳动力转移培训工程、农村实用人才培训工程、成人继续教育和再就业培训工程。"四大计划":职业教育示范性院校建设计划、实训基地建设计划、职业院校教师素质提高计划、县级职教中心建设计划。"四项改革":推进职业教育的专业和课程改革,加强教材建设;推进"双证制"的实行,强化职业院校学生实践能力和职业技能的培养;大力推动各地和职业院校实行校企合作、工学结合的培养模式;进一步推进城乡之间、东西部之间职业院校的联合招生、合作办学,进一步扩大联合招生规模。

② 李斌.职业教育列入中南海议事日程 培养百万产业大军[EB/OL].新华网,2006-11-26.

设、增强社会服务能力、创建共享型专业教学资源库等,发挥示范院校的示范作用,在深化教育教学改革、创新人才培养模式、建设高水平专业教学团队、创建办学特色、提高社会服务能力等方面取得显著进展。因为此项计划重点支持100所示范高职院校的建设,且是高职院校首次获得中央财政的重大项目支持,故也称为"高职211工程"。

11月16日,《教育部关于全面提高高等职业教育教学质量的若干意见》(教高〔2006〕16号)进一步确认了"以服务为宗旨、以就业为导向",走产学结合道路,突出职业能力培养的改革发展方向。特别是首次正式明确了高职教育是高等教育中的一个类型,为高职发展注入了强大动力,也成为学界论辩高职是"类型"还是"层次"的政策依据。

正是上述两份文件(俗称"14号文""16号文"),吹响了高职教育特色深化的号角。文件标题"实施国家示范性高等职业院校建设计划""加快高等职业教育改革与发展""全面提高高等职业教育教学质量"本身就显现了在强化特色、加快改革、提高质量三方面重点引导,推动人才培养模式改革的思路和决心。① 此后几年,中央财政支持的职业教育实训基地项目申报通知,国家精品课程申报通知,试行工学结合、半工半读的意见,全国职业院校技能大赛通知,单独招生改革试点工作通知,实施"双证书"制度通知,国家级教学团队评审工作通知,高等职业院校人才培养工作评估方案,骨干高职院校立项建设通知等,都从具体方面入手保障人才培养的应用性,有力地推动了高职教育类型特色的深化。值得一提的是,2008年教育部《高等职业院校人才培养工作评估方案》(教高〔2008〕5号)在2004年高职高专院校人才培养工作水平评估的基础上,删除"水平"二字,并结合"状态数据采集平台",及时动态地把握高职院校办学状况,体现了评估的重大转向,实现了从"单一"到"多元"的评估主体、从"终结性"到"发展性"评估、从"结果质量"到"过程质量"、从"外部"评估到"内部"质量保障的转变,从而更利于及时掌握并引导高职教育类型的特色发展。

从此段时期的话语流变看,高职教育界常挂在嘴边的是,"基于工作过程系统化课程模式""项目化课程开发""以赛促教""双师结构""双证获得率""就业率""起薪点"等。从招生情况看,招生火爆,质量显著提高,表现在"高于三本分数线的学生比例"逐年攀升。三本分数线以上学生数占高职院校录取总数超过10%的项目院校有50多所,个别院校甚至高达100%,甚至不乏一些"达到二本分数线"的学生放弃传统本科院校,选择就读高职院校。中山大学原校长黄达人在走访了国内20多所高职院校后,说:"我看到了不

---

① 郭扬.近年来我国高等职业教育改革发展的政策导向[J].职教论坛,2009(5).

同于国内普通本科院校的别样风景。"①"圈外人士"的褒赞，以"第三方评估"的方式，为高职教育类型特色彰显做了最好的注解。②

不过，这一时期在发挥相关政策引导作用的同时，频繁的工程计划项目建设、竞赛、申报评审，也产生了在资源配置中遭遇过强行政干预、高职院校办学自主空间被逐渐压缩的现象。不断的评审、表格填写、赛事准备等，也干扰了院校正常的办学秩序。张衡指出，过分的政策尾随、市场迷信、专家依赖、模式崇拜，使高职教育成为政策的传声筒、市场的跑马场、学者的实验田，致使高职院校陷入"内脑"瘫痪，自身发展理念退隐后台，工具价值膨胀，沦为工具性载体的危险境地。③

2010年，随着《国家中长期教育改革和发展规划纲要（2010—2020年）》（下文简称《纲要》）的颁布和全国教育工作会议的召开，高职改革掀开新篇章。《纲要》提出，"建立高校分类体系，实行分类管理。到2020年，形成……现代职业教育体系。增强职业教育吸引力，实施……考试招生制度改革试点——探索……自主考试……注册入学。逐步实施高等学校分类入学考试，高等职业教育入学考试由各省（自治区、直辖市）组织"。④《国务院办公厅关于开展国家教育体制改革试点的通知》（国办发〔2010〕48号）则是《纲要》的具体落实。专项改革试点中确立了"改革职业教育办学模式，构建现代职业教育体系"，而重点领域综合改革试点中确立了"职业教育综合改革试点"，具体包括：开展地方政府促进高等职业教育发展综合改革试点；探索建立职业教育人才成长"立交桥"，构建现代职业教育体系试点等。由此开始，高职教育的类型特色探索步入新的征途。

第二节 "层次"政策的变迁

高职教育涉及"层次"的政策变迁，体现在两个方面：一是办学层次，二是修业年限。之所以将修业年限归入"层次"，主要是考虑到人们一般将"修

---

① 谢洋，林洁. 黄达人：我们向高职院校学什么[N]. 中国青年报，2013-01-21.

② 另外一条较好的注解是：自1996年以来开始实施的"本科院校举办高等职业教育"，走过10余年历程之后，完成历史使命，被要求与独立设置的高职院校及普通本科教育"错位"发展，着重探索技术应用型本科人才培养新模式。这多少说明高职院校类型特色逐步彰显，奠定了主体地位。（参见：1996年《职教法》第十三条规定，1996年10月同济大学高等技术学院成立，2005年高教司"本科院校举办高职教育的规律及发展趋势研究"项目研究结论，2011年《江西省中长期教育改革和发展规划纲要》"普通本科高校逐步退出高职（高专）教育"，2012年福建省人民政府办公厅《关于支持高职院校改革发展的若干意见》"本科高校加快退出高职教育"。）

③ 张衡. 基于文化自觉的高职教育可持续发展[J]. 江苏高教，2009（3）：132.

④ 国家中长期教育改革和发展规划纲要（2010—2020年）[EB/OL]. http://www.moe.edu.cn.

业年限"与相应办学层次对应,如专科三年、本科四年等。具体而言,前者主要涉及专科办学层次的政策安排及变迁,如"升格规制"等;后者涉及多种类型的学制(此处为狭义学制概念,指修业年限)安排,如两年制、五年制、四年制、分级制等。下文将从这两个方面分别探讨。

自高职院校设立以来,相较于职业技术师范学院/大学、①"职业技术教育学"(学科)②在职教师资/研究人员培养上的层次高移(从本科教育到硕博研究生教育)而言,作为主体的高职院校长期被定位于"专科"层次。在行政管理上,教育部内设高职高专处,"高职高专"并列称谓和短期学制(2~3年),使得"高职"常被视为"专科"的代名词。尽管有部分官员、学者在不同场合提出高职已有本科、研究生的培养,职教界也有人将职业技术师范教育、应用型本科教育、专业学位研究生教育等归入职教体系,但上述划分更多是从"大职教观"或个别试点(联合培养、长学制等)出发,尚处争论阶段,官方文件未予确认。③ 此外,成人教育方面的社区学院、劳动社会保障部门等所属的高级技工学校、技师学院,以及中职学校以"五年一贯制"方式培养高职生等,均属于高职教育范畴。

鉴于"高职教育"与"高职院校"概念的不对等性,通常意义上的高职教育,即指专科办学层次,且"层次与类型之争"也正围绕"高职教育是否等同于专科层次"展开(限于篇幅,并使研究对象聚焦,文中所言高职教育/院校,除非特指,一般即指由教育部管理下的专科层次高职教育/院校)。

与"类型"政策在不同时期体现出较大调整转向相比,涉及"层次"的政策长期保持相对稳定,高等职业教育一直被定位在专科层次,实行短期学制(2~3年)。其间,尽管有变动,但范围、幅度不大,并不适用历史分期方式来分析。

吉登斯在分析社会变迁时提出了"契机—轨迹"方法,试图通过谈论一个片断中的社会变迁的类型,反映社会变迁的深度和广度,认为在不同的整体社会类型之间的过渡中,存在一些变化的"关键性临界点"(critical thresholds),一系列变迁深刻而广泛地破坏或重新塑造了一种现有的制度

---

① 1979年,华国锋、邓小平、李先念、徐向前、王震等13位国家领导人在国务院文件批转单上画圈批准了国家计委、教育部《关于增设四所技工师范学院的请示报告》。截至本书撰写时,全国有8所独立设置的职业技术师范学院开展本科教育,主要任务是培养职业教育师资。

② 注:1983年,国务院学位办将"职业技术教育学"正式列入专业目录;1985年,全国首个职业教育管理本科专业在天津职业技术师范学院诞生;1987年和2001年,在华东师范大学设立了全国首个职业技术教育学硕士点、博士点。参见:职教"学"的成长[J].职业技术教育,2008(3):15—16.

③ 本书撰写时,此概念尚不明朗,相关改革试点(地方新建本科院校纳入职教体系)也一度招致部分院校的反对。但到了2014年,《现代职业教育体系建设规划(2014—2020年)》已经明确提出"发展应用技术类型高校""加强专业学位研究生培养"。

组合,从而产生一个长期的发展契机。只有首先完成了某些关键性的制度变革,长期的发展才有可能。"契机"是指在与特定的片断特征化形式的关系中发生了迅疾的变迁,而"轨迹"则是变迁的方向。① 借鉴此方法,本书将把改革开放 40 年来的高职教育办学层次、修业年限政策中的"契机"和"轨迹"作为观察点。

一、涉及"办学层次"政策的变迁

高职教育涉及"办学层次"的政策变迁,轨迹大致如下:从建校时的专科办学层次定位,到 2004 年、2005 年发布禁令"不升格",再到示范/骨干高职院校建设期间以"项目合同约束"方式实现"不升格"(见表 1-2)。其间,虽然不时有教育主管部门领导提及"高职教育作为高教中的一种类型,不限于专科,可以有更高层次教育",但仅限于口头讲话,或以转发方式下发通知,并未实现相应政策效力。②

表 1-2 涉及"办学层次"政策的变迁

政策变迁轨迹	代表性政策及规定
专科办学层次的确立	1986 年的《普通高等学校设置暂行条例》中指出,高等职业学校须符合下列规定:(一)主要培养高等专科层次的专门人才;(二)以职业技术教育为主
升格禁令	2004 年的《教育部等七部门关于进一步加强职业教育工作的若干意见》中提出,2007 年以前不得升格
"承诺不升格"	2005 年的《国务院关于大力发展职业教育的决定》中强调,示范高职院校承诺 2010 年以前不升格;2010 年的《教育部、财政部关于进一步推进"国家示范性高等职业院校建设计划"实施工作的通知》中,骨干高职院校承诺 2020 年以前不升格
升格禁令	2011 年的《教育部关于"十二五"期间高等学校设置工作的意见》中再次申明,高职院校原则上不升格

(一)专科办学层次的确立

自 1980 年职业大学创建以来,高职院校基本定位于专科层次。未能实现层次突破的原因,一方面,是源于长期以来的高校设置管理规定,筹办本科院校须达到一定办学条件(如土地面积、仪器设备、师资力量、学科专业数

---

① 安东尼·吉登斯. 社会的构成——结构化理论大纲[M]. 李康,李猛,译. 北京:生活·读书·新知三联书店,1998:363.

② 个别文件通知以转发领导者讲话的方式下发,文中提及"高职教育不限于专科等",其在形式上已属政策文件,具有一定指导性。但"口头体"的书写风格,使政策文本在效力上远逊色于"书面体"。在这一点上,高职并未出现学者林小英所提出的高校(民办)对领导讲话"策略性"运用的情况。

等);另一方面,也反映出高等教育中的社会分层,传统大学对新生大学设置了"准入门槛"。"2010年南方科技大学自主招生事件"一定程度上反映了这种"结构制度"约束[①],也反映了教育管理者在高教分类分层上的教育质量观、结构功能主义定位观。精英主义质量观及对"精英"的褊狭理解,使"大众化"时代的多元质量观未能成为主流认知,反映在高校分类分层上,则是通过"分流",形成传统高等院校与高职院校的不同结构功能定位。

1985年《中共中央关于教育体制改革的决定》提出,"根据大力发展职业技术教育的要求……一般应从中学阶段开始分流。……高中毕业生一部分升入普通大学,一部分接受高等职业技术教育"。决定反映出,在当时决策者的意识中分流是职教的主要功能。通过分流,一轨通向升学教育,一轨通向就业教育。但这种结构功能主义分流观,如杨金土所言,"由于精英教育观念及制度惯性作用,现行教育选拔功能被过分扩大,且只以一种标准(一张考卷,分数唯一)衡量所有人,从而使教育过程演化为应试能力竞争……应试教育环境下,人的个体多样性被否定,社会需求多样性被忽视;教育类型多样化被异化为等级化,不同教育类型的分流,变为被选拔与被淘汰、受青睐与受歧视的重新归队,'行行出状元'的思想被否定,只承认一种状元——考试状元……我们的教育几乎天天都在惩罚学业失败。大量被认为是学业失败的学生进入职教系统学习,于是职业教育就被社会看成次等教育,它的发展得不到公正对待也被认为是理所当然的"[②]。

1986年12月15日,国务院发布《普通高等学校设置暂行条例》,指出"称为高等职业学校的,须符合下列规定:(一)主要培养高等专科层次的专门人才;(二)以职业技术教育为主"。1989年4月,国家教委《普通高等学校本科专业设置暂行规定》指出,"高等专业学校和短期职业大学不得设置本科专业"。如此,就彻底明确了高等职业学校的专科办学层次定位。此后,高职教育的专科层次定位,尽管在"国家"与"地方"政策博弈间屡起波澜,但政策安排延续至今。

(二)发布禁令——"不得升格"

高职教育自经历1999年高校大扩招的规模扩张后,也暴露出内涵建设不足,人才培养缺乏特色、质量不高、就业不畅的问题。

在此之前,1995年,在《国家教委职教司关于印发国家教委副主任王明达同志在苏南现代职业教育制度改革试验研讨会上讲话的通知》(教职司〔1995〕29号)中,王明达指出:"职业教育应该有高层次。划分层次的主要依

[①] "结构制度"约束包括集权制的管理体制、高校办学自主权的缺失、单一教育质量观等。

[②] 杨金土.以人为本的职业教育价值观[J].教育发展研究,2006(1).

据是达到培养目标所必需的文化技术的总学习年限。……高等职业教育不仅限于专科,也可以有本科。飞行学院就是典型的高等职业教育。"

与此同时,政策分配效应,如经费、末批次招生等,使高职教育沦为"次等教育""落榜生教育"。"形象不佳"反过来进一步影响招生就业,使高职教育陷入恶性循环。尽管教育主管部门多次强调专科是发展重心,但部分高职院校仍"蠢蠢欲动""乐此不疲",意图通过"升格"吸引生源,解决生存压力、发展困境等问题。于是,不是在寻求特色上"做文章",而是在"升格"上"下功夫"。上述现实困境,在一定程度上说明效率机制让位于合法化机制的现实。由于教育结构体系、管理体制上的原因,①"升本"导致这批院校只能背弃职教性,向普通高等教育靠拢。

同期,"万元难觅技工"的新闻报道,特别是中国人民大学校长纪宝成对高技术人才培养的强调("既要卫星能上天,又要马桶不漏水"),以及"限制招生普通高等学校名单"中职业院校占据较大比重的事实,共同构成了相关政策出台的现实背景。

2004 年 6 月,第五次全国职教会召开。8 月中旬,职成司官员在南京透露,自当年起职业学校将进行系列重大改革,包括叫停"升格风",缩短高职院校学制等,②意图借此遏制一些高职院校的"升格"激情,并通过学制改革推动教学计划、课程体系和教材内容的改革。9 月 14 日,教育部、国家发改委、财政部、人事部、劳动保障部、农业部、国务院扶贫办联合出台了《教育部等七部门关于进一步加强职业教育工作的若干意见》,提出:"专科层次的职业院校不再升格为本科院校,教育部暂不再受理与上述意见相悖的职业院校升格的审批和备案。"③

该项政策意在引导高职院校安心定位,强化内涵,办出特色,但规制政策工具运用上的"一刀切",也招致各方质疑。如政协委员朱永新随后提交了"关于取消暂停职业院校专升本政策"的提案,西安翻译学院院长丁祖诒更是将之称为打击民办高校发展的"四大棍棒"④之一。此项政策等于再次确认了高等职业院校的专科层次定位,高职教育至专科达至顶峰,成为到专科的"断头教育"。政策将"大棒"完全挥向作为办学主体的一方——高职院

① 在教育结构体系上,我国没有形成普通教育和职业教育双线并行的教育体系,本科及以上教育属普通高等教育,职教至专科达至顶峰;在管理体制上,高职院校归教育部高职高专处管理,新升本科院校归其他部门管理。

② 陈光晔. 资讯动态:部委[J]. 职业技术教育,2004(24):8.

③ 教育部等七部门关于进一步加强职业教育工作的若干意见[EB/OL]. http://www.moe.edu.cn.

④ "四大棍棒"分别为公办高校扩招、公转民独立本科、封杀高职院校升本科、取消学历文凭考试。

校的同时,也忽略了对政策环境的深究,将"升格"单一定性为高职院校应对生存竞争的功利、狭隘、投机之举,而职教层次高移的现实逻辑也被掩盖,成为随后抗争的源头。

(三)"大棒"与"胡萝卜":规制控制与"合同约束"

2005 年,《国务院关于大力发展职业教育的决定》(国发〔2005〕35 号)第十五条指出,"加强示范性职业院校建设。实施职业教育示范院校建设计划……100 所示范性高等职业院校。大力提升这些学校……2010 年以前……专科层次的职业院校不升格为本科院校"[①]。《决定》拉开了高职示范校建设的大幕,同时也定下了"合同约束"——"要入选示范院校建设计划,必须承诺建设期内不升本"。

此后,2006 年《中华人民共和国国民经济和社会发展第十一个五年规划纲要》提出"支持 100 所示范性高等职业学院改善办学条件"的目标。11 月 3日,《教育部财政部关于实施国家示范性高等职业院校建设计划加快高等职业教育改革与发展的意见》(教高〔2006〕14 号)下发。"14 号文"作为示范性高职建设的行动纲领,明确了计划的重大意义、目标任务、主要内容、责任措施与管理机制及具体步骤等。

11 月 13 日,国家示范性高职院校建设政策以会议方式正式启动。教育部副部长吴启迪指出,"前一段时期有一种趋向……一些高职院校还没办几年就想升本科……我们不赞成此种趋同现象。我们建设示范性高职院校就是要建立此类院校的典范,就是要强调这类学校有自己的卓越。教育部希望不同类型高校都能准确定位、办出特色,促进高等教育协调发展。……这是高职院校的'211 工程',我们有研究型大学的高水平,也有高职教育的高水平"[②]。讲话反映了教育部"升本=趋同"的认知、对升格"不赞成"的态度,以及通过工程计划,达到提高高职教育质量进而彰显这一新的类型的特色的目的。

到 2010 年,经过示范建设洗礼,示范高职院校办学质量有了较大改观,类型特色初步彰显。特别是"2010 年以前不升格"规定"时效不再","升本"成为示范院校挥之不去的一个"心结",升格之声再次在高职教育界响起。

面对这种局面,9 月 13 日至 14 日,在全国高等职业教育改革与发展工作会议上,高教司司长张大良指出,"目前国内教育界确实存在四年制应用本科大学干三年制高职的事,高职院校干中职学校的活儿……高职院校又

---

① 国务院关于大力发展职业教育的决定[EB/OL]. http://www.moe.edu.cn.

② 吴启迪.实施"国家示范性高等职业院校建设计划",引领高等职业教育质量的全面提高[J].中国高教研究,2007(1):28.

脚踏职业教育与高等教育'两只船',削尖脑袋升本科"①。关于高职院校升格为本科的诉求,他明确回应,"高职生进入本科院校的体系已形成,渠道初步建立,不是完全没有通道。600多所地方新建本科与独立院校,就是应用型本科院校……高职教育在高教体系中的任务与分工是,在相当长时间内……培养……专科层次人才。高职院校要'归好队,定好位',坚守自己的层次、类型,培养一流的高素质、应用型技能人才"②。该讲话反映出,在教育主管部门领导看来,学生可以学业深造,但院校无须升格,而学生的上升渠道已经形成,本科层次的应用型人才已经由应用型本科院校来培养,高职教育就是培养专科层次人才。高职院校办学层次提升之路再次遇堵,等于教育部再次定调——高职院校升本科的问题现阶段不争论、不动摇。"一石激起千层浪",高职教育界由此展开探讨,探讨的内容包括高职教育是否就应局限于专科,应用型本科院校开展高职高层次教育"所愿""所能"等。

2011年1月25日,《光明日报》通过将"三方"——学界(潘懋元,厦门大学高等教育科学研究所名誉所长)、高职办学者(李曙明,浙江经贸职业技术学院院长)、学会管理者(高晓杰,中国高等教育学会学术部副主任)观点公之于众的方式,释放了"政策气球"。但这个"气球"不是事前的"试探气球",更像是借相关人士之口向各界"吹风",表达隐匿的高层态度——"转型"③(将现有的600余所非研究型本科院校转型为本科职业技术院校)比"升格"更重要,以此引导舆论。

其间,无论是7月26日《教育部、财政部关于进一步推进"国家示范性高等职业院校建设计划"实施工作的通知》(教高〔2010〕8号)、11月30日《教育部、财政部关于确定"国家示范性高等职业院校建设计划"骨干高职院校立项建设单位的通知》(教高函〔2010〕27号),还是2011年6月13日《财政部办公厅、教育部办公厅关于启动2011年度"国家示范性高等职业院校建设计划"骨干高职学校项目建设工作的通知》(教职成厅函〔2011〕44号),都明确了"保证2020年以前建设学校(骨干高职院校)不升格为本科学校"的规定。

尽管自2004年以来的相关政策一再明确"不升格",但冲破政策规定的实践还是存在的。"1998年至2003年,全国共114所专科院校升格为本科院校,仅2007年一年就有22所专科经合并升格为14所普通本科学校,2008年,宁波大红鹰职业技术学院等13所民办高职升格为民办本科,升格步伐并

---

① 李剑平.教育部定调,高职院校升本科现阶段不争论不动摇[N].中国青年报,2010-09-17.

② 李剑平.教育部定调,高职院校升本科现阶段不争论不动摇[N].中国青年报,2010-09-17.

③ 这里的"转型"体现了一种"垃圾箱"式的决策模式,即在解决高职院校层次定位的同时,一并解决新建本科院校的应用性办学定位问题。

没有停止。"①由此,招致很多公办高职院校的质疑,继而引发政策"公关"的"冲动"。为此,2011年12月19日,《教育部关于"十二五"期间高等学校设置工作的意见》(教发〔2011〕9号)发布,针对职业学校设置工作,提出"高等职业学校原则上不升格为本科学校,不与本科学校进行合并,也不更名为高等专科学校;公办普通专科层次学校升格为本科学校必须从严掌握;对民办普通专科层次学校……可在原有基础上申请组建本科学校"。

此时期,在应对高职院校办学层次提升诉求上,相较于2004年单一的"规制"("大棒")——"不再升格""暂不再受理",政策工具选择开始转向"规制"("大棒"禁令)与"诱致"("胡萝卜",即项目合同约束)两种手段并用。特别是后者,通过项目经费支持,以契约合同来诱导示范/骨干建设院校不升格。在能入选的优秀院校已承诺不升本后,其他院校也已无实力去提"升本",从而实现了使广大高职院校皆能"安心定位"的政策效果。

上述政策控制,多少反映了史蒂文·卢卡斯"三维权力观"的运作逻辑:"权力的第一张面孔"②(即直接影响、赢得冲突),如2004年、2011年的直接规制——"不升格";"权力的第二张面孔"③(即控制议程),如2004年的"暂不再受理",2010年的教育部定调"现阶段不争论、不动摇";"权力的第三张面孔"④(即通过塑造或影响认知、偏好来实现控制),如通过对国家示范/骨干院校建设计划的财政支持,使申请该计划的院校放弃"升本"偏好。

在此之外,权力的第四张面孔(即塑造身份认同)更为隐蔽,以"攻心为上"的权力应用,直接把对象改造为掌权者所中意的身份,如模范、积极分子等。⑤ 不同于暴力规制,它是通过操作他人的身份认同,形成潜在的权力对象。⑥ 国家示范/骨干院校建设计划中,示范/骨干校的遴选、建设多少也有此种意蕴,通过对模范、积极分子的身份打造,高职院校才安心于"高职专

---

① 凡华.升格是职业院校的唯一出路吗[J].职业技术教育,2008(15):34—38.

② 由罗伯特·达尔(Robert Dahl)提出,关注体现在明显可见的冲突与遵循行为中的权力行为,何时、如何得到权力。

③ 由彼特·巴卡拉克(Peter Bachrach)与摩尔顿·巴拉兹(Morton S. Baratz)提出,通过"不决策""动员偏见"和"议程控制"等途径让某些行为体获益而让另外一些受损,此权力观关注到有意无意地将某些议题排除出决策程序的权力,即谁被排除在外和如何被排除在决策场之外的问题。

④ 由史蒂文·卢卡斯(Steven Lukes)在前两种权力观的基础上提出,相较于前两者清晰的利益假定,此时的利益受到权力的影响,同时更隐蔽、有效,即让他人"欲我所欲"。综合前两者,卢卡斯提出"三维权力观",并将三张面孔分别称为"决策权"(让别人做他本不会做的事情)、"非决策权"(决策前采取行动,阻止某些问题进入议程)、"意识形态权"(以家长制意识形态,操作相关群体的意愿和需求的形成)。

⑤ Digeser, Peter. The Fourth Face of Power[J]. *The Journal of Politics*,1992,54(4):977-1007.

⑥ Reicher, Stephen & Nick Hopkins. *Self and Nation: Categorization, Contestation, and Mobilization*[M]. London: Thousand Oaks SAGE,2001.

科"的身份认同。①

二、涉及"修业年限"政策的变迁

高职教育涉及"修业年限"政策的变迁大致经历如下轨迹:从初办时作为主体的三年学制(狭义学制概念),到倡导"五年制",试点"四年制",提倡"两年制",再到分级制/弹性学制等(见表1-3)。上述前后之间并非替代关系,三年学制一直作为主体存在,其他只是以试点方式推行。

表1-3 涉及"修业年限"政策的变迁

政策变迁轨迹	代表性政策/规定
"三年制"的确立	1986年的《普通高等学校设置暂行条例》提出,高等职业学校须符合下列规定:(一)主要培养高等专科层次的专门人才;(二)以职业技术教育为主 1998年的《高等教育法》规定,专科教育的基本修业年限为二至三年
"五年制"的曲折变迁	1984年的《关于高等工程教育层次规格和学习年限调整改革问题的几点意见》中,明确了五年制的高等专科学制 1999年的《教育部关于实施〈中华人民共和国高等教育法〉若干问题的意见》提出,从1999年起不再批准中专学校招收专科生和高等专科学校招收本科生 2002年的《关于进一步办好五年制高等职业技术教育的几点意见》提出,重点中职改办成以举办五年制为主的职业技术学院,独立设置的职业技术学院及有关高校可利用优质中职教育资源进行五年制高职前三年的教育教学工作,但后两年必须在高等学校举办。中等职业学校不得单独举办五年制高职
试办"四年制"	2001年的《教育部关于同意深圳职业技术学院试办四年制高职专业的批复》发布
推行"两年制"	2004年4月2日,《教育部关于以就业为导向深化高等职业教育改革的若干意见》提出,积极进行高职教育两年制学制改革,要把高职教育学制由三年逐步过渡为两年
分级制/弹性学制试点	2010年的《国家中长期教育改革和发展规划纲要(2010—2020年)》《国务院办公厅关于开展国家教育体制改革试点的通知》发布,地方围绕现代职教体系开始试点

① 随后,"一刀切"政策("引导地方新建本科高校向应用技术类转型发展")在教育界掀起轩然大波——部分地方高校抵制,学界质疑,职教界愤愤不平。对此,姜大源、张应强等提出了由两类高校共同实施的"两条腿走路"思路。参见:姜大源."升级版"构建中的转型发展与内生发展[N].中国教育报,2013-06-18(005);张应强.从政府与大学的关系看地方本科高校转型发展[J].江苏高教,2014(6):10.

（一）"三年制"的确立

自 1980 年职业大学诞生以来，作为新生事物，且存在诸多办学条件缺陷，高职院校在设立之时便被确定为专科层次，学制年限定为 2～3 年。1986 年国务院发布的《普通高等学校设置暂行条例》指出，"称为高等职业学校的，须符合下列规定：（一）主要培养高等专科层次的专门人才；（二）以职业技术教育为主"。1989 年国家教委发布的《普通高等学校本科专业设置暂行规定》指出，"高等专业学校和短期职业大学不得设置本科专业"。如此，在明确了高等职业学校的专科办学层次定位的同时，学制年限随之确定。此后，1998 年《中华人民共和国高等教育法》第十七条"专科教育的基本修业年限为二至三年"再一次对修业年限予以强调。作为新生事物，高职教育在办学初期经费筹措能力不足，而政府在高职教育经费投入方面也存在缺位的情况，因此高职院校便获得了"高收费"（"三不一高"）的特殊政策照顾。多一年学制，即意味着多一年学费收入，故实行二年学制的院校并不太多，三年学制就成为主体学制，延续至今。

（二）"五年制"的曲折变迁

"五年制"包括"五年一贯制"和"3＋2 学制"。前者招收初中毕业生连续修业 5 年，可获大专文凭，办学主体可以是中职院校，也可以是高职院校；后者是高职院校利用中职教育资源进行五年制高职前三年的教育教学工作，但后两年必须在高职院校学习的教育形式。狭义的"五年制"即指"五年一贯制"，取其在一个院校连续修业 5 年之意。本书选取狭义定义[①]，但也一并对"3＋2 学制"进行简单述评。

"3＋2 学制"，又称"三二分段制"，在实际运行中有不少变体，如"2＋3 学制"等，但基本特征是学生前半段时间在中职院校就读，后半段时间在高职院校就读。需要指出的是，"3＋2 学制"尽管分中职、高职两个时段，但也区别于面向"三校生"（中专、中职和技校的毕业生）的"对口单招"。"3＋2 学制"首先体现了高职与中职的"校校合作培养"关系，从初中毕业生进中职院校之时，"校校"之间就要协商制定五年的人才培养方案等，以达到顺利衔接的目的。而"对口单招"则主要是高职院校与中职教育毕业生"校生招录"关系。"3＋2 学制"安排，可以避免重复学习，保障技术实践教学学时，利于中、高等职业教育衔接和中职的招生及职教体系的完善。作为促进中高职协调发展的举措，"3＋2 学制"目前正稳步实践。

---

① 取狭义定义，是考虑"五年一贯制"这一学制类型比较独特，涉及招生起点、学校层次、办学层次、衔接贯通、职教体系完善等，对论证"类型"与"层次"之争、学校身份与办学层次间关系可提供借鉴。

"五年一贯制"早在清末(1904)《奏定学堂章程》中已存在。国民政府时期(1937)五年制专科学校被正式列入学制图中。[①] 该学制延续至 20 世纪 50 年代,后陷入沉寂。1984 年 4 月,教育部在《关于高等工程教育层次规格和学习年限调整改革问题的几点意见》(教高二字〔1984〕010 号)中,明确了五年制的高等专科学制。4 月 14 日,教育部就交通部《关于集美航海专科学校等试办五年制专科的函》复函交通部,试办招收初中毕业生、学制五年的专科班。这是改革开放以来试办初中后五年一贯制专科教育的开端。当时,"高职"概念还不普遍,官方文件也是直到 1985 年《关于教育体制改革的决定》才首次使用"高等职业技术教育/院校"的概念。因此,这个时期的"五年制",一般称"五年制专科教育"。

1985 年,《国家教育委员会关于同意试办三所五年制技术专科学校的通知》(教计字〔1985〕083 号)文件,同意在西安航空工业学校、国家地震局学校、上海电机制造学校三所中等专业学校的基础上试办五年制技术专科学校。校名后缀改为"技术专科学校",加"技术"二字以区别于以前的专科学校。包括五年一贯制专科,以彰显其为高职办学的全新探索。三所学校均以中专与专科的形式并存,即四年制中专与五年制大专套办,后称"四五套办"。毕业生因技术教育"有效学时"[②]长,实践能力强,获得了社会认可,就业率超过同期的本科院校。

1986 年 7 月,第一次全国职业技术教育工作会议召开。在《关于全国职业技术教育工作会议情况的报告》中提出,"招收初中毕业生学制 4 年、高中毕业生学制 2 至 3 年的中专,与高等职业技术学校在培养目标上没有太大的区别,不应简单地划入中等教育。中专一般不要改为专科,应该坚持办下去。……专科和中专的学制等问题,国家教委准备……调查、论证……以便……理顺关系"。该报告最显著的特点是,不以"学生入学的文化基础"为依据,而以培养目标、修业年限来判断职教层次。

1987 年 8 月,针对部分中专试图升格高校现象及中专办大专是"低层次学校办高层次教育"("戴帽办学")的批评,国家教委在北戴河中专教育工作会议上,提出遏制中专招收高中毕业生(学制两年),使之回归招收初中毕业生(学制四年)。此后多年,对中专办五年制技术专科一直实行"一个不批"政策。由于当时对高职与专科的认识不甚清晰,特别是广州专科会"分流说"的提出,直接影响了职业大学包括五年制高职的发展。

直到 1991 年,国家教委同意在总后勤部邢台军需工业学校的基础上,建

---

① 陈玉华,吕光军.我国五年制高职教育的回顾与展望[J].教育与职业.2005(12):6.
② 严雪怡.办高职必须重视"有效学时"[J].职教通讯,1998(11):17—19.

立邢台高等职业技术学校,试办五年制技术专科教育。此后,1994 年 10 月,国家教委下发了《关于在成都航空工业学校等 10 所中等专业学校试办五年制高职班的通知》,1996 年 6 月又批准大连海运学校等 8 所中等专业学校举办初中后五年制高职班。1999 年 5 月 25 日,《教育部关于实施〈中华人民共和国高等教育法〉若干问题的意见》提出,根据《高等教育法》第十八条规定,从 1999 年起不再批准中专学校招收专科生和高等专科学校招收本科生。至此,试办初中后五年一贯制高职的学校达到 22 所,开办专业 66 个,专业点数 74 个,涉及 21 个专业种类,在校学生规模达到 25594 人。①

2000 年 5 月,教育部高教司在《关于加强五年制高等职业教育管理工作的通知》(教高司〔2000〕34 号)中,对五年制高职培养目标进一步明确。2002 年 3 月 27 日,教育部《关于进一步办好五年制高等职业技术教育的几点意见》指出,"在高职学校较少、专业发展欠完善的地区,可以把……重点中职改办成以举办五年制为主的职业技术学院,独立设置的职业技术学院及有关高校也可利用优质的中职教育资源进行五年制高职前三年的教育教学工作,但后两年必须在高等学校举办。中等职业学校不得单独举办五年制高职"。如此,就明确了五年制高职的发展方针是"适度发展",主要办学主体是独立设置的职业技术学院,中职、高职以"三二分段制"联合举办,中职学校不再单独举办。

相较于高职针对中职的"对口招生",五年制高职解决了中职、高职由两种不同办学层次机构施教、分属不同部门管理所产生的衔接不畅、课程重复问题。但也暴露出一些问题,如学生定向过早,使部分中职院校产生了"升格"冲动等。2002 年 8 月印发的《国务院关于大力推进职业教育改革与发展的决定》再次重申"适度发展初中后五年制高等职业教育"。"适度发展"的指导原则,使此后几年的此类学制在校生占高职在校生总数的比例一直不高。

总体而言,五年制的亮点如下:一是利于中、高职教育的衔接,避免衔接的学时损耗;二是利用增加实践教学学时,增强技能训练水平;三是学生入学年龄小,利于专业归属感、职业意识、职业能力培养及职业道德的养成。最重要的是,五年制中的"中专办技术专科",说明人才层次(职业技术水平层次)与职教办学机构层次并不存在完全对应关系。

---

① 杨金土,等.30 年重大变革——中国 1979—2008 年职业教育要事概录[M].北京:教育科学出版社,2011:557.

（三）试办"四年制"

试办"四年制"，①分两个时期：一是 2001 年深圳职业技术学院的先行先试；二是 2010 年《国家中长期教育改革和发展规划纲要（2010—2020 年）》颁布及《国务院办公厅关于开展国家教育体制改革试点的通知》下发以来，各地围绕"职业教育综合改革试点"，启动"长学制"的实践探索。

2001 年，随着《教育部关于同意深圳职业技术学院试办四年制高职专业的批复》（教高函〔2001〕17 号）及广东省教育厅《关于同意深圳职业技术学院试办四年制高职专业的批复》（粤教高〔2001〕71 号）的下发，深圳职业技术学院的计算机辅助设计与制造、电子信息工程、楼宇设备与智能化技术三个专业开始四年制高职试点。具体采用"2＋2模式"，即按专科招生，经过中期筛选后，成绩优秀者就读四年制高职专业。

到 2005 年，首届毕业生面临就业，但文凭发放、就业保障等配套政策并未及时落实。鉴于深圳职业技术学院作为专科学校，无本科学历、学士学位授予权，后在教育部磋商下，毕业生可获得广东技术师范学院本科文凭，但无学士学位证书。深圳市人事局、教育局《关于深圳职业技术学院四年制高职教育试点专业毕业生待遇问题的复函》（深人函〔2005〕240 号）做出了"颁发四年制高职毕业证书，在深圳市机关事业单位的职称评定、工资待遇和报考公务员、职员和雇员时，其学历资格享受与普通本科学生相同待遇，在企业就业可参照执行"的规定。但由于制度不配套，这一探索不得不停下来。其中，文凭发放是个大问题，尽管深圳市政府下发文件，在本地可享受本科待遇，但出了深圳就不再管用，在国家管理系统中只能是专科，给学生就业（不一定在深圳）等带来不少问题。

自 2010 年《国家中长期教育改革和发展规划纲要（2010—2020 年）》《国务院办公厅关于开展国家教育体制改革试点的通知》（国办发〔2010〕48 号）下发以来，围绕"职业教育综合改革试点"，一些地方陆续启动"长学制"改革。随着《纲要》对省级政府教育统筹的强调，对省级政府教育统筹综合改革试点、职业教育弹性学制试点的明确，及《国务院办公厅关于开展国家教育体制改革试点的通知》对开展地方政府促进高等职业教育发展综合改革试点，探索建立职业教育人才成长立交桥，构建现代职业教育体系试点的明确，辽宁、天津、江苏、深圳、贵州、四川等地先后开始改革试点。上述试点或采用完全由单独高职院校试办长学制方式，或采用与本科院校联合培养方式进行，目前仍在积极探索中。

---

① 本处试办四年制的主体为专科层次高职院校，普通本科院校办四年制高职本科教育，不在本书论述范围。

值得一提的是,湖南民族职业学院自 2010 年开始探索四年制,2011 年 6 月 16 日,自主授予 5 名学生"能力本科"毕业证和"能力学士"学位证书。有媒体记者以"当朱清时的改革陷入尴尬之时,湖南民族职业学院经济管理系接过改革大旗"高度赞誉这一大胆尝试。校方称,推行能力学士学位,旨在探索一种新的职业能力鉴定模式、淡化社会文凭意识。这在国内高校中尚属首次,意图为"能力重要还是学历重要"的争议寻求一个答案。[①] 这是在"体制外"提升高职教育层次的一次尝试探索。

（四）推行"两年制"

2003 年左右,在前期规模扩张之后,高职教育内涵建设缺失问题暴露出来:对高职人才质量缺乏科学认识,未能摆脱"本科压缩饼干"烙印,导致人才培养缺乏特色,岗位适应能力不强,影响了高职教育的可持续发展。2003 年 12 月、2004 年 2 月,教育部周济部长先后两次在全国高职教育产学研结合经验交流会上提出"要坚持以就业为导向来调整高职人才培养模式"。目的是通过提倡以就业为导向,推动高职教育在办学思路、培养目标、培养模式上实现根本性转变。

2004 年 4 月 2 日,《教育部关于以就业为导向深化高等职业教育改革的若干意见》(教高〔2004〕1 号)正式提出,"积极进行高等职业教育两年制学制改革……为推动高等职业院校正确定位,加快高技能紧缺人才培养,要把……学制由三年逐步过渡为两年。要从 2004 年……开始,实施两年制试点。今后,凡新批准设立的高等职业院校原则上都实行两年学制。各省级教育行政部门也应……开展……两年制试点工作,取得经验后逐步推开"[②]。

相关背景及政策要求,说明当时推行两年制主要在于解决以下问题:高职就业不畅,与本科教育区别不大,遏制"升格"激情等。《中国教育报》专门就高职教育学制改革进行报道,指出院校定位不准、教学计划安排未摆脱本科教育影响、学制周期长不易把握人才市场需求等问题,列举了国外发展趋势,国内目前试点实践等,认为压缩高职学制,适应高教大众化需求,利于扩大受高等教育对象范围,降低受教育成本等。但也报道了专家对"培养质量会否下降""突出就业难"等的担心,以及"不宜一刀切,应逐步推进,分类指导"的意见。[③]

此外,在教育部"高职教育学制改革可行性分析与研究"项目组的研究

① 徐亚平.湖南民院 5 名学生获"能力学士学位"[N].湖南日报,2011-06-17.

② 教育部关于以就业为导向深化高等职业教育改革的若干意见[EB/OL].http://www.moe.edu.cn.

③ 李挥.高职学制缘何三年变两年[N].中国教育报,2004-11-04.

报告中,认为"实行二年制,利大于弊"的占44%,"利小于弊"的占10%,认为"相当或很难评价"的占46%;对缩短学制的方法,被调查者中,赞同"二、三年制并存"的占66%,赞同"全部改为二年制"的仅占9%;在可能产生的问题中,主要有"影响人才培养质量"(占56%)、"基础知识影响学生深造"(占64%)、"就业更难"(占34%)、"企业欢迎度受影响"(占40%)、"很难与中职区别与衔接"(占30%)、"影响学生报考积极性"(占30%)、"较难确立培养目标"(占30%)、"教师队伍建设难度提高"(占21%)、"课程安排比较困难"(占46%)和"其他"(占1%)。[①]

上述专家结论及建议,已经指出推行二年制可能造成的现实影响。特别是"以就业为导向"提法本身,在职教界也引起激烈争论,如就业导向是"政策术语,还是学术名词""阶段选择,还是未来导向""国家行为,还是教育选择""职业教育是否等于就业教育"等。[②]

2005年10月,高教司《关于开展两年制高职高专教育教学改革项目研究的通知》(教高司函〔2005〕202号)下发,意图通过项目支持,引导各方进一步推进落实。但是,由于对修业年限的调整,基于外在因素考虑的成分居多,忽略了学习年限的确定更多基于岗位人才规格的需求等,尽管这份《通知》采用"一刀切"和"激进式"推进手段,却也不同程度遭到社会各界(包括企业、院士等),特别是高职办学主体(院校)的质疑和抵制。最后,此项政策不了了之,大部分高职院校仍然坚持三年制。

(五)分级制/弹性学制[③]的试点

自2010年《国家中长期教育改革和发展规划纲要(2010—2020年)》颁布、全教会召开,特别是《国务院办公厅关于开展国家教育体制改革试点的通知》下发以来,职教体系建设被提上日程。时机成熟,职教界陆续启动改革试点,内容包括专业试办弹性学制(可长可短),而北京的分级制堪称一种标新立异的探索。

北京市教委设想,将北京职业教育分成1级到5+级共6个级别。其中,1级和2级属"基础性职业教育"。1级主要为义务教育阶段之后的职业

① 教育部"高职教育学制改革可行性分析与研究"项目组.两年,可行——关于我国高职短学制改革的分析与结论[J].职业技术教育.2004(30):14—25.
② 树伟.甲申论衡——首届中国中青年职教论坛述要[J].职业技术教育.2004(12):14—30.
③ 弹性学制,指学习年限可长可短。"弹性"既可指学生的自主选择,也可指学校个别专业的学制富有弹性。严格来说,北京的分级制,结合学生自主选择与测试,确定攻读不同的职业教育等级(1级、2级……5级)也属于弹性学制。此处将两者并列,是取弹性学制的狭义概念——个别专业的学制可长可短,主要是考虑到两者代表着改革的两种试点方式。因前文已经论述过两年、三年或四年学制,此处不再论述弹性学制试点,而重点围绕分级制这一全新政策探索展开。

准备教育,2级相当于现行制度下的中等职业教育,3级和4级属"提高性职业教育",即3级属高中后职业准备教育,4级相当于现行制度下的高等职业教育。5级和5+级属"发展性职业教育":5级相当于目前的大学本科教育,主要培养技术应用型专门人才,令其可以从事复杂的技术及重要管理岗位工作;5+级为开放级别,相当于目前的研究生教育,培养既有高级实践技能,又有一定理论创新素养的应用人才或管理人才。[①]

长期以来,正是因为在职教逻辑起点上存在认识误区,未能从职业出发,致使职教始终打不开出路,难以获得应有的地位。社会上因此出现两个吊诡的现象:国家层面高度重视,百姓却视职业教育为"末流";企业闹"技工荒",高校毕业生却难以充分就业。如孙善学(分级制总设计师)所言,"大家都把关注点放在了职业教育和普通教育学历如何对接上……这不是我们改革的起点,也不是我们的目标。……改革的主要目标是将原来'镶嵌'于普通教育、学历教育体系之中的职业教育分离出来,按照职业教育特点和规律加以梳理和重构,建立具有中国特色的现代职业教育体系"[②]

分级制的主要特点是采取"宽进严出"的入学制度、灵活的学习制度。根据学习者既往经历、知识、能力,通过逐级升学直通或测试入学方式,确定攻读级别,连续学习与弹性学习相结合,实现学习与工作之间的灵活进出(成人培训涵盖在内),从而形成自下而上"培养目标和规格"逐级递进、"教育内容和要求"顺畅衔接、"入学制度和形式"开放灵活、"质量保障和评价"科学严谨的职业教育体系,以满足社会不同层次人员的教育需求。[③]

如此,就突破了目前的学历层次体系,构建起相对完备的职教层次结构体系。建立起职教自己的教育标准和资格框架,利于在新框架下重新设计人才培养过程,改革职教教育模式、学习和评价制度等。此外,利于行业企业参与分级及测评标准制定,解决了长期以来因教育和培训分属两个主管部门导致的职教资源难以整合和优化配置的难题。

分级制尚处于试点阶段,5级以上只能取得级别认定证书,并不能取得大学学历,所以能否被社会认可仍待观察。但这种大胆突破传统学历层次体系的尝试,无疑是一种"寻求一种制度之外的存在"的主动选择行为。

---

① 翟帆.北京试水职业教育分级制[N].中国教育报,2011-09-19.
② 翟帆.北京试水职业教育分级制[N].中国教育报,2011-09-19.
③ 王超群.北京拟实施职业教育分级制度[N].中国教育报,2011-01-05.

第二章　网络治理:教育政策变迁研究的新途径

通过梳理学制政策变迁可以发现,在这一过程中不同程度存在"政策失灵",特别是"循环往复"现象。该如何解释政策未能贯彻执行(如"两年制"的夭折)、反复重申(如"不得升格")、政策反转(如再次倡导"五年制",再次试点"四年制")呢? 时空条件不具备、政策设计欠科学、执行梗阻等,都部分地解释了政策失灵的原因。但该如何解释"循环往复"现象? 为此,需引入新的研究途径。

第一节　网络治理的理论基础、价值及应用

政策网络理论,是社会学网络分析法在政治学和政策科学的应用和发展,涵盖政策分析途径与网络治理模式两个层面。鉴于研究取向治理路径,本节题目采用"网络治理"概念,但因研究政策并不能舍弃政策分析路径,故小标题命名继续采用上位概念"政策网络",以反映该理论的演进脉络。

一、政策网络的理论基础

政策网络是网络理论引入政策科学而形成的一种分析途径和研究方法,滥觞于美国,发展于英国、德国,后流行于西方学界,成为继多元主义、法团主义之后的第三种理论范式(网络主义)。

20世纪五六十年代,政策网络概念在美国最早出现,被用于比喻政治过程中各主体间形成的复杂关系。① 美国学者关注到政策过程中政府、官僚机构和利益集团之间的联系,提出"铁三角"(theory of triangle)、"次级政府"(sub-government)等概念。其基本假设是,一个包括议会、官僚机构和利益集团的范围狭窄、稳定的"铁三角"始终牢固、排他性地控制着政策的制定、执行。

---

① Jordan, A. G. Sub-governments, policy communities and networks. Refilling the old bottles? [J]. *Journal of Theoretical Politics*, 1990(2):319-338.

1978 年,休·赫克罗(Hugh Heclo)指出,"铁三角"概念不一定是个错误的概念,但肯定是一个不完善的概念。[①] 他使用"议题网络"来说明,政策既非传统政治、行政二分法假定的那样单纯由国会来制定,也不是"铁三角"模式所谓少数集团控制的结果,而是一种为特定问题集结起来的行动者间的松散网络复杂互动的结果。"议题网络"看到了参与主体、层次的广泛性及"议题网络"自身的流动性。

如果说"议题网络"揭示了某项单一政策制定活动中组织和个体行动者间网络互动的话,那么,休·赫克罗和艾伦·韦尔达夫斯基提出的"政策共同体"概念[②],则意指一群有共同利益或信仰的小群体长期垄断着某类公共政策的制定过程。与"铁三角"不同,某些政策领域中不一定存在单一、稳定的集团持续垄断某类政策制定,相反,很有可能是多个"政策共同体"进行竞争,政策最终是在半垄断性政策共同体与竞争者的博弈互动中逐渐形成的。"政策共同体"概念表明,并非所有政策制定过程中都会形成开放而多元的议题网络。乔丹指出,该政策制定模式的要点是,非政府组织与政府机构间形成了一种制度化的关系模式,从而使政策得以顺利制定和执行。[③]

在"议题网络""政策共同体"("政策社群")分析模式的基础上,英国学者罗兹(R. A. W. Rhodes)按照参与主体资格和资源分配关系的标准,对议题网络、政策网络和政策共同体几个概念作了清理,认为政策网络是一个最大概念,将政策网络视为从开放式的"议题网络"到相对封闭的"政策社群"("政策共同体")的连续谱。"政策网络"理论认为,公共政策制定与执行发生在官僚、民众、组织、联盟等各类行动者组成的政策网络中,不同行动者各有不同的资源禀赋、行动策略,行动者间互相依赖推动政策的制定执行,从而将政府和利益集团等放到网络结构中进行分析,深入考察不同行动者及网络内部的现实情况。

这样,就否定了传统理论国家与社会、政治与行政的简单二分法,动摇了政策过程中多元主义的社会中心论与法团主义的国家中心论将国家与社会视为"铁板一块"均质整体的前提假设。国家与社会关系除正式关系外,还包括非正式的关系,此种关系除表现为宏观政治结构外,还表现为中观部

---

① Hugh Heclo. Issue and the Executive Establishment [C]//Anthony King. *The New American Political System*. Washington, D C: American Enterprise Institute, 1978: 187-124.

② 通过 1974 年对英国财政部的公共开支分析,提出英国白厅已形成了某种"政策共同体"。参见:休·赫克罗,艾伦·韦尔达夫斯基. 公共资金的私人政府——英国政治中的共同体和政策[M]. 李颖,褚彩霞,译. 上海:格致出版社,上海人民出版社,2011.

③ G. Jodan, Policy Realism versus 'New Institutionalist Ambiguity' [J]. *Political Studies*, 1990(XXXVIII): 470-484.

门结构、微观人际结构。相较于多元主义、法团主义在政策过程的研究中侧重宏观国家角色的研究传统而言,政策网络更关注次级部门(sub-sector)分析,侧重中观层面(meso-level)的政策分析。[①] 如坎贝尔(D. Compell)所言,国家与社会关系在不同政治体系中有着本质差异,诸如多元主义、法团主义等一般理论的理论分析有可能脱离某国政治现实,而政策网络的优点在于网络概念适用于民主或威权政体。[②]

如此,政策网络理论很大程度上突破了传统研究只从制度层面展开分析的局限,增加了结构因素对政策的影响,克服了以往研究中假定政策过程完全理性和集权的弊病,弱化了权威和制度在公共政策中的作用。政策网络理论关注政策过程中的网络结构,这种结构不但包含正式的政府组织结构,还包含中观层面的部门关系,以及微观层面的人际关系。特别是以政策过程中所形成的网络结构关系来解释它对政策议程、方案、结果的影响,形成了"关系—结构"的新政策研究范式。

(一)政策网络概念、特征、理论流派

1. 概念

卡赞斯坦(Peter Katzenstein)最早提出"政策网络",将之视为社会行动者和国家联结的机制。[③] 虽然政策网络已成为欧美政策过程主流分析范式,但对其内涵和本质的理解并未达成一致。大致有五种定义取向:资源依赖角度、国家自主性角度、政策主体或主体关系视角、治理视角、与相关概念区分角度(如"铁三角""议题网络""政策社群"等)。

争论主要体现在政策社群与政策网络"孰大孰小,谁包含谁"上。所有定义中,罗兹的定义被广泛接受。他将政策网络视为一般性术语,网络的类型根据关系紧密程度呈现出连续性。关系紧密的"政策社群"处于连续体的一端,而关系松散的议题网络处于另一端。[④]

尽管定义角度不同,但仍存在部分共识:政策网络是政策过程中国家与社会不同互动关系类型的总称,节点是组织或个人,纽带是资源依赖,着眼于平行而不是垂直关系。多元行动者基于共同利益或资源依赖,以动态、多样方式联结在一起,相互协调影响政策。其主旨在于描述、解释非均质、片段化的国家与社会互动关系下的政策过程。

---

① 石凯.政策结果的多面向:寻访新政策网络理论[J].社会科学研究,2008(5):33—37.

② Jens Blom-Hansen. A New Institutional Perspective on Policy Networks [J]. *Public Administration*, 1998,75(4):672.

③ 陈恒钧.治理互赖与政策执行[M].台北:商鼎文化出版社,2002:60.

④ R. A. W. Rhodes. *Understanding Governance: Policy Networks, Governance, Reflexivity, and Accountability*[M]. Maidenhead: Open University Press, 1997.

2. 特征

概念争论,促使学者们进一步从"特征"方面把握内涵。克利金(Klijn)认为政策网络具有三个显著特征:[①](1)主体间相互依赖;(2)政策网络是一个相互影响作用的动态过程;(3)政策网络的活动受到制度制约。罗兹认为其具有四个特征:(1)相互依赖;(2)持续资源交换;(3)博弈互动;(4)网络自治,网络是自组织的。国内学者石凯、胡伟将其特征概括为:(1)多元关系主体;(2)复杂关系联结(结构或人际关系,关系联结或弱或强,或短或长);(3)互相依赖行动者(依赖性源于资源、利益诉求、政策合法化需求)。[②] 故而,不同行动者在实现政策目标中处于一种非科层式、非正式的且相对稳定的关系形态中。

上述主体特征概括,使政策研究由传统单一线性垂直维度拓展到水平维度,并综合为"网络"。多元主体、动态过程、互赖性、复杂关系联结、结构约束等特征,为政策网络理论确立自身价值、开辟新范式奠定了基础。

3. 理论流派

各国文化差异、政治制度、学术传统不同,学者们对政策网络的本质理解也大不相同,形成微观、中观、宏观三个分析层次,分别对应三大阵营——美国学派、英国学派、欧洲学派。石凯、胡伟将三种分析典范的区别总结为表 2-1。[③]

表 2-1　政策网络的研究流派

	美国	英国	德国、荷兰
分析层次	微观	中观	宏观
理论基础	多元主义	法团主义	治理理论
分析对象	人际关系	部门结构关系	治理结构
对政策后果的影响	不确定	确定	确定

在功能研究上,博泽尔(Tanja Borzel)从网络概念与网络工具视角,根据上述三个流派,将政策网络归纳为以英美为主的利益协调学派(利益中介学派)和欧洲大陆以德国、荷兰为代表的治理学派(见表 2-2)。事实上,两个学派并不互相排斥,区别也不甚明显。因为,公共政策是公共治理的一种工

① Klijn, E.-H. Analyzing and managing policy processes in complex networks: A theoretical examination of the concept policy network and its problems[J]. *Administration & Society*,1996,28(1):90-119.

② 石凯,胡伟.政策网络理论:政策过程的新范式[J].国外社会科学,2006(3):30.

③ 石凯,胡伟.政策网络理论:政策过程的新范式[J].国外社会科学,2006(3):31.

具,分类只不过提供了学界交流、对话的便利窗口而已。

表 2-2　政策网络的主要学派[①]

	定量化　政策网络概念	定性化　政策网络概念
	利益中介类型	治理类型
政策网络分析性工具	政策网络是国家与社会的关系类型	政策网络是公、私行动者政策过程中的非科层互动模式
政策网络理论途径	政策网络结构是政策过程、政策结果的决定性变量	政策网络是特殊的治理形态

(二)政策网络的类型

不同的研究目的和研究对象,如罗兹和马什(Marsh)的研究主要强调政府间的关系,威尔克斯与赖特侧重研究不同政府部门、企业间的关系,而乔丹和舒伯特则重在描述发达国家的经济决策结构,造成类型研究繁多庞杂。此处仅重点介绍罗兹等人的分类。

罗兹依据参与者利益、参与者性质(公共或私人团体)、水平依赖、垂直依赖、资源分配(拥有何种资源可以交换)等标准,将政策网络分为政策社群(政策共同体)、专业网络、府际网络、生产者网络、议题网络(见表 2-3)。

表 2-3　罗兹的政策网络分类[②]

政策网络类型	网络特征
政策社群	稳定,成员资格高度受限,垂直依赖,有限的水平联系
专业网络	稳定,成员资格高度受限,纵向相互依赖,有限的横向联系,服务相关专业领域利益
府际网络	成员资格受到有限约束,垂直依赖有限,横向联系广泛
生产者网络	成员流动,垂直依赖有限,横向联系广泛
议题网络	成员不稳定,参与者人数众多,有限的垂直依赖性

马什与罗兹特别区分了议题网络、政策社群(见表 2-4)。

---

①　Borzel Tanja. Organizing Babylon—On the different conceptions of policy network[J]. *Public Administration*, 1998(76):65. 转引自:于常有. 政策网络:概念、类型及发展前景[J]. 行政论坛,2008(1):56.

②　R. A. W. Rhodes. *Understanding Governance: Policy Networks, Governance, Reflexivity, and Accountability*[M]. Maidenhead: Open University Press, 1997:38.

表 2-4　马什与罗兹的政策网络类型:政策社群与议题网络①

	政策社群	议题网络
参与成员: 参与者人数	有限参与者,某些团体被故意排除在外	众多
追求的利益	以经济/专业利益为主	涉及利益范围很大
整合程度: 成员互动频率	频率高、质量高,对于与政策议题相关的事物皆有互动关系	互动频率和强度变化不定
持续性	成员、价值观与政策后果均具长久持续性	成员、价值观变化很大
共识	所有成员分享基本价值观念且接受政策后果的合法性	可达成某种协议,但冲突一直不断
资源: 网络资源分配	所有参与成员均有资源,互换性的基本关系	某些成员虽有有限资源,咨询性的基本关系
内部结构	层级节制体系,领导者可分配资源	变异性很大,不同的分配与管制成员的能力
权利	成员间权利均衡,尽管可能有支配性团体,但必须是非零和游戏,政策社群才可长存	不平等权利,反映不平等资源及不平等接近网络机会——零和博弈

同时,将政策网络置于光谱上进行分析,认为在高度整合的政策社群与低度整合的议题网络两极端中间,还有专业网络、府际网络、地域网络与生产者网络(见图 2-1)。

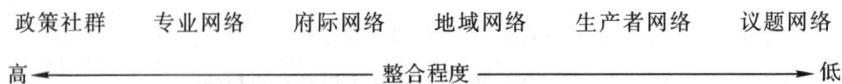

政策社群　　专业网络　　府际网络　　地域网络　　生产者网络　　议题网络

高 ◄—————————————— 整合程度 ——————————————► 低

图 2-1　罗兹的政策网络整合光谱

但也有研究者意识到单纯概念本身不足以解释对政策过程及结果的影响,转而将政策网络视为一种分析途径,通过网络化研究,揭示网络特性、网络关系和演化,以形成更有力的解释框架。

———————————

① Rhodes, R. A. W. & Marsh, D. Policy networks in British politics[C]//Marsh, David & Rhodes, R. A. W. *Policy Networks in British Government*. Oxford: Clarendon press, 1992:13-14. 转引自:于常有. 政策网络:概念、类型及发展前景[J]. 行政论坛,2008(1):56.

(三)政策网络的分析途径

博雷尔提出定性化与定量化两大分析典范(见表 2-2):前者较重视过程趋向,用定性化方法,如深度访谈等分析网络互动;后者主要采用结构分析方法,如密度表等量化方法,根据参与者空间分布、聚集度等,分析参与者关系。两者并不矛盾,研究中可互补。

两大流派——作为政策分析的政策网络、作为治理手段的政策网络,总体上反映了政策网络的两种主要分析路径。最初,政策网络理论主要被视为一种网络分析途径,以分析政策网络与政策过程、政策后果间的因果关系。马什和罗兹认为网络本质上是结构性的,赋予结构巨大的解释力特权,而对能动行动者(agents)的重要性不予重视。都丁(Dowding)对此提出批评,认为其忽略了网络中的互动行为,指出政策网络解释的驱动力及自变量并不是网络特征本身,而是政策网络组成要素的特征。[1] 正是在论辩中,政策网络理论进一步丰富。马什与史密斯提出了辩证途径,指出政策网络与政策结果的关系不是简单、单向的,包含着"网络与政策环境""网络结构与行动者""网络与政策结果"这三对辩证关系(见图 2-2)。

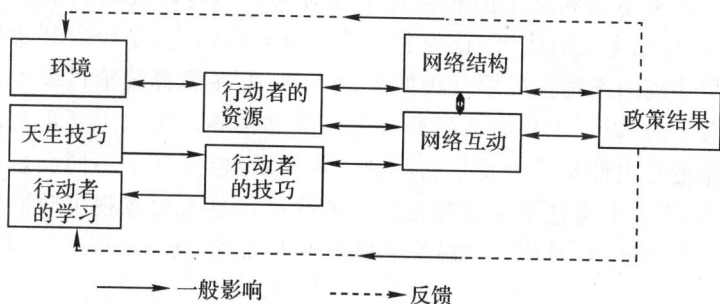

图 2-2 政策网络与政策结果:辩证途径[2]

二、政策网络理论的价值及应用

从公共管理角度审视,[3]公共政策是公共管理的重要治理手段和具体表

---

① Dowding. K. Model or metaphor? A critical review of the policy network approach[J]. *Political Studies*,1995(43):136-158.

② Marsh,David & Smith,Martin. Understanding policy networks:Towards a dialectical approach[J]. *Political Studies*,2000(48):4-21.转引自:于常有.政策网络:概念、类型及发展前景[J].行政论坛,2008(1):57.

③ 黄维民.新范式与新工具:公共管理视角下的公共政策[M].北京:中国社会科学出版社,2008:2—62.

现。从传统统治型行政到管理行政（掌舵而不是划桨），再到新公共行政，"公共"二字足以说明政策不是"独白"与"话语垄断"。政策网络理论作为一种新的分析途径，关注到"结构"层面——包含政府组织结构、中观层面的部门关系结构、微观层面的人际关系结构等因素对政策的影响。强调行动者博弈互动，使政策民主化不再只是空洞口号，蕴含着极大的理论价值。但在现阶段的中国是否适用，可否用以解释教育政策过程，也需认真探讨。

（一）政策网络理论的价值

政策网络两大学派——利益协调学派和治理学派分别代表着政策网络的两种研究路径：政策分析路径和治理路径。两者并不互相排斥，毕竟公共政策是公共治理的一种工具。出于分析便利，下文分别从两种路径展现政策网络价值。

1. 作为政策分析工具

（1）从多元主义、法团主义到网络主义

在传统政策过程研究中，围绕国家与社会关系这一核心命题，形成了"社会中心论"和"国家中心论"两种研究取向。前者以多元主义为代表，认为公共政策是不同利益集团相互竞争并对国家施压以实现利益的动态均衡；后者以法团主义为代表，认为公共政策由政府制定，是少数利益集团与特权阶层协商的产物。尽管分析的视角不同，但在解释政策过程中国家与社会的关系时，因过于片面地强调一方而失之偏颇。法团主义重视政府政策过程中的自主性及与利益集团间的互赖关系，但忽略了不同利益集团的博弈互动；多元主义过于强调利益集团的政策影响力而忽视了政府在政策过程中的自主性，且对两者互赖关系视而不见，假定政策结果是参与者行动的总和。

同样的偏颇还表现在政策执行研究中的"自上而下"和"自下而上"模式上，要么重视基层影响力，要么强调上级主导作用，忽视了上下级组织与人员在政策过程中的相互作用与关联性。[1] 偏颇有一个共同的前提假设：国家为均质、统一的整体，国家与社会间泾渭分明。不过，现实社会的深刻变化对传统政策过程提出了挑战：大量公私行动者以多种方式介入政策过程，模糊着决策与执行的界限。跨国界、跨层次、跨部门的新型政策问题的产生，新行动者、新知识和信息的涌现，说明政策过程正"网络化"，传统单一中心线性政策过程正演变为多元、多维、多层的网状结构。[2] 这就对国家与社会

---

① 谭英俊. 走向一种有效的公共政策执行模式——基于政策网络理论的启示[J]. 内蒙古社会科学, 2008(4): 8.

② 郭巍青, 涂锋. 重新建构政策过程: 基于政策网络的视角[J]. 中山大学学报, 2009(3).

界限分明的假说提出了质疑,①政策网络理论由此应运而生。

若以政策过程中的互动关系为分析单位,政策网络理论就突破了政府中心论,对象跨越政府部门和层级,涉及各类社会主体的跨组织关系网络,可以是个体、部分成员,还可能是若干组织集合。更细致、精确的分析单位,能够更好地反映政策过程。政策网络理论由此超越法团主义、多元主义的局限,摆脱两种理论分离的桎梏,构建了新的理论平台。三种分析范式的区别,参见表2-5。

表2-5　政策网络、多元主义与法团主义的比较②

	多元主义	法团主义	政策网络
研究对象	利益团体	特定利益团体与国家	特定政策领域中的国家和社会
行动者	多元	数量有限	由网络类型确定
行为取向	追求私利最大化	统合团体间利益	协调特定政策领域的利益
国家角色	裁判者	中介者	启动者
互动模式	利益团体彼此竞争	国家主导下的利益协调	多方平等谈判
权力分配	由相应部门处理政策议题	中央、地方共同处理政策议题	由不同横向部门处理政策议题
政策执行	利益团体无法影响政策执行	特许利益团体参与政策执行	利益团体和行政官僚交换资源协助政策执行

（2）从"阶段功能论"到"结构互动论"

网络分析路径实现了政策过程研究图景的转换。在传统政策研究中,"阶段论"框架占据主导地位,将政策过程视为依次向前的线性流程,包括五个功能性阶段:议程设置、方案设计、政策确定、政策执行、政策评价。对其的批评③集中在,阶段启发法不是一种因果关系理论,缺乏解释驱动政策变迁的动力,并不能预测政策未来走向。更重要的是,其暗含着一种合法和自上而下的偏见,认为政策由政府主导,焦点在议题通过、方案选择、贯彻执行上,忽略了政策过程中的多元互动,也因此招致批评,其替代理论如制度理

---

① 参见艾尔费雷德·斯特潘、伊斯顿、阿尔蒙德、德诺林格、斯考克普尔和克拉斯纳等人的相关论述。

② Kohler Koch & Eising. *The Transformation of Governance in the European Union* [M]. London：Routledge：167-171. 转引自：石凯,胡伟. 政策网络理论——政策过程的新范式[J]. 国外社会科学,2006(3)：35.

③ 参见：保罗·A.萨巴蒂尔. 政策过程理论[M]. 彭宗超,等译. 北京：生活·读书·新知三联书店,2004.

性选择理论、多源流框架、间断均衡框架、倡议联盟框架等相继涌现。

政策网络形成了新的分析路径、方法、对象和取向。首先,较好地反映了国家社会关系变化下的政策过程特点,瓦解了传统政策研究"国家与社会"二分、"政治与行政"二分模式;其次,走出了"功能—阶段"范式的窠臼。该范式仅关注政策过程不同阶段的"功能",政策网络研究的重要贡献在于增加了第二个维度——结构维度,弥补了阶段研究法的不足;①更重要的是,在研究取向上,立足中观研究,沟通了理性选择微观分析与国家和社会关系框架的宏观分析,成为联结微观行动与宏观结构的重要机制,消弭了方法论整体主义与方法论个体主义、客观与主观、悲观与乐观的二元对立,解决了单一模式解释力不足的问题,在顾此失彼的两个极端间架起了联系桥梁;此外,由传统政策分析关注价值规范层面(政策"应该是什么"),转向经验事实层面(政策"实际运行中的情况是什么")。如此,就避免了规范政策研究所产生的理想化、空洞化弊病,增强了政策研究的现实适用性、指导性,也为解释政策失灵,提供了新的分析框架。

简言之,从边界清晰到"跨界",从单一主体(重点关注政府)到多元主体,从目标规划(理性选择)到政治过程(利益博弈),政策网络将国家与社会、政府部门与非政府组织、政治与行政、决策与执行、确定与不确定等原来认为是二元对立的范畴较好地整合起来,为政策过程研究提供了新的发展空间。

2. 作为治理模式

(1)从科层治理、市场治理到网络治理

罗兹指出,治理提供了一种语言,在这种语言中,网络成为能够与市场、科层制竞争的解决公共服务传递问题的方式。②

荷兰学者克利金指出,在国家与私人部门互赖性增强的情况下,无论是科层还是市场,皆不被看作治理的适当形式。③ 网络治理不是建立在正式的组织结构上,而是建立在一种非线性网状关系结构上。公私行动者资源依赖,交换媒介既不是市场机制下完全个体化行为的价格体系、合同契约关系,也不是命令等级和层级链条下的权威关系,而是基于一种相互性逻辑,

---

① Skok, J. E. Policy issue networks and the public policy cycle[J]. *Public Adiministration Review*, 1995(55):4.

② Rhodes, R. Governance and Public Adiministration[C]//Pierre, J. *Debating Governance*. New York: Oxford University Press, 2000:54-90.

③ Klinjin E. H. Analyzing and managing policy processes in complex networks: A theoretical examination of the concept policy network and its problems[J]. *Administration & Society*, 1996, 28 (1).

渗透着信任和社会资本的交换。三种模式特征,具体见表2-6。[①]

表2-6 罗兹关于网络治理模式、市场模式和科层模式的比较

	市场模式	政府科层模式	网络治理模式
基本关系	契约和财产权	雇佣关系	资源交换
依赖性程度	独立	依赖	相互依赖
交换媒介	价格	权威	信任
冲突解决和协调方式	讨价还价和法院	规制和命令	外交式斡旋
文化	竞争	从属与服从	交互作用

从治理逻辑看,科层治理模式对应传统公共行政,市场治理模式对应重塑政府,网络治理模式对应重视政府与社会合作。发展脉络表征着治理范式的转换变迁,从政府独自承担治理功能,转向运用市场逻辑的公共管理,再到政府与社会共同治理形态。[②] 总之,网络治理模式吸取了科层治理与市场治理模式的优点,弥补了治理机制上单一"国家中心"或"社会中心"二元对立的不足。

(2)从价值规范到实践操作

在政策网络的两种研究路径中,利益中介路径,主要从政治学角度出发,探讨网络的利益中介作用,以解释对政策过程的影响;治理路径,则从管理学角度出发,侧重网络治理中的管理策略问题研究等。

基克特(Kickert)认为,在网络治理理论框架中,政府的社会治理包括两大部分:构建治理网络,对其进行管理。为提升网络治理水平,克利金构建了网络管理的总体框架,其包括三个维度(行动者,认知、理解,制度)、三个层面(政策管理、过程管理和"网络宪政")(见表2-7)。稍后的学术探索还包括网络治理模式分类及选择原则、网络管理绩效研究等。研究的深入,使治理研究之前的弊病——停留于理论分析和价值探讨层面而对实践操作涉及甚少,得以纠正。利益相关者理论、多中心治理等宏大理论叙事,通过定位于"中层理论"的政策网络"形式",使善治这一"实质"的实现变得不再遥不可及。

① 孙柏瑛. 当代地方治理:面向21世纪的挑战[M].北京:中国人民大学出版社,2004:20.
② 刘少华,朱致敬.作为一种治理新模式的政策网络[J].成都行政学院学报,2010(4):69.

表 2-7　政策网络管理策略①

管理目标	政策管理	过程管理	"网络宪政"
行动者		选择性刺激;选择策略;影响互赖性	引入新行动者;改变现有行动者位置
认知、理解 (偏好、知识)	提高政策目标一致性;妥协;提供影响网络行动者策略的激励	创新:通过重构已有认知来改变特定政策过程在内容和相互作用上的理解(如第三行动者介绍的理念,头脑风暴)	重构:改变基础感知(如目标、行动者互动规则或关系)
制度 (组织链条及制度)		安排或改变行动者的位置来保证行动者互动的联结;为系列游戏设定规则	改变权威和物质资源分配规则;改变组织安排规则;改变正式互动规则(如冲突解决机制)

(二)政策网络理论的适用性

1. 质疑批评

源于自身理论研究的缺陷,政策网络也招致一些质疑批评,涉及政策分析途径与网络治理模式两个层面。

(1)分析途径上的局限

弊病主要体现为②:研究范围广泛,解释变量过多,不能区分知识、观念、利益对网络形成的影响,"变成什么都包括,却无具体内容"的理论途径;不能界定网络范围,导致无法把握政策形成过程的开端与结束,只能描述网络变迁,不能解释政策何以变迁、变迁意义;忽视国家机构与制度对政策形成的影响;未能解释权力在政策网络中的运作,网络尽管涉及权力依赖,但主要来自资源交换、协商,未考虑政府机构的强制力。

(2)网络治理模式的缺陷

虽然搭建了资源交换架构的网络关系治理模式,但不等同于治理需求问题的解决。网络互动的完善不意味着政策问题获得解决,尽管有互动共识,但实际执行层面太多的制度及现实阻碍,往往会使共识无法落实;政策网络机制并不必然代表民主,缺乏外部强制权威和监督,在封闭的网络环境下,强势利益联盟将使公共利益大打折扣;网络治理独立于正式结构之外,忽视正式制度的作用,可能会造成国家的"空洞化",影响行政中心的执政能

---

① 匡霞,陈敬良.公共政策网络管理:机制、模式与绩效测度[J].公共管理学报,2009(2):63.

② 邱昌泰.公共政策[M].台北:巨流图书公司,2000:229—230.

力和权威,并有可能使政府逃避责任。

尽管面临质疑批评,但也正是在批判中,通过引入新的研究方法,其进一步得到了丰富完善,如与新制度主义、社会网络分析方法的结合,关注微观层面的网络管理等。正如相关学者所言,网络虽然不能提前决定政策过程的方向,但它逐渐取代了政策过程中正式制度的地位,影响着政治参与的质量。① 网络的存在不可否认,面对事实,研究网络如何运行,寻求改善它的途径,远比否认、抹杀要好得多。网络就在这里存在,政策科学须面对挑战。②

2. 中国适用性

从现实层面看,政策网络途径在我国运用既有优势也存在问题。作为政策分析模式,有研究者在分析政策网络诞生的现实土壤及中国的政策环境后指出,③政策网络虽能够折射出中国转型社会的部分现实,但只是片段式的,不能完全适用。表现在:类型不够丰富,是金字塔式网络,而美欧是橄榄式网络;不具备多元参与者的参与机制,有限参与者在有限连接渠道中仅能获得有限资源、发挥有限功能——象征性远大于实质性;同时认为随着国家与社会的高度碎片化,可能出现趋同特征,但不可能与美欧国家一致。总体上说,政策网络分析模式可以作为"启发性的描述",具有某种事实表象特征的"隐喻",超脱了"自上而下""自下而上"两种政策研究途径,仍可被视为一种新的研究方法与政策解释路径,对于合理解释与优化中国公共政策的复杂过程来说,实为一种难得的选择。

作为治理模式,有研究者认为其运用于我国也受到体制性和主体性因素的制约:④一是体制背景仍未成熟。多元利益主体共同参与公共治理格局尚未形成,政策主体结构未呈现明显"分权化",互动博弈平台尚不完善。尽管利益结构多元化、决策部门化加剧,但与西方多元参与型政策决策结构不同,政府集中治理模式("一元主导型")仍是主流。二是主体条件尚未完全满足。非官方利益群体尚未成熟,缺乏组团协调互动意识及客观能力,独立性不够,信息资源缺乏导致影响力不足,难以充分发挥利益代表和制衡作用。三是网络应用类型单一,不利于网络体系多样化发展。多数政策问题均以权威主导方式解决,只将少量非核心社会事务交由社会利益主体所主导的政策网络

① Joshua B. Forrest. Networks in the policy process: An international perspective[J]. *International Journal of Public Administration*, 2003, 26(6):591-607.

② Kickert, W. J., Klijn, E. H., Koppenjan, J. *Managing complex Networks. Strategies for the Public Sector*[M]. London: Sage, 1999:90.

③ 李琦. 中国转型社会的政策网络模式分析——隐喻与现实[D].吉林大学,2009:51.

④ 王文礼.政策网络理论应用于我国公共治理的适用性分析[J].行政论坛,2010(1):49.

解决,且政策工具带有浓重的行政和政治色彩,忽视了市场和社会手段的运用。

尽管相关学者对其中国适用性持谨慎态度,但也认为随着改革深入,"铁板一块"的利益格局和决策模式已经发生潜移默化的改变,利益群体对政策过程的影响日益凸显。政策过程中部门利益、分利集团影响等也说明政策网络理论具有一定解释力。特别是中国作为一个关系社会,有比西方更复杂的关系网,政策过程的人格化结构特征比较突出,运用该方法明显比简单运用"国家—社会"模式或"法律存在—规范"模式更具解释力。① 就国内经验研究而言,②政策网络以一种全新视角进行分析,发挥出一定的解释力,相信其必将成为今后我国公共管理及政策分析领域中的有用工具。

鉴于政策网络理论存在不少问题亟待解决,既能提高也能降低政策的有效性和合法性,后文主要将之视为启发性手段,而非解释性工具。在方法论层面,主要不在于解释网络类型与政策结果的因果关系,而更强调网络互动对政策过程的影响。在本体论层面,主要探究本体论上作为对象的政策网络,或者说选择治理路径,从公共管理角度出发,侧重网络治理现状及管理策略研究等。同时,综合"过程—事件"与"结构—制度"两种分析思路,以及"策略—关系"路径,③揭示多元主体如何参与政策过程,影响公共管理。后面两个章节,将分别从"网—线—点"(总体论,从整体层面考察政策网络)和"点—线—网"(从具体案例出发,考察多元主体参与网络互动情况)④出发,探究在学制政策变迁进程中,多元行动者以何种策略手段参与治理及现状如何等。

第二节　政策变迁的网络治理分析途径

作为一种政策分析途径,在结构与行动之间,以罗兹为代表的"结构—

---

① 胡伟,石凯.理解公共政策:政策网络的途径[J].上海交通大学学报(哲学社会科学版),2006(4):22—23.

② 目前以政策网络为分析工具开展的经验研究有:怒江水电开发、婺源回皖运动、电子政务、农民工工薪维权、房地产宏观调控、行业组织等。在教育领域,涉及农民工子女义务教育、高考制度改革、素质教育等政策过程。其他经验研究还包括以倡导联盟、多源流分析框架等解释政策过程,虽然未直接用"政策网络"这一概念,但已体现出类似意涵。

③ 孙立平倡导"过程—事件"分析,"结构—制度"分析以张静为代表,谢立中认为两者皆失之偏颇,继而提出"多元话语分析"方法。"策略—关系"方法由鲍勃·杰索普提出,意在纠正传统结构分析将"结构"视为一成不变,无视能动性和策略性的弊病。结构限制是策略性地运作着的,能动者是反思性的,能够在结构限制下根据处境策略计算。参见:杰索普.国家理论的新进展(续)——各种讨论、争论点和议程[J].艾彦,译.世界哲学,2002(2).

④ 该思路参考了:王德建.网络治理的生成机制研究[M].济南:山东大学出版社,2010:18—19.

后果"分析逻辑,赋予了结构特权,强调网络结构对政策过程、政策结果的影响,最终走向了"结构决定论"。而以都丁为代表的"行为—后果"分析逻辑,以理性选择理论为基础,强调政策过程中行动者的主体作用,却也将偏好过早地固着化,忽视了网络结构关系的影响。两种解释路径,实际反映了主体主义与客体主义,结构主义与行为主义的二元对立。为此,需建构新的理论模型,达成结构与行动间的张力平衡,以更好地解释政策变迁。

一、传统政策网络分析的方法论缺陷

以政策网络的行动者或结构性特征来解释政策结果,代表了方法论个体主义和方法论集体主义的分歧,在马克·格兰诺维特那里即所谓低度社会化与过度社会化理论。前者认为集体行为是个体行为的累加,主张社会行为可从个体角度,即个体目的、动机、利益和效用来解释,将个体行动当成分子布朗运动,不受结构限制。问题是:与整体不是部分简单相加的系统论观点不符,聚焦单一理性计算,忽略了现实中行动者非理性的情感、无意识的一面,特别是环境对偏好的影响等。

后者认为只有从社会环境出发才能对人的行为给出最好解释,突出了社会的自主性,认为结构因素是决定性的,把人视为社会结构中的螺丝钉,行动完全受结构因素约束,不考虑个体的效用、利益、能动性。如此带来的问题是,不能解释行动者身处的结构是如何变迁的,从而易使人陷入悲观。正因为如此,都丁认为政策网络并非真正意义上的理论,实际上只是静态关系的分析与描述,而非动态互动关系的分析,从而对政策网络的解释力提出了挑战。

二、理论修正

对政策网络理论这一中观层次分析模式的修正,解决之道即在于将之与宏观层次和微观层次分析加以联结。[①] 如道伯格(Daugbjerg)和马什指出的,宏观分析层次可与国家论、精英论、多元论等结合,微观分析层次可结合理性选择理论。[②] 就微观分析层次而言,博泽尔认为可结合博弈理论、资源

① Blom Hansen, Jem. A new Institutional Perspective on Policy Networks[J]. *Public Administration*, 1997(75):669—693.

② Daugbjerg, Carsten & David Marsh. Explaining policy outcomes: Integrating the policy network approach with macro-level and micro-level analysis[C]//D. Marsh. *Comparing Policy Networks*. Buckingham: Open University Press, 1998:52-71.

依赖理论及沟通行动理论。①

在上述解决思路下,相关研究者表现出不同的修正倾向。② 萨巴蒂尔(Sabatier)和简金斯·史密斯(Jenkins-Smith)的倡导联盟框架,关注不同联盟对话产生学习行为,引起信仰改变,进而导致政策变迁;③布隆-汉森(Blom-Hansen)用新制度主义修正政策网络,将政策网络作为制度加以理解,从降低交易成本、影响互动模式等,说明政策网络的起源、继续存在和变迁;④类似的还有刘宜君、陈敦源的研究,但他们主要从博弈论出发,认为政策网络是理性、自利的行动者通过讨价还价、博弈获取协作集合利益的制度;⑤王光旭针对政策网络过于强调自身运作逻辑而忽视上层政治及政策环境影响,以及缺乏操作化分析手段的弊病,分别给出了制度论及社会网络分析的矫正处方⑥;马什和史密斯的辩证途径,强调政策网络与政策结果间的关系不是单向的,而是蕴含三个辩证互动关系,即网络结构与行动者间关系、政策网络与环境间关系、政策网络与政策结果间关系;⑦卡尔森(Carlsson)将政策网络视作集体行动,通过展示政策网络结构与集体行动四种类型的相似之处,以及与斯梅尔塞(Smelser)"价值累加理论"的配套分析,建立了集体行动与政策网络的联系。⑧

三、"结构—行动—后果"互动模型

上述修正途径从不同侧面弥合了政策网络理论中的结构与行动冲突,而安东尼·吉登斯(Anthony Giddens)的结构化理论,可为政策网络理论的进一步完善提供更坚实的基础。吉登斯反对社会学传统理论的二元论观点,或视结构为独立于行动的像"物"一样外在于行动者的东西,即采取一种

---

① Borzel, T. A. Organizing Babylon on the different conceptions of policy networks[J]. *Public Administration*, 1996,Summer Version:252-273.

② 杨代福. 政策网络理论途径的缺失与修正[J]. 理论月刊,2008(3):84—85.

③ 萨巴蒂尔,简金斯·史密斯. 政策变迁与学习:一种倡议联盟途径[M]. 邓征,译. 北京:北京大学出版社,2011.

④ Blom-Hansen, Jens. A new institutional perspective on policy networks[J]. *Public Administration*, 1997(75):669—693.

⑤ 刘宜君,陈敦源. 新制度主义与政策网络——我国中央与地方保险费负担争议之个案分析[C]//"第二届地方发展策略研讨会". 宜兰:佛光人文社会学院公共事务学系,2003.

⑥ 王光旭. 政策网络在公共行政领域中的核心地位与方法错位[J]. 政策研究学报,2005(5):79—92.

⑦ Marsh, David. & Smith ,Martin. Understanding policy networks:Towards a dialectical approach[J]. *Political Studies*, 2000(48):4-21.

⑧ Carlsson, Lars. Policy networks as collective action[J]. *Policy Studies Journal*, 2000,28(3):502-520.

"社会结构的物化观",或将宏观现象还原为微观现象去解释,单纯强调微观行动,认为所谓分立并不是客观事实,行动与结构、宏观与微观、主观与客观皆是互相包含的。结构不仅对行动具有制约作用,也是行动的前提和中介,使行动成为可能;行动既维持又改变着结构。行动与结构相互依持、互为辩证关系反映在时空之中的社会实践中。[①]

回到政策网络理论,单纯以政策网络的行动者或结构性特征来解释政策后果皆不可取。而鲍勃·杰索普所倡导的"策略—关系"方法,在某种程度上有类似功效,意在纠正传统结构分析将"结构"视为一成不变,无视能动性和策略性的弊病,指出结构限制是策略性地运作着的,行动者是反思性的,能够在结构限制下根据处境策略计算。[②] 这就从方法论个人主义、方法论集体主义,转向方法论关系主义,在强调关系的同时,突显行动者的策略。关系本身既是一种结构,又包含了行动,其生发、维持离不开行动。其现实意义在于可以解决因为盲目引进政策网络类型可能产生的"水土不服"问题。因为方法论关系主义考虑到了政策网络理论所建基的西方语境,如相对独立、健全的社会组织参与、多方充分参与利益博弈等,同时,其更符合熟人社会、差序格局下的中国阶段现实。

结合前述修正视角,特别是与宏观制度分析、辩证途径(马什和史密斯)、集体行动(卡尔森)相结合,本书尝试提出"结构—行动—后果"模型。"结构"既包含宏观层面的网络环境(包括自然、社会经济状况,制度背景等),也包括中观层面行动者多元共治产生的网络结构(罗兹意义上的,此外还有人际关系结构)。"行动"主要指微观层面行动者的策略技巧及网络互动(网内、网际)等。"后果"指对政策过程、政策结果的影响,更有治理模式的演化。

① 安东尼·吉登斯.社会的构成——结构化理论大纲[M].李康,李猛,译.北京:生活·读书·新知三联书店,1998.
② 杰索普.国家理论的新进展(续)——各种讨论、争论点和议程[J].艾彦,译.世界哲学,2002(2).

第三章 教育网络治理特征分析

对学制政策演变的梳理,仅反映了政策变迁本身,即政策"变了什么",并未揭示变迁的动态过程,即政策是"如何变的"。换言之,只是描述,未作解释。第二章通过引介网络治理理论,为政策过程分析提供了新途径,由此可以更为系统、动态地展现政策变迁图景背后的深层次动因,这将是随后章节着力的方向。本章将从整体层面出发,剖析教育政策过程中网络治理的相关特征。

第一节 网络治理环境、类型结构与互动行为

在转入具体政策变迁个案分析之前,很有必要从总体论角度,对教育网络治理环境、结构、网络互动等进行宏观剖析,以明晰政策过程所镶嵌的背景、结构约束/条件、策略互动方式等。

一、网络治理环境

宏观层面的环境既包括自然地理环境,也包括人文社会环境。人文社会环境大体涉及国家政治体制、国家战略、决策模式、教育管理体制、高等教育发展模式、社会经济状况、国际环境等因素。上述综合构成了政策网络之外在背景,行动者的治理参与及博弈互动即是在此舞台上展开的。

政治体制指一个国家政府组织结构、管理体制及相关法律和制度,简称政体,包括国家纵向权力安排方式(国家结构形式)、各个国家机关间的关系(政权组织形式)。国家结构形式反映了一国中央与地方、整体与局部的权力关系。依据政府机关的职权集散,一般分为单一制(又称集权政府)和复合制(联邦制为其中一种),我国是单一制国家。在政权组织形式上,我国是共和制(区别于君主制),实行人民代表大会制度。涉及行政机关、司法机关、立法机关权力配置、地位角色方面,目前权力天平明显偏向行政机关,反映在政策过程中,不是立法机构(人大),而主要是行政职能部门,如国务院、教育部及其下设置的司处承担了更多政策制定、修订工作的职责。司法审

查制度的阙如,也局限了司法机关对相关政策合法性的审查,限制了其作用的发挥。上述中国政治制度架构,构成了网络治理作用发挥的国别背景。

国家发展战略,谋划着阶段发展重心,为相关政策出台提供了宏大背景,引导着教育政策的侧重点,当然也为相关政策出台提供了"合法性"论证和"机会之窗"。如"制造业强国战略""城镇化战略""高等教育强国战略"等。

在决策模式上,中国行政机关的决策风格更多具有林德布罗姆式的渐进决策特征。涉及新政策出台,往往采取试点先行,待成功后逐步推进的方式;涉及政策调整修订,也很少采用激进的"大刀阔斧"式改革,往往从较易突破的地方细小微调,以待条件成熟。此种决策模式,回应了西蒙的有限理性观点,遵循按部就班(保障政策连续性)、"积小变为大变"、稳中求变的原则,具有注重历史现实条件的优势,但在政策环境发生巨大变化,亟须对既有政策彻底改变之时,也暴露出保守阻碍变革的弊端。

在教育管理体制方面,我国实行中央集权制(对应于地方分权制)。权责划分涉及三个方面:首先,中央与地方政府的关系。在教育管理事权分配方面,中央政府及教育行政部门直接领导和管理全国教育事业,地方以实施为己任,中央与地方的关系是垂直的,是领导与被领导的隶属关系。具体到高职教育,以办学层次为例,可以充分说明由于中央与地方在相关事权上权限的不同,所形成的初始制度背景对学制政策调整带来了制约影响。如《中华人民共和国高等教育法》规定,经国务院授权,省、自治区、直辖市人民政府在设立实施专科教育的高等学校上的审批权限。这多少解释了尽管个别地方突破高职层次的呼声很高,但地方政府在现实掣肘面前也是无能为力的。

其次,教育行政部门与其他业务部门的关系。"条""块"关系在 20 世纪末机构调整以后,部分行属院校划给了地方。不过,目前举办方为中央部门、地方非教育部门的高职院校也不在少数。教育行政部门主要承担教育管理指导职责,其他业务部门多予以配合。而教育部与人力资源和社会保障部(管辖技工学校、技师学院,职工培训,资格证书)以及教育部内部高教司、职教司之间源于部门利益的府际竞争与合作,都是理解相关高职政策不能忽视的因素。

最后,政府与学校的关系。焦点在解决政府"统得过死,包得过多"的问题,给院校更多办学自主权。但在强国战略、赶超战略、工程思维、国家主义模式下,行政指令办学模式下的相关教育政策,如"计划""工程""项目"等,也是教育管理体制的一个微观缩影。

高等教育发展模式既受一国文化传统制约,也受高教发展阶段及其在世界中的地位等因素的影响。中国儒家文化传统深厚,民众有强烈的教育意愿、升学热情。如西蒙·马杰逊(Simon Marginson)对东亚地区"儒家发展模式"①的概括,强大的国家取向(高教系统构建、发展重点选择、经费投入)、一次性国家考试体系(引发高教系统分层、激烈竞争,家庭积极的教育投入)等因素,潜移默化地影响着国家在普通高等教育、高等职业教育间的政策分配;在发展阶段上,精英,大众化,普及阶段,不同的教育质量观、人才观,教育发展模式,直接决定高职教育政策定位是"适度发展"还是"大力发展"。此外,罗纳尔德·多尔(Ronald P. Dore)指出,区别于欧美国家经过漫长进程而确立的学历文凭筛选符号功能,后发国家多一开始就将学历作为"门槛",从而加剧文凭竞争,导致供求失衡、人才高消费、"学历病"蔓延。②这多少也体现在中国各界对职教层次政策(中专、大专、本科)的认知与选择上。

社会经济状况。在经济方面,三大产业结构比例、产业转型升级等对人才类型层次的需求,"世界工厂""民工荒""金融危机"等,皆为相关教育政策变迁提供了宏观背景;在社会方面,社会组织发育状况,市民社会强弱,总体构成了中华职教社等社团组织影响力发挥的背景。

国际环境,涉及政治、经济、文化、科技等因素。在全球化时代,金融危机、地区紧张局势皆会使决策层在政策优先序取舍上有所侧重,继而影响既定的教育政策进程。此外,跨国行为体,以国际组织为代表,如联合国教科文组织、国际劳工组织、世界银行等,往往会以大会倡议、执行标准、公约等影响各个国家的专家学者、决策中心。这不仅是网络治理运行的国际背景,也是它的一部分。

自然地理环境,主要涉及高职教育相关主体——高职院校、研究机构的自然地域分布。涉及对政策的影响,如"老、少、边、穷"往往被建构为"作为武器的弱者身份"③,成为争取政策照顾的博弈手段。通常,自然地理环境因素并非单独发挥作用,往往结合人文社会环境共同施加影响。如东北老工业基地、长三角、珠三角等地区经济状况上的特点,客观上会对涉及高职教育人才培养规格的相关政策诉求(如延长高职学制)产生影响;京津地区有靠近政治中心的地理优势,为北京职业教育分级制的试点先行、天津定点独

① Simon Marginson. Higher education in East Asia and Singapore: Rise of the confucian model[C]//Sarjit Kaur & Erlenawati Sawir & Simon Marginson. *Higher Education in the Asia-Pacific: Strategic Responses to Globalization*. New York: Springer, 2011:53-76.

② Ronald P. Dore. *The Diploma Disease: Education, Qualification, and Development*[M]. Berkeley: University of California Press, 1976.

③ 董海军.作为武器的弱者身份:农民维权抗争的底层政治[J].社会,2008(4).

立承办全国职业院校技能大赛等（其他省份对此颇多微词，体现出府际竞争的一面）提供了机会；从个别院校所属区市看，不同区市反映在政治制度背景下的管辖权，如经济特区、副省级城市、较大的市，在决策参与、自由裁量、先行试点等方面的优势，客观上为相关政策诉求提供了政治机会结构。这种政治机会结构，部分地回答了治理参与集体行动"何以可能"的问题——谁是行动积极分子，为什么其有强烈的动机偏好（为什么 A 会提出某种政策诉求，而 B 就不会）、策略计算（诉求胜算可能性，如争取试点权）、话语权（是否可以参与决策讨论）等。

对宏观外在环境的分析，说明教育政策网络互动绝非在"真空"中运行，而是镶嵌于更大的背景中。这既构成了初始约束，也创造了机会空间，提供了行动舞台。

二、网络治理类型结构

单个行动者（人或组织）无法拥有全部资源，只能以资源互赖方式，即通过协商或交换资源、信息、知识、利益等实现自身发展，从而形成网络联结。建基于此的网络治理由此涵盖作为内容的网络关系、作为形式的网络结构。

网络结构反映了多元参与主体在政策场域中的位置与互动关系，网络关系是政策结果的重要影响因素，网络结构通过网络关系影响政策过程和结果。换言之，政策网络内容（网络关系）与形式（网络结构）作为统一体，不能截然分开。但出于论述方便，此处仅从结构出发，论述形式和特征，而将网络关系（网络互动，涉及行动者、资源、策略）放于后文再行探讨。

针对政策网络的结构特征，不同学者确立了不同分类标准进行类型学划分。或依据参与者利益、参与者性质、资源、依赖关系向度[1]（罗兹），或依据国家机关自主性、行政权威集中性、利益团体动员程度[2]（阿特金森与科尔曼），或依据网络关系疏密程度[3]（威尔克斯和赖特），或依据参与者数目与形态、网络功能、网络规模、网络边界开放闭合度、网络制度化程度、运行规则、关系性质、关系强度、关系密度、行动者策略等[4]（范沃登），或依据参与者整

① R. A. W. Rhodes. *Understanding Governance: Policy Networks, Governance, Reflexivity, and Accountability*[M]. Maidenhead: Open University Press, 1997:38.

② Atkinson, M. M. & Coleman W. D. Strong states and weak stats: Sectoral policy networks in advanced capitalist economies[J]. *British Journal of Political Science*, 1989(19):46-67.

③ Wilks, S. & Wright. *Comparative Government-Industry Relations: Western Europe, the United States and Japan*[M]. Oxford: Clarendon Press, 1987:274-313.

④ Van Warden, Frans. Dimensions and types of policy networks[J]. *European Journal of Political Research*, 1992(21):29-52.

合程度、成员类型、成员间资源分配、权力分配等对政策社群与议题网络的区分①(马什与罗兹),或依据政策过程发生地不同②(福瑞斯),或根据要素依赖性、互动持续性、规范认同性、社会自主性将政策网络归纳为权威主导型、政府自主型、平等互动型与团体制约型四种类型③(王春福)。

尽管存在诸多分类标准,总体还是从两个角度分类:作为个体的参与者特点(数量多寡、成员类型、参与性质——自愿或强制等),作为整体的网络特点(网络规模、网络边界、关系疏密、资源占有性质等)。概言之,网络结构特征,通过参与成员特点、网络整体特点等反映出来,影响网络内部协调机制、外部资源获取,继而影响政策过程。虽然学者们在类型学上远未达成一致,但学界普遍接受的还是罗兹的政策网络连续体划分,即根据网络整合度的高低,将政策网络划分为从政策社群(政策共同体)到议题网络的系列光谱,两个极端中间是专业网络、府际网络、地域网络与生产者网络。

本书据政策过程中互动群体所结成的网络关系,结合罗兹的分类,将高职政策网络分为政策社群、专业网络、府际网络、生产者网络、议题网络(见图 3-1)。

其中,政策社群大体符合政府机构的作用范围,具有组成成员稳定、互动频率较高、参与高度受限、结构较紧密、纵向依赖度高、横向联系有限、网络开放度不高(有准入限制)等特点。高职教育政策过程中,政策社群主要涉及全国人大、国务院、教育部(如高等教育司、职业教育司等)等部委。

府际网络具有成员资格有限约束、纵向依赖度不高、横向联系广泛的特点。分税制改革以来,地方政府的利益主体地位逐步确立,中央与地方政府间利益博弈日渐凸显。公共选择理论、规制俘获理论等也为部门间的利益竞争提供了理论说明。在高职教育政策过程中,府际网络同时包括了纵向与横向的政府部门间关系。纵向主要涉及全国人大、国务院、教育部等七部委④与地方政府、各省(区、市)教育厅(教委)等厅局之间的府际合作、竞争关系;横向大致涉及国家部委和行业主管部门之间,教育部下属高等教育司、职业教育司、政策法规司、学位管理与研究生教育司(国务院学位委员会办公室)之间的府际合作、竞争关系。

---

① Rhodes, R. A. W. and Marsh, D. Policy networks in British Politics[C]//Marsh, David & Rhodes, R. A. W. *Policy Networks in British Government*. Oxford: Clarendon Press, 1992:13-14.

② Forrest, Joshua B. Network in the policy process: An international perspective[J]. *International Journal of Public Administration*, 2003, 26(6):591-607.

③ 王春福. 政策网络视阈的政府执行力解析[J]. 山东社会科学,2006(12):60—61.

④ 2004 年 6 月,教育部、国家发改委、财政部、人事部、劳动保障部、农业部、国务院扶贫办等七部门组成"职业教育工作部际联席会议制度"。

政策环境

议题网络

生产者网络

府际网络

专业网络　教育部职教
中心所

国务院
地方政府
中央部委
地方厅局
其中，
教育部
（高教
司、职
教司、
政策法
规司、
学校办
等）

政策社群
国务院、教育部
（高教司、职教司
及下属高职发展处）
等部委

国家职业
教育研究
院

北京/上海
教科院

华东师
范/天
津大学
职教所
等

事业单
位
国企
私企
外企
行业
协会

教育工作
者
　民众
　　媒体
　　学会协会
　　　　代表委员　国际组织

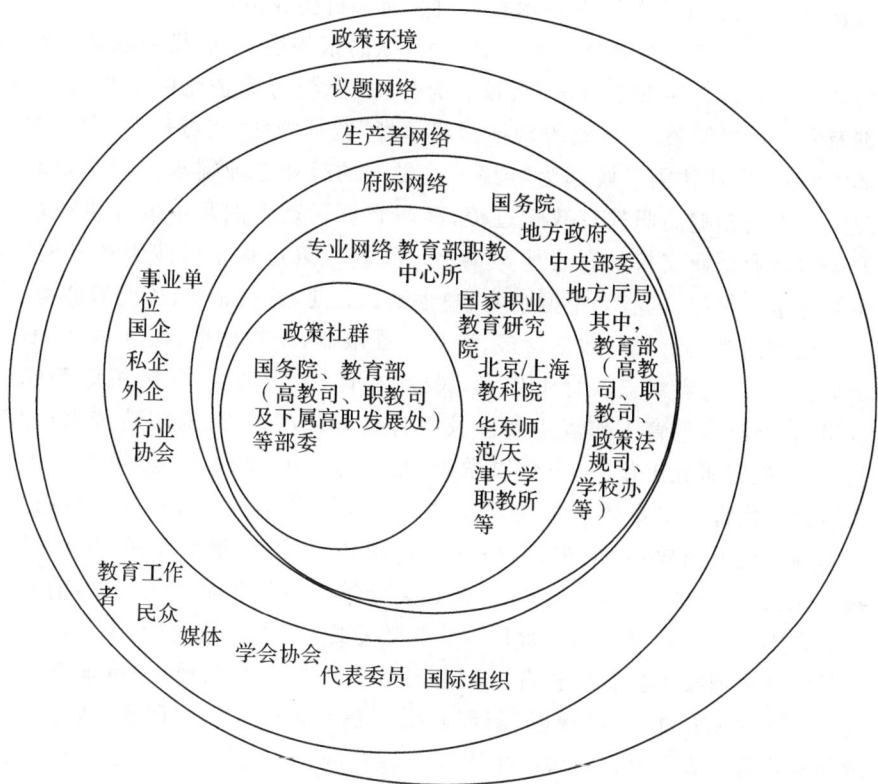

图 3-1　高职教育政策网络

专业网络具有垂直依赖性、有限水平联系、较高准入限制、稳定的网络结构特征。参与主体须具备专业知识、信息资源优势，多为高校学者、智库研究工作者等。此群体内部又可细分为官方智库研究者与非官方背景研究者。身份差异往往会带来研究风格的不同：论述风格是揣测、阐释、宣传抑或批判，政策倡导是"修补式"渐进调试抑或"大刀阔斧"激进变革。当然，差异并不绝对。一些体制内智库研究者，特别是退休官员，通过"旋转门"机制①进入相关智库后，多年的丰富管理经验使他们更能洞悉问题之所在，"老人"身份使他们更倾向于"大胆地去说"。而一些非官方背景研究者出于现实及未来利益考量，往往也会丧失独立性。在高职政策过程中，专业网络涉及教育部职教中心研究所、北京师范大学国家职业教育研究院、上海市教育科学研究院（职业教育与成人教育研究所）、华东师范大学职业教育与成人

第三章　教育网络治理特征分析

67

教育研究所、天津大学职业技术教育研究所等机构成员。

生产者网络具有成员资格变动较大、纵向依赖度不高、横向联系广泛的特点。高职教育注重工学结合、校企合作,要求与行业企业保持紧密联系。涉及专业设置调整、人才培养规格、"双师型"教师聘任、实习基地、学制调整等方面政策,往往需了解作为"产品"接受方的行业企业需求。行业企业的政策诉求会影响高职教育政策过程,高职教育行动者的政策倡导也往往采取争取行业企业支持的联合博弈策略。高职政策过程中所涉生产者网络,主要有事业单位、国有大中型企业、中小私营企业、外资企业、行业协会等。

议题网络具有成员数量众多、参与不受限制、结构松散、低度整合、不稳定的特点,行动者涵盖教育工作者、民众、媒体、学会协会、国际组织等成员或团体。其中,教育工作者主要涉及教育行政部门领导、高职院校书记/院长、高职教育研究工作者;民众以学生、家长为主体,但一般是"沉默的大多数",为其代言的主要是人大代表、政协委员、教授、学者等;媒体包括报纸、杂志等传统平面媒体,电视、网络等立体媒体。其中,报纸涉及《中国教育报》《光明日报》《中国青年报》等。杂志又分学术性与非学术性刊物,前者包含综合类及高等教育类刊物所开辟的职教专栏,而主阵地则是《中国职业技术教育》《职业技术教育》《教育与职业》《职教论坛》《职教通讯》等职教学术刊物。在立体媒体中,电视以"新闻联播""焦点访谈""新闻调查"等涉及职教的节目为代表。网络既包括中国职业教育网、中国高职高专教育网、中国高等职业教育网等主流网站,也包括微博、微信、QQ群等"新媒体"互动。上述媒体发挥了"话语竞技场"的平台作用;学会协会包括中国职业技术教育学会、中国高等职业技术教育研究会、中华职业教育社、全国高职高专校长联席会议等;国际组织以联合国教科文组织(UNESCO)及附属国际职业技术教育与培训联系中心(UNEVOC)、国际劳工组织(ILO)、世界银行(WB)等为代表。

三、网络治理互动行为

网络治理是多元行动者凭借自身资源,并利用网络结构整体聚合优势,交换信息等资源,以谋求实现相应目的的过程。需指出的是,在正式组织权力关系中占优者在治理网络中不一定处于中心位置,位置取决于行动者的资源汲取能力。其间,"政策企业家"①占据"结构洞"②的最佳位置,具备信息优势,以丰富的公关技巧,吸引公众关注特定问题,兜售偏好的政策方案,推动议程设置、政策创新及变迁。

网络互动既包括网内主体间的互动(网内互动),也包括不同网络结构间的互动(网间互动)。前者如政策社群内的互动、议题网络内的互动等。后者如政策社群与专业网络间的互动,生产者网络、专业网络及议题网络间的互动等;互动性质既涵盖人际互动,也包含结构互动。后者主要表现在网间互动中,而前者在网内互动、网间互动中均有体现;互动阶段,可根据政策过程分为议题确立、方案确定、政策实施等阶段。在不同阶段,不同网络结构中行动者的角色扮演、作用发挥明显不同。

有别于西方政策过程多经由政府系统外部的利益集团"输入"模式,或"问题发现—议题确立—方案遴选—政策实施"的路径,中国的政策过程多采用"自上而下"的"内输入"③模式。教育领域中的诸多战略、工程、项目、计划,多少反映了这种"理想导向型"④的政策制定。当然,中国并非全然没有"自下而上"的政策过程。此处仅意在说明,不同政策过程路径(自上而下、自下而上)或不同政策类型(理想导向型、问题针对型)会对教育网络治理产生极大影响,决定何种类型网络是政策议程的发起者,哪一类行动者在政策网络中占据中心位置,发挥主导作用。下面,结合政策周期予以说明。

议题确立阶段。"自上而下"的政策过程,往往由府际网络内部先行沟通,政策社群积极倡导,并寻求专业网络知识援助,继而扩散至生产者网络、议题网络。简言之,网络互动以政策社群、府际网络为主导,专业网络以其知识优势提供合法性论证,生产者网络提供合理性需求论证,议题网络在此阶段多是蛰伏,待政策出台后被激活。

"自下而上"的议题确立过程,源于现实中具体的社会问题被"识别",即

---

① 约翰·W.金登将那些愿意投入时间、精力、声誉、金钱等资源促进某一政策主张的政策倡议者称为政策企业家。政策企业家在推动议程设置、推进政策创新、促成政策变迁等方面发挥着重要作用。见:约翰·W.金登.议程、备选方案与公共政策(第2版)[M].北京:北京大学出版社,2006.

② 结构洞理论由罗纳德·伯特结合奥地利学派和格兰诺维特的网络分析提出。伯特认为,在社会网络中,某些个体间存在一种无直接联系或关系间断现象,从网络整体看,似乎网络结构中出现了洞穴,即结构洞。结构洞实际上反映了两个关系人之间的非重复关系。而将无直接联系的两者连接起来的第三者就拥有信息优势和控制优势。见:罗纳德·伯特.结构洞:竞争的社会结构[M].任敏,译.上海:格致出版社,2008.

③ 胡伟在戴维·伊斯顿的政治系统理论的基础上,认为我国政策过程实践往往始于政府系统内部精英的认识,是自上而下的"输入",权力精英将其认定的政治要求输入公共政策中去,并将这种"为民请命"式代言的政府过程称为"内输入"。

④ 陈学飞.理想导向型的政策制定——"985工程"政策过程分析[J].教育发展研究,2006(5).

被认定为政策问题有待解决。它既可由生产者网络根据现实需求,也可由专业网络中学者凭借学术良知与专业敏感来"发现"和"唤醒"。然后,或经由政策社群(如以"上书"模式)、府际网络,或经由议题网络(如"媒体"引导,形成舆论压力),推动议程启动。在此种路径中,网络互动以生产者网络、专业网络、议题网络为先导,但议程能否确立,还取决于府际网络、政策社群对议题性质、影响范围、解决难度等的判断。

例如,邓恩从政策问题结构角度,①把政策问题划分为结构优良、结构适度和结构不良三种类型。结构优良问题,指决策者人数较少,解决方案也并不太多,在方案的效用价值方面可以达成一致;结构适度问题,相对前者,结果上是不确定的;结构不良问题,不同决策者目标相互冲突,效用无法达成一致,备选方案及结果是未知的,不能确定风险。此外,还包括政策问题发生领域,即是政治问题、经济问题,还是文化问题等;作用范围是全国性问题、区域性问题,还是地方性问题等。这些因素皆说明,尽管政策议题遵循外在创始模式,但政策社群并未丧失主导权。

方案确立阶段。在"自上而下"的政策过程,政策社群中的精英或已经设计了具体实施方案,随后就是通过组织化动员,直接将创设的政策方案扩散至公众议程。或源于政策制定本身过于"理想导向型",缺乏评价标准,初期只能通过府际网络与专业网络互动,确定粗线条的方案框架,再与目标对象——高校协商,或通过竞标方式,将方案进一步细化,以便政策实施。

此外,政策问题结构也会影响政策方案确立。结构不良问题存在相互竞争的政策方案,究竟该采取何种,各方观点不一。在这一阶段,议题网络、专业网络互动充分,生产者网络也比较活跃,通过不同策略手段靠近政策社群、府际网络,实施"游说",借以影响方案遴选。但政策社群也会综合比较政策方案,往往采取成本较小、效益较高的"渐进"变迁方式,确定主导方案,并予以倡导。

在"自下而上"的政策方案确立过程中,因为方案确立往往决定"谁死亡、谁生存、谁受损、谁获益",不同利益群体方案倡导竞争是此阶段一大特色。其中,网内互动是为了凝聚共识、塑造"我们感",一致对外。网间互动是为了寻找有利论据,谋划"反击"策略。如网络结盟等寻求专业网络、生产者网络、府际网络、议题网络的支持,并通过著书立说、邀请知名人士(高层或学术权威)或媒体参与实地考察或(本群体)学会/协会研讨(观念塑造)、寻找代言(联络人大代表、政协委员倡导提案)等策略,推动倡导方案"胜出"。

政策实施反馈阶段。尽管政策大幕已经随着政策公布宣布闭合,但围

---

① 威廉·N.邓恩.公共政策分析导论[M].北京:中国人民大学出版社,2011:56.

绕政策的争夺远未结束。在政策执行过程中,不同网络结构表现出不同行动特征。政策社群更多采取正面宣扬立场,并关注政策执行的信息反馈。议题网络始终处于活跃状态,围绕政策"功过"积极进行评价。专业网络前期多选择阐释、宣传,后期开始倾向于反思、批判,并谋划修补路径。府际网络从部门/地方利益角度出发,或保障政策深入执行,或采取观望态度、选择式(删减式、增添式)等执行策略,同时为新一轮政策倡导积极筹备。网间互动主要是前一阶段倡导方案被否定之群体,全面搜集政策负面信息,并结盟专业网络、生产者网络、府际网络、议题网络,围绕政策社群继续倡导,意图"东山再起"。此阶段,所谓"知屋漏者在宇下,知政失者在草野",议题网络、专业网络发挥主导作用,其他网络多扮演合作者角色。

第二节 决策层行动者的资源、立场、策略

政策网络由多元行动者组成,各方通过治理参与影响政策过程及结果。在政策互动过程中,没有任何一方具备足够资源可以决定其他行动者的策略行为。但这并不意味着各方拥有均等权力,行动者资源禀赋、行动能力的不同会影响其在网络中的位置及政策过程中的重要性。此外,行动者类型还会影响联结而成的网络特性,行动者数目反映着网络总体规模。故而,对行动者的分析就成为政策分析中不可缺失的一项重要内容。

戴维·杜鲁门将政治过程视为"接近"的过程,即行动者通过"接近"掌握权力的权威决策者,以施加政策影响。结合资源动员和政治机会结构理论开启政策过程的机会,大致体现在行动者的资源、政策场地(Venues)[①]掌握程度及策略应对等因素上。行动者所掌握资源(经济、知识、信息、组织、舆论资源等)、距离政策场地远近的不同,带来政策机会或者说政策影响程度的较大差异。为实现政策过程参与,不同行动者会采取不同策略[②]:(1)提升资源,即利用组织资源、舆论支持等提高组织化程度,成为政治压力集团;(2)场地选购(Venue-shopping,不同行动者利用资源影响决策机构的过程),理想化的"选购"结果是利益"代言人"能够掌控某决策部门或影响政策过程。资源、场地(可归入资源范畴)、策略体现为一种参与能力,与之相对的是,表现为立场偏好的参与意愿。当对参与成本预期较高、结果预期较低

---

① 场地指做出决策的制度场所,如立法、行政、司法机关,广义还包括与公共决策相关的非政府部门等。参见:Pralle, Sarah B. Venue shopping, political strategy, and policy change: The internationalization of Canadian Forest Advocacy[J]. *Journal of Public Policy*, 2003(3): 257.

② 张卓林,张海柱.政治机会结构视角中的公共政策民主化分析[J].长春大学学报,2011(1):87.

时,行动者可能选择"理性"放弃。因此,资源、立场、策略构成行动者分析的要素。

作为政策网络分析的静态"结构"与动态"行动"两个层面,前者涵盖网络行动者的成员组成、资源禀赋、关系类型等,后者包含网络行动者的立场、策略、互动关系等。前文通过建构"结构—行动—后果"互动模型,整体上已经涉及网络关系类型(网络分类)及互动关系(网络互动)。为更深入地把握教育政策过程,本节将围绕具体行动者展开分析,剖析不同类型行动者所嵌入的"结构背景"、资源禀赋、立场偏好,以及在结构约束下是如何利用资源条件展示策略技巧、拓展机会空间、推动政策变迁的。

对行动者的分析可以从不同分类维度展开。如依据行动者性质,将行动者分为官方行动者与非官方行动者;也可依据与政策活动的相关度,将行动者分为核心行动者、次核心行动者、边缘行动者等;还可依据对具体政策的立场态度,将行动者分为支持方/倡导方、反对方。当然,结合具体政策案例分析,可以实现上述不同分类的统合。

鉴于篇章结构安排,本章旨在总体呈现教育政策网络宏观概貌,而将具体案例分析置于后文。出于论述方便,依据政策参与方式及影响程度,粗略地将教育政策过程行动者分为决策层行动者(政府部门/官员)、资政层行动者(以智库或大学的专家学者为代表)、影响层行动者(媒体、代表委员、团体、公众等)三个层次,[①]通过三节(本节讨论决策层行动者)分别展示不同行动者的资源、立场与策略。

一、决策层行动者的资源

政策网络是国家与社会不同互动关系类型的总称,其中,组织或个人是节点,资源依赖是纽带。多元行动者正是基于资源依赖、政策诉求才联结在一起,交换资源,互动策略,协调目标、价值、利益,以影响政策,解决公共问题。

正是在此意义上,贝森(Benson)从资源依赖角度定义政策网络,视政策网络为"由于资源相互依赖而联系在一起的一群或若干群组织的联合体"[②]。罗兹和马什也根据权力互赖观点,认为政策网络是各组织基于权力、资金、正当性、资讯、人员、技术与设备等资源的相互依赖而结成的一种联盟或利

---

① 决策层、资政层、影响层的划分并不严谨,严格说都是政策的影响层。如此划分,只是出于分类讨论不同政策影响主体的便利。

② Benson, K. J. A Framework for policy analysis [C]//D. L. Rogers & D. Whetten, *Interorganizational Coordination: Theory, Research and Implementation*. Ames: Lowa State University Press, 1982:137-176.

益共同体,其内部运作是一种资源交换过程。① 对资源的关注也因此无论是在罗兹的政策网络分类依据,还是政策网络特征概括中,皆有所体现——前者是"资源分配"(拥有何种资源进行交换),后者是"持续资源交换"。国内学者石凯、胡伟在概括政策网络特征②时,提出"互相依赖行动者",并指出依赖性的三方面来源:资源依赖、利益诉求、政策合法化需求。罗兹更是旗帜鲜明地将政策网络中的资源分为权威、资金、合法性、信息和组织。③ 拥有更多资源的行动者往往在政策网络中处于优势,在整个政策过程中起主导作用。

决策层行动者以高层政治官员、政府部门/官员、部际联席会议等为代表。资源首先体现为权威,可以随时开启或关闭政策议程,决定政策方向,备择方案的遴选等;政府是拥有最大资源的行动者,更具体地说,由于财权、事权的分离,财政部往往成为政策过程中最主要的争夺对象。相关教育政策涉及资金投入,往往需要争取财政部的支持;此外,议行合一的制度构架使行政部门的决策至少获得了形式合法性,确保相关政策能够得到贯彻执行;在信息资源上,如果说政府在市场、高校办学现状等方面难免存在信息不对称、失真,则其对部门利益分殊凸显下的权力运作过程,政策过程博弈,政策变革阻力、成本、代价等信息的掌握远胜于大众;在组织资源上,科层官僚制、部级联席会议、联合课题组(行政部门与智库、高校研究者等组建研究团队)等,使决策层行动者在人员、技术、设施等方面具备显著优势,可以发出相对一致的声音。

二、决策层行动者的立场

在决策层内部,不同行动者在立场偏好上也表现出明显差异。高层政治官员多从长远角度出发,关注教育在相关的国家战略,如制造业强国、高教强国战略目标下的定位,与经济社会发展的契合情况。如是否有助于解决就业问题、是否有助于解决"技工荒"等关涉社会稳定、经济可持续发展等的问题。

如李岚清、温家宝、陈至立、刘延东等国家领导人,分别在不同时期积极推动高职教育的发展。在以中职为重心的年代,1994 年,李岚清副总理在全教会上的讲话,直接拉开了高职教育发展的序幕;2006 年,温家宝总理在北

---

① Rhodes, R. A. W. & Marsh, D. Policy networks in British Politics[C]//Marsh, David & Rhodes, R. A. W. *Policy Networks in British Government*. Oxford: Oxford University Press,1992.

② 石凯,胡伟. 政策网络理论:政策过程的新范式[J]. 国外社会科学,2006(3):30.

③ Marsh, David & Rhodes, R. A. W. , *Policy Networks in British Government*[M]. Oxford: Oxford University Press,1992:10-11.

京中南海主持召开了职教专家座谈会,开启了高职教育发展的战略机遇期。

行政部门在决策过程中占据重要地位,多数政策制定,涉及可行性论证、资源调配、共识协调等,皆由行政部门做出。委任制、任期制的干部任用形式,使委任官员与民选官员在立场偏好上表现出很大不同。委任官员的晋升之路取决于上级考察、同级或下属评议,即以政绩为判据。因此,委任官员更倾向于关注部门利益、短期政绩。在政策改革取向上,邓恩所言之结构不良的政策问题,因为涉及面广(比较复杂),具有很强的不确定性(备选方案及结果是未知的,不能确定风险),改革难度较大(不同利益相关者目标相互冲突,效用无法达成一致),成本较高(包括决策成本、机会成本、风险成本,特别是沉没成本,涉及政策终结尤为困难),往往不会进入行政官员之视域。作为"风险厌恶者"的行政官员,较少选择激进的变革调整方案。因为这样的政策议题竞争性强、难度大,往往很难走完政策议程,而"次优解"——"不会被否决"的议题则符合渐进调试的改革惯例。

当然,不能据此认为所有委任官员不会从公共利益角度出发考虑问题。此处仅意在强调,政府不纯粹是公共利益代言人的身份,这在公共选择理论、寻租理论中已有显现。政府同样有其自身利益,表现为合法性、部门利益、官员利益等。"政府中成员首先是他自身,其次才是行政官,然后才是公民。"[①]市场化改革,使部门利益分殊进一步凸显,相关政策出台,已远非罗尔斯所谓的"无知之幕"[②]可以概括。相关具体政策主张的提出,往往一眼便知"谁生存、谁死亡、谁受损、谁获益",从而多少裹挟着部门间的角力。

简言之,不纯粹是政策本身的技术理性,各部门立场偏好背后的政治过程,往往可能在主导着政策进程。如职业教育分属教育部、人力资源和社会保障部两个部委管理,在教育部内部,高职与中职又分属高教司与职成司管理。[③] 利益纠葛下,多少会影响相关职教政策的出台。

联席会议、领导小组等,作为"条块分割"的应对举措,以跨部门协同方式,扮演着政策协调的制定共同体角色。由于部门间利益分化,除携手合作外,还要认识到在深层次利益调整方面,因立场不同,协调远非易事。

---

① 卢梭.社会契约论[M].何兆武,译.北京:商务印书馆,1996:83.

② 约翰·罗尔斯"无知之幕"意指保证参加者的选择不被特殊利益所歪曲,以公正客观地确定原则。类似于"打牌前就定下规则",因为发牌后再定规则,人们往往根据手中所持牌的好坏,制定对己有利的规则。

③ 技工学校、技师学院由人力资源和社会保障部管理,中职、高职院校由教育部管理。2011年,为贯彻落实《国家中长期教育改革和发展规划纲要(2010—2020年)》,统筹协调职业教育资源,教育部把原归高等教育司管理的高职高专处划归至职业教育与成人教育司。

三、决策层行动者的策略

有别于西方国家的"自下而上"的"问题针对型"政策制定过程,中国政策制定模式具有"理想导向型""内输入"特征。封闭的政策制定过程、政策制定者的权威、主导地位,为决策层的策略运作开辟了空间。同时,此种政策制定模式,反映在教育领域中,以全教会、全国职教会、职业教育相关决定/教育规划纲要制定、职业教育法律起草/修订等为表现形式,客观上也为动员模式提供了"政策之窗"①。政治领袖、权力精英往往结合焦点事件(社会突发性或危机性事件)、重大战略(如制造业强国、高教强国)的框架,促进相关政策议程的启动。简言之,决策层的策略运作往往镶嵌于一定的结构制度背景之中。

政治高官(如总理、副总理)扮演着"黏合剂""总指挥"的角色,促进沟通交流(如成立领导协调小组、部门联席会等)、协调意见分歧、维护利益均衡、保障稳定变革、促进政策出台;行政部门的行动策略,既会结合自身立场偏好,也会考虑问题属性、外在环境压力等因素。一般多采取由易到难,由外围到核心,积小变为大变,试点先行,稳步推进的政策变革策略。下文择要简述几种决策层常用的策略手段。

(一)隐蔽议程与不决策

议程设置研究的经典文献多关注社会问题何以进入决策议程,即具备哪些条件,可使社会问题或利益诉求被决策层以政策形式予以回应。而那些应该进入政策议程却未进入,即政策倡议受阻、被否决、被遮蔽("隐蔽议程")现象却远未引起足够重视。上述两种思路,对应着议程设置的"动力学"与"阻力学"。②

彼特·巴卡拉克(Peter Bachrach)与摩尔顿·巴拉兹(Morton S. Baratz)指出了"权力的两面性"③,即权力不单单在甲制定影响乙的政策时是存在的,在甲建构并强化相关价值和制度的实践中,把"乙损害甲的偏好的可能性"排除掉,将议程确立在"安全"范围内,从而在影响"乙的真实目的"时,同样是存在的。简言之,影响具体决策(决策环节)是权力明显的一面,

---

① 多源流理论将"政策之窗"定义为"提案支持者们推广其解决方案或吸引别人重视他们特殊问题的机会"。该机会稍纵即逝,因为窗口是由紧迫问题或政治源流中的重大事件"打开"的。参见:约翰·W.金登.议程、备选方案与公共政策[M].丁煌,方兴,译.北京:人民大学出版社,2004.

② 孙志建.政策过程中的议程设置阻力学——"隐蔽议程"现象分析框架[J].甘肃行政学院学报,2009(3):47.

③ Peter Bachrach and Morton S. Baratz. Two faces of power[J]. *American Political Science Review*, 1962(56):947-952.

网络治理与秩序生成——教育政策变迁中的治理演化

控制议题进入决策议程（前决策环节）是权力不明显却更重要的一面。当游戏规则、主导价值观、权力关系和权力工具有效阻止特定社会问题或相关群体的利益诉求发展成熟并上升为政策诉求时，"非决策"已经存在了。①

不决策现象，意味着议程被控制、议题被掩盖。问题本身属性，触发潜能的强弱（影响范围、强度、时机）会影响其"被关注到"；决策层有意识不作为或暂时搁置，如问题复杂度、对现有价值观挑战程度——如"同性恋合法"提案尽管不断被提起却鲜能被接纳，政策竞技场有限的承载量（涉及政策优先序的安排）、缺乏共识、议程操控（如规制俘获）、议程偏见等皆是影响因素。

隐蔽议程，遍布政策过程各个环节：在问题界定环节，错误的问题建构，将真正要解决的问题隐蔽；在方案设计环节，表现为政策显价值与隐价值的背离，实质性政策问题仅得到象征性的政策回应，即只有口号性价值倡导，而缺乏实际资源支撑；在决策环节，通过权力或利用规则程序等阻挠相关利益诉求进入政策过程等。

除却一些不可控因素，如问题本身属性外，议程偏见、议程操控等往往反映了决策层的权力运作策略。如安德森所言，"任何时候，公共政策都反映占支配地位团体的利益。随着各团体力量影响的消长，公共政策将变得有利于影响增加的团体"②。虽说利益集团影响公共政策并非皆是坏事，但资源匮乏群体往往难以使议题合法化。在强势集团"偏见动员"或规制俘获下，议程可能被扭曲、操控。

决策层自觉不自觉地以"贴标签"方式将弱势群体的正当诉求"污名化"；或通过"象征"③手段，塑造或影响政策对象的愿望、认知、偏好，进而实现控制；或通过"认同"，采取"攻心为上"的权力应用，即"权力的第四张面孔"，直接把相关对象改造为掌权者所中意的各种身份，如模范、积极分子等。④

隐蔽议程的政策控制策略，体现出摩尔顿·巴拉兹、彼特·巴卡拉克所言之"权力的第二张面孔"（控制议程），成功阻止相关政策出台，甚至早早就

① Peter Bachrach and Morton S. Baratz. Decisions and nondecisions：An analytical framework [J]. *American Political Science Review*，1963(57)：632-651.

② James E. Anderson. *Public Policy-Making*[M]. New York：Holt，Rinehart and Winston，1979：32.

③ 拉斯韦尔认为象征是现行制度的"意识形态"，接受了精英的思想、情感和态度，也就等于认可了精英的所谓合法性的政治行为。见：哈罗德·D. 拉斯韦尔. 政治学[M]. 北京：商务出版社，2006.

④ Digeser，Peter. The fourth face of power[J]. *The Journal of Politics*，1992(4)：977-1007.

将问题直接排除在外。

（二）吸纳知识精英，扩充政策合法性

决策层权威是韦伯意义上的"法理型权威"（legal authority），其形成或存在的基础在于法规、政策表现出来的理性。决策层颁布的政策，如要贯彻落实，在形式合法性之外，实质合法性的增强不可或缺。实质合法性来自民众认同，部分源于政策的科学性。限于时间、精力、知识、信息的不足，有限理性的决策层往往采取与知识、信息、技术专家结盟的策略，达到增强政策合法性的目的。具体通过课题委托/招标、专家座谈会、吸纳智库或高校中知识精英参与决策等策略手段，为相关决策提供知识/信息支撑，或为政策倡导、动员提供解释论证，以使相关政策赢得民意，获得合法性。

（三）委　任

我国是中央集权的政治单一制国家，几十年的改革，大致沿着还权于市场（市场化改革之路）和分权给地方（财政联邦制改革）两条线路进行。后一条路线，从最初"分灶吃饭"，到后来"大包干"，再到分税制，实质是在极端的中央集权政治单一制中加入联邦制因素，解决权力集中于中央、包办一切却又僵化无能的问题，以充分发挥中央和地方各自的优势，但绝非是要改造为联邦制，可谓是政治单一制改革的一条稳妥之路。

相较于改革前地方政府主要充当中央政府的"代理型经营者"的角色定位，权力下放后，地方政府成为经济剩余的分享者和控制者，自主性空前高涨，"地方主义"日益兴盛，中央政府的直接调控能力大打折扣。中央和地方间形成了普遍的政策谈判行为，央地权力互动关系蜕变为"行为性联邦"[①]，具有制衡性，却又缺乏制度性基础。

央地政策博弈，使中央意识到只有充分考虑地方利益需求，政策方才利于执行，客观上就会迫使政策制定更趋合理完善。同时，也推动中央政策决策层采用更隐蔽的策略手段，引导调控地方行为或财政支出流向，以配合中央优先序。委任（mandate）是美国联邦体制的重要组成部分，也是府际关系的研究重点，可以为现阶段中国的央地政策策略互动提供借鉴视角。

史蒂文斯·罗斯（Stephens, G. Ross）和尼尔逊·威克斯特罗姆（Nelson Wikstrom）认为，委任是要求低层级政府合作的一种强制方式，低层级政府要遵从联邦政府的某些政策标准或者提供特定的公共服务。[②] 在波斯纳

---

① 吴国光，郑永年. 论中央、地方关系：中国制度转型中的一个轴心问题[M]. 香港：牛津出版社，1995.

② Stephens, G. Ross and Nelson Wikstrom. *American Intergovernmental Relations：A Fragmented Federal Polity*[M]. New York：Oxford University Press，2007.

网络治理与秩序生成——教育政策变迁中的治理演化

(Posner)的分类中,将委任分为直接命令、交叉要求、关联制裁、部分解除、全部解除、与项目挂钩的补助和要求六类。[①]

上述委任类型学划分,在中国央地政策互动中多少有所体现,如央财支持资金或项目往往会提出具体使用要求,要求定向使用于特定项目,将项目资金获取与其他项目执行情况予以捆绑,等等。通过委任这一策略手段,以"戴帽"方式提出附带条件,灌输了中央决策层意图,完成了政策方向的隐蔽调控。当然,委任并非尽是积极意义,也存在不少问题,表现在制定者纯粹从自身出发,不考虑执行者的能力和意愿,干扰地方自设政策优先权的传统,造成过度负担,挫伤创新积极性等方面。

以国家示范性高职院校建设计划为例,项目建设计划通过提出地方要配套相应资金("中央请客与地方买单""四两拨千斤")、承诺建设期间"不升格"、专项用于专业群建设等,引导调控地方/高校行为或资金流向,以配合中央政策优先序。示范校遴选期间,个别省份高职院校教师抱怨院校未能入选,不是学校积极性不够、水平不高,而是缺乏地方政府配套资金,也从一个侧面说明了这一方式存在的问题。

2010年《国家中长期教育改革和发展规划纲要(2010—2020年)》颁布之后,国务院办公厅下发《关于开展国家教育体制改革试点的通知》(国办发〔2010〕48号),明确了国家教育体制改革试点的主要任务和试点单位,试点基本内容分三大类:专项改革、重点领域综合改革和省级政府教育统筹综合改革。上述试点项目的开展,在调动地方积极性的同时,更为贯彻中央政策意图的委任策略提供了行动舞台。

第三节　资政层行动者的资源、立场、策略

资政,意指辅助治理国政。如我国古代设有资政殿大学士、资政大夫等职位。如今,新加坡设有内阁资政、国务资政。我国国务院参事室、地方政府参事室也是政府决策参考机构。本节借用"资政"一词,并非指向特定机构,而是指代以知识、信息、阅历见长的群体,如专家、学者等。

一、资政层行动者的资源

资政层行动者的资源,首先体现为知识、技术、信息,同时也有人脉资源,如与决策层的私人关系、广泛的媒体资源等。在决策科学化日益彰显的

---

① 吴木銮.美国政府间委任研究的发展——一个研究央地关系的新视角[J].经济社会体制比较,2010(5).

背景下,专家的资源优势使其声音有可能被决策层关注,或会成为公众舆论的缔造者,继而影响政策过程。

二、资政层行动者的立场

资政层行动者的立场、偏好取向,既与个体价值取向、角色定位密不可分,也受个体所供职机构性质的制约。

(一)价值取向、角色定位影响下的立场

张载的"为天地立心,为生民立命,为往圣继绝学,为万世开太平",反映了儒者的襟怀、器识、担当。学界关于知识分子的研究,如葛兰西传统知识分子与有机知识分子的区分,福柯特殊知识分子与普遍知识分子的区分,雅各比(Russell Jacoby)、布卢姆(Allan Bloom)在知识分子如何自我理解上展开的激进知识分子与学院知识分子的论争,都从整体层面为理解知识分子、专家的立场选择提供了有益启示。

具体到政策过程中,尽管都有专业背景,技术专家与公共知识分子往往表现出不同的立场。前者多从技术理性角度出发考量政策,将政治问题、价值选择问题转化为行政问题、技术改良问题;而后者可能更具价值立场、超越眼光,由此产生政策方向、方案设计的偏好差别。

如2008年11月,在多家机构共同主办的"职业教育与社会和谐发展论坛"上,围绕相关专家提出支持第二代农民工到职校上学的倡议,清华大学社会学系沈原教授在肯定方案解决如何融入城市社会的价值后,指出:"一个制度都有它的正向作用和反向作用,会不会从一开始,从社会结构的入口处就将农民工子女定位在蓝领的地位上,剥夺了他们进一步发展的权利?"[①]这实际上关注到了社会流动、教育成层、阶层固化、社会排斥等问题,表现出公共知识分子的超越立场与责任担当。

此外,专家不同的政策咨询角色定位,也会影响其政策立场。美国环境问题与政策研究专家罗杰·皮尔克,依据专家对"民主"和"科学"的不同理解,结合决策情景价值共识程度和不确定性程度,总结出专家的四种不同角色定位[②]:"纯粹的专家""仲裁者""观点的辩护者""诚实的代理人"。对于前两种角色定位,专家似乎不关心具体决策,仅充当信息资源库的角色,但研究往往无法做到与应用分离,经常不自觉地滑向"秘密观点辩护",这就与试

---

① 凡华.发展职业教育是全社会共同的责任——来自"职业教育与社会和谐发展论坛"的观点[J].职业技术教育,2008(33):61.

② 罗杰·皮尔克.诚实的代理人——科学在政策与政治中的意义[M].李正风,缪航,译.上海:上海交通大学出版社,2010:14.

图操纵决策的"观点的辩护者"类同。

高考改革中区域公平与考试公平的政策倡导、"职业教育"还是"职业技术教育"的官司论战,反映出的正是南北学派在政策过程中咨询角色定位及价值立场的差异。

而皮尔克所推崇的"诚实的代理人"仅致力于成为"政策选择忠实的中介人",为决策者提供全面信息,将选择权赋予决策者。换个角度理解,专家"诚实代理人"的角色定位,可以减弱对决策层的诱导、限定。

(二)服务机构性质影响下的立场

除却知识分子、专家的个人价值取向、角色定位影响其政策立场选择外,资政者所服务机构之性质也发挥着潜移默化的影响。

以智库为例。依据创建机构、资金来源、运作资金的不同,智库可分为官方智库、半官方智库、民间智库三类。独立性是影响智库自主性、竞争力和影响力的重要因素。而官方、半官方智库多在政府恩荫下运作,背负过多政治压力,具有较强的行政依附性,经常接受政府指令性研究项目和"宣贯"任务。其政策谋划的着眼点,从政府和部门利益出发,"唯上"色彩浓厚,偏于宣传与解释,缺少批评态度,很难跟政府说不同的话,这无疑会影响其做出前瞻性和战略性的研究。换言之,服务机构的行政依附性,多少会影响到专家的政策立场。

三、资政层行动者的策略

资政层行动者的作用主要体现在推广其知识产品,实现对政策过程、政策结果的影响方面。知识、思想在生产之后,要转化为政策思想,就涉及专家对知识产品的营销策略。

尽管有部分知识分子抱着"出世"态度,只负责"研发",不管"应用",对决策层使用与否"悉听尊便"。但不容否认的是,知识生产之后的"扩散"无非是社会、学术圈、决策层几种去向。通过将知识成果扩散至社会,启迪民众,形成舆论,或将成果公之于学术圈,碰撞争鸣,凝聚共识,终将对决策层形成一定影响。也就是说,影响客观存在,只是途径不同(直接或间接)罢了。

例如,象牙塔中的大学教授一般多通过媒体发文、学术会议等间接方式影响政策。其中,专业期刊发文和学术会议研讨旨在学术共同体交流互动,而大众媒体(如电视、网站、报纸)、新媒体(如博客、微博、QQ群)等渠道则意在启迪民众。当然,也有直接渠道,如利用人脉关系或专家身份,通过"上书"方式（"联名上书"或"专家建议"①）影响决策层。

比较而言，智库研究人员尤为注重知识的编码与倡导。如果说知识生产主要在于解决"理性"问题，而编码与倡导的策略运用，则试图去解决（政策影响）"机会"问题。在这一点上，智库专家更具优势，他们比学问家更接近政府，比政府更接近学问，可将晦涩的学术话语"转译"为政治话语，沟通学术与政治两种文化。

智库影响力，主要体现在政策影响力、学术影响力、大众影响力三个层面。施加影响力的传播模式有：人际传播（直接影响）、组织传播（品牌影响）和大众传播（舆论扩散）。② 人际传播靠个人关系网，具体行动策略包括电话、信件（E-mail）、聚餐、参加小范围会议等，与决策层直接进行沟通。

组织传播和大众传播，主要发挥塑造公共舆论、影响议程设置的作用，间接影响决策者。组织传播往往通过公开会议或具有受限对象（一般会邀请决策者参与）、封闭特点的小范围研讨会的方式进行。此外，针对官员的培训、报告讲座，也使智库获得了"没有学生的大学"的称号。总之，此种交流平台利于互通信息，交流思想，宣传政策主张；而大众传播模式，多通过报刊、网络、电视等媒体渠道，以接受采访、发表评论等方式，意在问题警示、方案"竞选"、观点纠偏、"释放试探气球"、舆论扩散等，对决策层或民众进行舆论引导，间接影响政策决策或执行。

智库有"三大法宝"——新思想、合理对策建议、有效的推销，后两者更是决定了智库将"功夫下在平常"。策略包括：构建与政府官员及政策对象的良好关系，扩大与媒体的合作关系，网罗知识精英以组建专家团队。注重"吃透"政策——政策历史渊源、现实利弊、未来前景，政策矛盾冲突（部门利益，"文件打架"），"上头"政策依据导向及领导偏好，"下头"政策现实和需求等。

上述对大学教授、智库专家影响政策策略的分析，只是体现在影响渠道（直接途径、间接途径）上。选择何种途径，则依专家资源优势、政策属性而定。

朱旭峰提出了影响专家政策参与的政策变迁属性："知识复杂性"和"损失嵌入性"。③ 其中，"知识复杂性"指涉决策所需知识的专业性程度；"损失嵌入性"指与决策层联系密切的利益相关者是否是政策变迁的潜在利益受

---

① 《专家建议》是经陈至立批示成立、由教育部科技委主编的专门呈送中央领导和有关部委的专刊，是专家直接向国家高层建言献策的快速通道。

② 王莉丽.论美国思想库的舆论传播[J].现代传播：中国传媒大学学报，2010(2).

③ 朱旭峰.中国社会政策变迁中的专家参与模式研究[J].社会学研究，2011(2)：5—8.

损者。框架既涵盖静态专家资源，又涉及政策变迁动态属性特征。两种政策属性结合，对应产生专家不同的行动策略（见表3-1）。

表 3-1　政策变迁中的专家参与模式①

		损失嵌入性	
		强	弱
知识复杂性	高	公众启迪——竞争性说服模式	内部参与——直接咨询模式
	低	外锁模式	社会运动——简单决策模式

除政策影响力、大众影响力外，提升学术影响力也是专家间接施加政策影响的一种策略渠道。在学术圈内部，专家间合作有助于提高意见质量，整合彼此资源。知识共同体内的信息交流有利于形成共识，营造"我们感"，为竞争性说服奠定基础，成为决策层不能忽视的舆论"阵营"。

第四节　影响层行动者的资源、立场、策略

影响层行动者，在教育政策过程中所涉主体最为广泛，涵盖地方管理部门、高职院校（包括校长书记、教师、学生）、新建本科院校、媒体、社团组织、代表委员、公众（家长）、行业企业等。鉴于主体众多，限于篇幅，下文分类探讨某一类行动者时，一并将其对应之资源、立场、策略"和盘托出"。

一、地方管理部门

源于转型阶段社会公共管理的复杂性、上级抽象政策落实中因地制宜的考虑、渐进改革的"试错"逻辑、政治承包机制的激励效应、政绩考核模式的催化效应、府际竞争的挤压效应②等客观基础与现实动力，地方政府的自主性与行政自由裁量权不断扩张。同时，市场化进程也使地方政府的地方利益代言人角色不断强化，自利倾向日益凸显。

谢炜将央地政府关系分为经济利益关系和政治利益关系，经济利益关系表现为显性的自利性和隐性的一致性，政治利益关系表现为显性的一致性和隐性的差异性，即皆追求发展生产力，促进社会进步，提高人民生活水平，差异则表现为地方政府利益的相对独立性，其合法性源于地方人大，必须对选民负责。作为地方利益代表，地方政府更倾向于那些为本地区带来

① 朱旭峰.中国社会政策变迁中的专家参与模式研究[J].社会学研究,2011(2):9.
② 何显明.市场化进程中的地方政府行为逻辑[M].北京:人民出版社,2008:169—231.

最大利益的制度安排。① 反映在政策选择中,在执行中央分配性政策上有较高积极性,限制性政策则反之。

从地方行政人员利益角度来看,官员任期制下的政绩考核催化效应,往往激励地方官员尝试与上级政府或部委讨价还价,索要特殊优惠政策。当"优先试点权"意味着改革先机时,地方便积极围绕中央/部委展开府际竞争。

同时,在"熟人社会"的中国,地方官员更是深深嵌入地方人情网结构之中,加之利益联盟的压力影响,包括直接进入体制(如当选人大代表、政协委员等),以制度化渠道进行利益表达,都使政策调整极富"人格化"特征,从而进一步促成了地方政府与辖区内事业、企业单位的利益联盟。奥尔森谓之"共荣性利益",文克(Wank,1995)称之为"共存庇护主义"②,具体表现在:企事业单位依赖管理部门的"特殊"政策庇护获得发展空间,而管理部门则依赖企事业单位的创新活力,创造出政绩。

此外,渐进"试错"的改革模式,严格监管外的"开天窗",逆权力结构的"抹胶水"③及"不听话才能获利"等,客观上都激励了"先做再说""先斩后奏""先上车后补票"等抗命行事方式。通过造成既定事实、做出成绩获得上级肯定,或对上级形成压力,以追加政策确认补救。地方管理部门在面对基层企事业单位的创新冲动时,不一定会立即严格禁止,而往往会"睁一只眼,闭一只眼"。甚至还会选择扮演"次级行动团体"④的角色,以杨瑞龙所谓"中间扩散型"⑤(相对于自上而下的"供给主导型"和自下而上的"需求诱致型")的制度变迁方式,解决微观主体"自下而上""诱制性制度变迁"所面临的进入壁垒障碍问题,成为沟通微观主体制度创新需求与权力中心制度供给意愿的中介环节。在此方面,民办教育"陕西现象"中的地方政府作为空间即为很好的佐证。

---

① 谢炜.中国公共政策执行中的利益关系研究[M].上海:学林出版社,2009:87.

② Wank,David L. Private business,bureaucracy,and political alliance in a Chinese city[J]. *The Australian Journal of Chinese Affairs*,1995(33):55-71.

③ 李瑞昌将那种严格监管外的特例安排称为"开天窗",将那种协调并非从政党或人大立法开始,而是从政府开始,"部门行动、政府策动、条块联动、领导制动"的"先行政后立法""先部分后整体"逆权力结构协调模式归纳为"抹胶水"。即在特定区域内把碎片化的部门用一些非正式约束的制度联结起来,从而使整个流程看起来是无缝隙的。参见:李瑞昌.政府间网络治理:垂直管理部门与地方政府间关系研究[M].上海:复旦大学出版社,2012:177—210.

④ 初级行动团体是制度变迁中最初认识到变迁预期收益大于预期成本,并在一定程度上支配制度创新进程的利益团体,是制度变迁的重要主体,是帮助初级行动团体获取收益而进行制度变迁的团体。

⑤ 杨瑞龙.我国制度变迁方式转换的三阶段论——兼论地方政府的制度创新行为[J].经济研究,1998(1).

具体策略选择包括：行政不作为、政策附加、政策替代、政策选择（断章取义）、政策象征敷衍等。上述策略选择，体现出"利益本位化"的特征，仅考虑了地方增长的"内部性"问题，而把宏观平衡、可持续发展等"外部性"问题抛给了中央政府。

上述分析，从整体层面论述了地方的立场偏好、资源、策略，但地方实际上并非"铁板一块"的行动单元。副省级城市计划单列，可以直接参加中央部委的各种专业会议，与中央决策中心的距离缩短，使其可以成为综合改革试点地区，先行先试。这客观上造成了省级政府支持下的"角色缺位"，害怕"为人作嫁衣"——提供相关支持后进一步推动其走向直辖。[①]

在高职教育政策变迁的过程中，浙江提出"高职教育强省"的口号，多少也是基于现实的高校生态特征（浙江大学一枝独秀，再无其他"985"或"211"高校）考虑，政绩催化效应诱使地方教育管理部门积极承担起"初级行动团体"的角色，影响高职教育政策的发展；深圳职业技术学院试办四年制，也体现出在"不升格"严格规制下的"开天窗"特点；2010 年纲要颁布以来，为完善职教体系建设，高职院校可试行弹性学制（学制可长可短）、与本科院校合作举办高职本科层次教育，则体现出"抹胶水"的策略运作，避开"难啃的骨头"——学历学位之争，从容易突破的学制年限等先行变革。此外，国家示范性高职院校遴选过程中，江苏、浙江、广东等地方政府所给予的积极支持，皆为项目立项奠定了基础（此三省示范院校数位居全国前三）。相反，河南、海南等省高职院校对因地方政府配套支持不够导致未能入选示范校的"抱怨"，也从侧面说明地方政府资源、偏好等因素对高职发展的政策影响。再如重庆与教育部共建职业教育试验区，天津从国家职业教育改革"试验区"到国家职业教育改革"创新示范区"，定点举办职业院校技能大赛等，都显现出直辖市非常大的政策影响力。而国务院办公厅《关于开展国家教育体制改革试点的通知》所明确的专项改革试点、重点领域综合改革试点、省级政府教育统筹综合改革试点中，"有亮点""有内容""有实质性意义"的试点项目"花落谁家"，不同程度上也体现出府际竞争的一面。

二、高 校

行动者既可以是个人，也可以是组织，相应高校行动者既包括高校中的院校长、书记、教师、学生，也包括作为整体的高校组织。如高职教育政策博弈过程所涉行动者，除高职院校外，还包括新建本科院校（民办本科、独立学

---

① 张志红.副省级城市的行政困境及其变革路径选择[C]//赵永茂,朱光磊,江大树,等.府际关系——新兴研究议题与治理策略.北京:社会科学文献出版社,2012:61,68.

院)、实施高职教育的本科院校(附设高职学院)等。

个体行动者,如院校长、书记主要通过其在职教圈的社会声望发挥作用。行动策略包括:加入相关团体组织,如高职高专校长联席会、高职教育研究会、中华职教社等分享信息资源;直接进入体制(如当选人大代表、政协委员等),以制度化渠道进行利益表达;保持与上级官员、媒体、专家的联络;通过参加学术论坛、座谈会、媒体采访、著书立说等施加政策影响。

学生、教师更多从自身利益角度出发,以"用脚投票"的方式,表达教育政策认同。如学生可选择是否"报考"高职院校,教师可转行或跳槽至普通高校。当然,教师还可通过学术论坛、著书立说等渠道表达观点。例如对职称评审,高职院校与普通高校分开体现类型差异,可以减轻教师的科研压力,导向实践应用;呼吁职业院校升格,对教师意味着薪资提高、地位提升、资源获取便利,于院校长、书记而言则是行政级别的提高。这就解释了为什么高职院校领导宁愿学校升格,也不愿与本科院校合并。

视组织为"行动者",在汤普森的研究中已有所呈现,他通过对不确定性、理性、行政和权力的探讨,发展了组织理论。[①] 国内学者杨团提出"第四域"(事业域,由社会公共服务机构组成的领域)的概念,以区别于市场(第一域)、政府(第二域)和志愿域(第三域),从而将第三部门分解成志愿域和事业域,使第三部门的概念模糊性或含混性大大降低,并将计划体制下政府的公共执行部门——事业部门,重构为市场体制下的第四域,形成事业法人、政府法人、企业法人、社团法人并列独立的法人组织形态,揭示出"第四域"的"行政"与"事业"不可能完全分离的特性。[②] 上述研究同样对理解中国高校这一处于体制约束与办学自主权扩张博弈下的策略行为提供了有益启示。

作为整体的高职院校行动者,获取更多的资源、更广阔的发展空间是组织利益之所在、构成立场偏好之基。不过,组织本身不会"发声",还是要通过组织中的人来实施行动。但组织通过塑造"我们感",使组织中的人与组织融为一体,成为集体行动单元。如校长加入相关团体,不是校长以个人身份加入,而是以学校名义加入,代表着学校利益。

具体行动策略包括:加入相关团体组织、联络结盟(如示范校联盟)、组织论坛交流、借助名人效应(如将国家领导人、教育专家视察照片挂校网首页等)、接受媒体采访、委托智库研究等获取资源、扩大影响、倡导观点、影响

---

① 汤普森.行动中的组织:行政理论的社会科学基础[M].敬义嘉,译.上海:世纪出版集团,上海人民出版社,2007.

② 杨团.探索"第四域"[J].学海,2004(4).

决策。如宁波职业技术学院的超常规发展,与其主动"借脑谋势"的策略运作密不可分。借此不但凝聚了专家,加强了与高校、研究机构、相关业务主管部门的联系合作,也服务了学院发展,扩大了学院影响。

在政策变革可能带来的利益得失面前,更能凸显组织的集体偏好及策略运作。如在争夺高职教育办学市场方面,在规模扩张初期,基于满足大众化阶段发展及提高社会对高职教育的认同度(本科办高职)的需要,形成了"六路大军"办高职的局面,这具有历史必然性。随着高职教育办学主体(职业技术学院)的成熟壮大,中职办高职、本科办高职是否还有存在的必要,特别是高等教育适龄人口下降带来的生源紧张压力,加剧了这一问题的激化。"审慎发展五年制高等职业教育""地方本科院校举办高职教育热潮下的冷思考""从全国本科院校举办高职教育的发展态势看我院的发展战略选择"(一所办高职的本科院校)等,都体现出了不同的观点倡导。

再如在高职本科教育由何类院校实施的问题上,其是高职院校升格还是新建本科院校转型,一直存在争论。《关于举办高职本科教育的思考——给刘桔司长的汇报》《发展本科层次职业教育:历史考察、现状分析和路径选择》《高职教育类型定位的政策意蕴》《高职专科与应用型本科衔接的观念桎梏及其突破》等文章或报告,皆体现为"在没有硝烟的战场上"两类院校的激烈争夺。

当然,同一"战壕"内部也非"铁板一块"。针对东部或发达地区高职院校先行试点的倡议,《关于发展广西本科层次高职教育的思考》一文予以了批驳。认为试点按地域划分缺乏依据,西部不乏高技术密集型知名企业,中西部是否应当开展本科层次职教,不能仅从西部省区经济总量考虑。总之,利益所在决定了高校这一"行动中的组织"会选择不同的政策立场、影响策略。

三、媒 体

媒体对政策过程的影响,涉及政策问题确定、议程设置、政策制定、政策执行及评估等诸多环节。

政策问题是社会问题的一部分,是需要政府关注、动用公共资源与权力解决的社会问题。不同在于,政策问题是主观建构的结果。在政策问题建构中,媒体作为话语与信息表达的平台发挥着关键作用。

无论是传播学者马克斯韦尔·麦库姆斯(Maxwell McCombs)与唐纳德·肖(Donald Shaw)的议题设置理论,还是艾伦嘉和肯特的"点火效果"假说,都强调了媒介的议题设置功能。媒介的评价影响着受众的认知,受众依照媒体提示,意识到问题的存在和重要性。科恩的阐述更为直接:媒介即便不能决定让读者"怎样想"（How to think），也能影响读者"想什么"（What to think）。不过其他研究，如框架理论（戈夫曼）、涵化理论（格伯纳，Gerbner）等，则进一步指出媒体更有能力影响公众"怎么想"。

媒介框架理论指出，媒介在报道事件过程中的框架行为，体现在宏观构造（主题构造，事件社会意义的框定）、微观构造（叙事构造、修辞构造）两个层次。[①] 在主题构造方面，如教育期刊在组文选稿中，有意将内容相近的论文集中在一期刊发，或开辟专栏向读者征稿。利于全面展现不同的研究角度、观点争鸣，也可发挥聚集效应，产生舆论影响；而叙事构造、修辞构造涉及表达风格和细节处理，包括内容取舍、篇幅、位置（是否为头版等）、细节（字号，标题是否突出强调，是否为连续专题报道，是否为正面、负面或中性角度报道）等。

如加姆森所言，框架融"界限"（取材范围）、"架构"（观察的意识形态）于一体，经过"界限""镜头"过滤的客观现实才有机会成为报道材料。经过传者（筛选信息）、文本（设定文本议程和意义）、受者（借用框架实现意义理解）和文化（框架与主流文化价值体系密切相关）四个环节，框架隐蔽性的策略运作，以选择和凸显方式，使人们形成对事件问题的特定思考方式。[②] 经微观层面报道（媒介议程），影响中观层面议题（公众议程）和宏观层面议程（政策议程）。[③]

涵化理论则反映了传媒所揭示的"象征性现实""拟态真实"对人们认知现实世界的巨大影响。公众所认知的，不过是媒体营造的拟态世界，并非真实世界。具体策略如媒介忽略、媒介污名（选题强化污名、情感强化污名、单方观点强化污名[④]）等，以长期狭隘的程式化、框架性的报道，使受众有意或无意地忽略框架界限以外的真相，认可主流价值体系的关联框架，产生刻板印象。

总之，在政策问题设定、议程设置的过程中，媒介通过问题觉察、表达扩散，放大并提醒社会问题，使问题发酵、显性化。当然，这个过程也包括人为或无意地忽略、遮蔽、掩盖社会问题。"媒体关注可创造问题和人物，媒体的冷遇也可能使问题和人物变得暗淡。"[⑤]除公开报道"焦点事件"、扩散专家意

① 陈堂发.新闻媒体与微观政治——传媒在政府政策过程中的作用研究[M].上海：复旦大学出版社，2008：61—62.

② Robert M. Entman. Framing toward a clarification of a fractured paradigm[J]. *Journal of Communication*，1993，43(4)：51-58.

③ 夏雨禾.改革开放以来《人民日报》"三农"议程设置研究[M].北京：新华出版社，2008：194.

④ 董小玉，胡杨.风险社会视域下媒介污名化探析[J].当代传播，2011(3)：55—56.

⑤ 托马斯·R.戴伊.理解公共政策[M].彭勃，译.华夏出版社，2004：34.

见等议题扩散策略外,内参也是影响政策议程的特殊渠道,可以直接送达决策高层,打破消息封锁。

在政策制定过程中,方案遴选涉及政策论辩。媒体的意见平台角色,以一种"虚拟性在场"实现了政策主体的"开放性"。或者说,通过被传媒中介化的公共性①,可以对选民代表制"代表性"不足、詹姆斯·博曼所谓的"协商不平等"②现象予以纠偏,使各方利益诉求得到表达,增强政策的可见度、公共性,利于政策方案优化,实现理性决策。

在"内输入"政策模式中,政策制定由狭义的制定者在相对封闭的政策环境中酝酿。借助媒介,可以进行民意调查,引发公众讨论,获得"民智"支持,这也是优化政策方案的一种策略手段。

在政策执行评价环节,媒体功能体现在营造政策认同的舆论环境、政策执行监督和效果评价上。具体策略手段是:通过政策精神宣达、条文解析、执行典范报道等,使受众理解、认同政策,或对政策执行及效果进行舆论监督、评价,反馈政策运行信息,促成政策纠偏或终结。

当然,媒体作用的发挥也是在一定外部影响的作用之下,反映在媒体人地位角色、立场偏好、运作机制等方面。从媒体与政治系统的关系看,无论独立或依附,都会影响报道或选稿倾向。媒体往往要寻找令各方满意的妥协之路。

例如,2011年1月25日,《光明日报》通过将"三方"——学界、高职办学者、学会管理者的观点公之于众的方式,释放出"政策气球",表达隐匿的高层态度——"转型"比"升格"好,借以引导舆论。不过,媒体仅充当"试探气球"平台,不无消极弊端。这在客观上说明了媒体的依附地位,其仅作为被动呈现者,舆论争辩的设场者角色则在不同程度上存在缺失。

现阶段,既有政治压力,也有对官方机构作为信息来源主渠道的考量,媒体一般多保持与政府部门在组织和个人层面的微妙关系,如选择不揭短、报道、刊文前征求意见等,按新闻专业主义的客观公正要求呈现媒介内容还有一定难度。如一家中央级报社在报道一所职业技术学院的招生问题时,鉴于该校在高职院校中的"龙头大哥"地位,慎重起见,事先也会向教育部高职高专处征求意见,而文稿最终得以刊发,原因之一竟是教育部为打压该校

---

① 陈堂发.新闻媒体与微观政治——传媒在政府政策过程中的作用研究[M].上海:复旦大学出版社,2008:160.

② 詹姆斯·博曼将公共能力不对称称为"协商不平等",表现为机会、资源、能力不平等。相应的,"协商不平等"的三种类型是:权力不对称,影响公众进入公共讨论领域的途径;交流不平等,影响参与机会;公共能力缺乏,使缺乏政治资源的公民难以参与公共探讨。参见:詹姆斯·博曼.公共协商:多元主义、复杂性与民主[M].北京:中央编译出版社,2006:94.

"升格"气焰而"敲警钟"。①

近两年职业院校开始注重加强与媒体的联系,如在 2009 年 11 月 27 日国家示范性高职院校建设三周年成果展示会中,专门设立有职业教育"新闻眼"——新闻媒体与高职教育的专题论坛。但职教类的媒体影响力总体来说偏弱。在期刊方面,专门的职教期刊数量显著偏少;在报刊方面,设立职教版的不多,报道角度、语篇基调往往更加负面;在网络媒体方面,无论是职教专业网站还是个人博客等,在影响力方面仍有很长的路要走。

四、社团组织

国内民间组织主要包括社会团体、基金会和民办非企业单位三种类型。后两类虽然对高职教育也产生了显著影响,但鉴于直接的政策影响作用并不十分突出,故此处主要探讨社会团体。考虑行文安排,本书仅就教育类,特别是职教类社团组织展开分析,而将行业协会与企业合并,置于后文另行讨论。

高职政策过程中的教育类社会团体,包括中国职业技术教育学会、高等职业教育研究会、高职高专校长联席会、中华职业教育社等专业学会、民间团体。它们既是政策过程中的主体、客体,也是环境。上述组织通过利益聚合,形成了组织化的沟通机制,可以充分调动资源,以整体力量表达诉求,节约与政府的博弈交易成本,提高政治参与效率。特别是以为利益集团利益代言的压力政治方式,把同类高校利益诉求带入政策过程,突破了单纯依凭个体力量进行原子化表达的困境,同时利于解决集体行动中的"搭便车"问题。

在利益集团政治中,西方经典理论所揭示的利益集团与政府的关系主要有两种解释范式:多元主义与法团主义。而在中国非政府组织与政府间关系中,法团主义与市民社会是相互竞争的两种研究取向。当然也有研究者指出笼统地探讨两者间关系并无实质意义②,因为无论是非政府组织还是政府皆非"铁板一块"的统一体。如民间组织与官办非政府组织就有很大不同,环保部门和地方政府对环保 NGO 也持不同态度,这些皆说明非政府组织与政府的互动关系是错综复杂的。此外,相关研究如"行政吸纳社会""分

---

① 参与观察资料,资料源于一媒体人在杭州一次报告会上的讲话。
② 范明林.非政府组织与政府的互动关系——基于法团主义和市民社会视角的比较个案研究[J].社会学研究,2010(3):160.

类控制""权能互授"等①,也表明国家与社会的关系既非"国家中心"也非"社会中心",而是"国家镶嵌于社会中"②。上述研究,阐释了国家与社会界限的模糊,更表明了政府、社团组织间的互赖关系。

鉴于教育政策过程所涉及社团组织主要是为教育领域服务的非政府组织,综合领导人产生、机构合法性获得、经费来源、角色功能、与政府关系等因素考量,国家法团主义更切合"公民社会"的发展程度和转型期的中国政治现实。如威尔逊所言,利益集团"并非在政府之外施加压力,而是统治过程的一部分,既执行政策,也协助拟定政策——你侬我侬,益发亲密的状况。界限分明的观念,事实上是错误的"③。即社团组织的角色,主要不是多元主义下的对抗性压力集团,而是合作协商型功能团体。正是中国现实阶段背景、社团组织角色定位等,影响了其在教育政策过程中所持的立场、可资动用的资源、现实行动的策略。

日常的策略行动,包括与决策层领导建立个人联系,形成庇护关系,或通过政策宣贯、承接课题调研、质量评价、项目论证/验收、成果推介等与决策部门搞好关系。同时,广泛结盟,与社会各界,包括大学校(院)长、院士、代表委员、媒体、智库、国际组织等建立密切联系,以拓宽"发声"渠道,扩大舆论"分贝"。简言之,通过利益代言、俘获官僚、广泛结盟、多重游说、形塑舆论等策略行动,影响教育政策变革。

当然,中介组织在与政府搞好关系的同时,也在不同程度上暴露出依附政府,导致职能窄化,仅"眼睛向上"关注决策层政策导向,而忽略对学校责任、代表、研究、沟通协调职能弱化,沦为"二政府"的问题。

五、国际组织

为深入理解国际组织对教育政策过程的影响,下文选择了两个有影响力的国际组织进行简要分析,并通过比较研究,把握国际组织对职教政策过程的影响概貌。

(一)世界银行

作为国际教育援助的领头者,世界银行主要通过赠款、长期无息贷款、

---

① 参见:康晓光,韩恒.分类控制:当前中国大陆国家与社会关系再研究[J].社会学研究,2005(6);康晓光,韩恒.行政吸纳社会——当前中国大陆国家与社会关系再研究[J].中国社会科学,2007(2);赵秀梅.基层治理中的国家—社会关系——对一个参与社区公共服务的 NGO 的考察[J].开放时代,2008(4).

② Migdal, Joel S. , Atul Kohli and Vivienne Shue. *State Power and Social Force*, *Domination and Transformation in the Third World*[M]. Cambridge: Cambridge University Press,1994.

③ 刘恩东.中美利益集团与政府决策的比较研究[M].北京:国家行政学院出版社,2011:39.

低息贷款、商业贷款来进行教育资助。在资助上，不同历史时期的差异也比较显著。当然，世界银行不满足于仅充当资金支持者，还扮演着"理念传播者"的角色，其围绕项目资助，从注重投入转向产出，通过援助附加条款的"杠杆作用"，输出观念经验。反映在教育领域内部，表现为初等教育、高等教育、全民教育、职业教育等在不同历史时期的受关注度大不相同。由此，世界银行对一国教育政策的重心会产生不可忽视的诱导影响。

20世纪90年代以前，世界银行认为高等教育的个人收益大于社会收益，因此援助重心放在了基础教育、职业和技术培训、中等教育方面。鉴于当时世界各国从政府立场出发，大力推进学校职教导致脱离市场实际需求的弊端日渐暴露，作为世行高官的福斯特(Philip J. Foster)，在总结60年代非洲发展职教失败的教训后，提出了"职业学校谬误论"，主张应主要开展短期培训。上述观点对世行职教政策方向产生了重要影响。1991年《职业教育和培训：世界银行政策报告》在职教模式上就明确提出由原来的"学校本位的职业教育"变为"企业本位的职业培训"。[①] 不过，上述主张在中国遭到了来自教育界大部分官员、学者的质疑，因此未能得到推行。

直到90年代中期，相关报告才突破了仅从成本效益角度分析高教的局限。此后，高等教育的地位被史无前例地提升，成为政策重心。如1999年世界银行东亚地区人力开发部印发《21世纪中国教育战略目标》报告，以负责中国教育项目的高级专家毕和熙(Halsey Beemer)为首的专家组，对中国发展中职教育持不赞成观点，认为中国将高中阶段职教(中职)学校所占比例定为60％的目标过高，主张中学阶段应实施普通教育，职业教育应在高中后进行，甚至提出中国应在未来20年内把中职教育所占比例缩减到零，同时建议减少职业课程内容，相应发展两年制的高中后职业教育。上述削减中职的主张遭到了部分中国职教官员、职教学术界的质疑和反对，未能贯彻实施。不过，发展高职的倡议因为迎合了亚洲金融危机、高校扩招等的时代背景，开启了中国发展高职教育的大幕。

上述情况说明，世行的行动策略是通过"说服和示范工作"，即政策对话推动中国采取世行的改革措施和建议。具体通过两条战线：一是影响知识精英，接受相关理念，完成国内与国际的学术接轨；二是接触政府官员，理性说服，完成国内与国际的制度接轨。当然，中国面对世行的相关建议并不是简单地"一股脑"接受，而是拥有一定主导权。两者的关系总体体现为微妙

---

① 福斯特.发展规划中的职业学校谬误[C]//石伟平.比较职业技术教育.上海：华东师范大学出版社，2001：3.

的"积极引导—自主选择"关系。[①]

（二）联合国教科文组织

教科文组织是联合国最大的专门机构,扮演着思想实验室、标准制定者、能力建设者、国际合作促进者、信息交流中心的角色。它不是"操作性"机构,而更主要是"倡议性"组织。

姊妹大学/教席计划（UNITWIN/UNESCO Chairs Program）是促进国际合作的具体行动计划,截至 2011 年 5 月 31 日,该计划已拥有 715 个教席和 69 个姊妹大学网,涵盖 70 多个学科,涉及 131 个国家的 830 个大学及机构。[②] 其中,教育教席下设 12 个次主题,包括职业技术教育。

作为标准制定者,国际公约与建议,如《职业技术教育公约》《关于技术和职业教育的建议书》（2001 年）,以及《国际教育标准分类》（ISCED）,为指导国内高职教育发展提供了行动依据,如对高职教育的"5B"定位,为国内论证高职教育类型层次提供了概念支撑。

行动策略上,教科文组织主要通过合作伙伴网络、国际会议、援助支持等推进理念传播、教育改革。如教科文组织与联合国其他机构、政府间组织、非政府组织、多边或双边机构等建立起广泛的合作关系,使相关行动计划易于达成共识,付诸实施;国际会议,包括总部大会、区域大会、专家会议等,所通过的宣言、公约、公报、行动纲领,往往成为各国教育行动计划的重要指引。

此外,教科文组织还在德国专门设立了国际技术及职业教育与培训中心（UNEVOC）,中心通过遍布全球 167 个国家的 283 家职教中心网络（UNEVOC network）开展工作,[③]包括提供培训,开展项目试点,提供服务和技术援助等。目前中国已有 13 个职教中心网络,这有力地推动了先进职教理念的传播和扩散。

通过比较可以发现,世界银行侧重于经济援助,教科文组织则突出智力支持。它们的相似之处是,都通过文化精英认同、阐释,政治精英内化、推广来扩散相关教育理念。它们的不同则表现在:世界银行的影响多伴随项目进行,项目终结则政策影响告一段落;而教科文组织的行动策略侧重长效机制,如通过机构设置、人员参与等实施长期政策影响。概括而言,国际组织

① 沈蕾娜.隐形的力量　世界银行的高等教育政策及其影响[M].北京:高等教育出版社,2011:95—98.

② 张衡.联合国教科文组织对世界高等教育发展的影响机制刍议[J].教育学术月刊,2013(6):10.资料来源:教科文组织网站。

③ 张衡.联合国教科文组织对世界高等教育发展的影响机制刍议[J].教育学术月刊,2013(6):11.资料来源:教科文组织网站。

主要通过知识倡导、资金支持等行动策略从外围提供政策变革环境,激发学术界研讨,影响决策层政策理念,营造变革氛围等影响政策变迁。

六、其他行动者

(一)代表委员

人大代表议案是代表人民管理国家事务的具体体现。政协委员提案是履行政治协商、民主监督、参政议政的重要形式,构成中国民主政治的重要内容,资政、辅政、优政的重要渠道。对议案和提案,一般采取归口处理、分级负责原则,要求做到"件件有回音,事事有答复"。具备条件的,要抓紧解决;暂不能落实的,也要详细说明并做好解释工作。同时,答复有时间限制,对于多位代表或委员附议的,答复件还必须逐一分送每一位代表或委员。上述工作要求,保障了代表委员的声音可以直接影响决策层、管理层。

在代表委员的结构分布上,民主党派高校的代表居多。个别代表委员身兼领导职务,利于提升议案的影响力。在行动策略上,"两会"期间,代表委员一般在"政策之窗"开启时,联合媒体,宣传主张,营造舆论,影响政策;闭幕期间,既要关注时事动态,也要保持与社会各层面的交往接触,如深入行业企业、学校进行调研访谈,以了解社情民意。

教育政策修订过程中,每年皆可见相关代表委员的倡导、呼吁。个别议案会发挥"点火效应",引起教育决策层关注,从而开启政策议程。对于代表或委员的调研,教育主管部门,特别是弱势部门往往也会大力支持。希望借助代表委员的走访调研、倡导呼吁,以"第三方"的身份,帮他们去发现工作成绩,倡导政策,这比单纯的"部门策动"效果更好。

当然,提出议案仅迈出了第一步,能否落实则很难说。尽管议案所涉部门须以书面、电话或约见形式回复,不过相关委员的普遍感受是:回复虽多,能真正落实的却相对较少。如全国政协提案委员会副主任毛林坤在 2011 年透露,全国政协年提案为 6000 件左右,落实的仅有 1000 多件。委员最怕听到的是诸如"您的建议很好,我们会认真考虑""感谢您关心我们的工作""正在推动中""列入规划解决"等答非所问、敷衍塞责式的表达。个别委员直言"会不会采纳,就不好说了"[①],因此,在针对满意率和办结率的提案回访上,一些提案委员甚至会签下"对答复的态度很满意,对答复的结果不是很满意"[②]。上述说明代表委员在发现、"唤醒"社会问题上有一定作用,但也并不

---

① 刘俊,宣柯吟,姚雪鹏.政协委员这五年"很多问题明知道难,但还是得说"[N].南方周末,2012-03-1:4.

② 访谈资料,源自与某政协委员的访谈交流。

总是能启动政策议程、左右政策走向。

（二）公众

公众参与政策过程的途径分为制度内途径和制度外途径，前者包括代议、咨询、公示、听证、信访等方式，后者包括游说、媒介传播、游行抗议、"用脚投票"等。在政策过程的不同阶段，公众的参与方式、效果不一。在问题确定阶段，主要通过代表委员代议、政府民意调查、游说、游行抗议等方式协助确立政策问题；在方案拟定阶段，一般需要一定专业知识和信息，公众参与成本较高，多通过咨询会、听证会、公示反馈等影响方案选择。[①]

公众主要包括学生家长、关心职教发展的社会人士等。学生家长往往基于成本效益分析，在子女生涯规划上施加关键影响，在志愿填报上影响子女在复读、出国深造、选择高职院校等备选项上的选择偏好。

在这一点上，职教就业旺与低报考率的情况同时出现，特别是在高等教育适龄人口下降的阶段背景下，更平添了高职院校的生源压力、忧患意识，促使高职院校校长、高职教育管理/决策者思考高职教育的"吸引力"问题。简言之，家长并非只是政策过程中"沉默的大多数"，而是通过弱者最后的博弈武器——投票否决权，以"用脚投票"机制间接影响职教政策，从而成功推动"职教吸引力"的提升、职教体系的完善等政策议程的启动。

其他关心职教发展的社会人士中，院士的政策影响作用尤为抢眼。特殊身份、名人效应，可使他们的相关政策建议直达决策层，并更有"分量"。同时，院士也更能认识到技术人才与工程人才的区别，技术教育的重要性、职教层次提升、体系完善的必要性。如在 2005 年《中共中央关于教育体制改革的决定》发布 20 周年座谈会上，四位两院院士就对建立健全职教发展体系，打通职教人才提升发展通道[②]进行积极呼吁，为日后的职教体系完善和政策变革奠定了舆论基础。中科院院士贺贤土更是目前国内以院士身份担当高职学校（宁波职业技术学院）校长的第一人，他凭借人脉关系，直接促成了 2011 年的"两院院士职校行"活动。

（三）行业企业

严格来说，行业协会应归入非政府组织中予以讨论。此处将行业协会与企业合并进行讨论，意在强调作为"出口端"，即教育质量鉴定方的政策影响作用。

20 世纪末的政府机构改革，完成了职业院校办学管理体制的变更，大部

---

① 刘勇智.公共政策制定中的公民参与[J].兰州学刊,2004(3).

② 时晓玲,马思援.朱高峰等四院士为职教发展建言 多方形成合力促职教发展[N].中国教育报,2005-08-18.

分职业院校脱离行业实行属地化管理。相关行业主管职教的负责同志,提交了一封题为"关于进一步发挥行业在职业教育中的作用的建议"的信,呈报给教育部部长,并呈报了国务院科教领导小组。国务院有关领导同志批复中编办等部门研究解决,但之后就没了下文。① 导致原政府经济部门管理职业教育的主要职能(如行业人力资源调查与需求预测,学校布局、专业设置规划和教学标准制定,院校质量评估等)没有转移落实,或无渠道落实。

信中之担忧预见,不幸一语成谶。由于职业教育管理上的行业缺位,校企合作、工学结合难以有效实施,部分职业院校的教学目标调整滞后于产业升级需求,既缺乏适应性、前瞻性,又缺乏办学标准和评估体系,最终导致服务对象需求失之科学,专业设置无序发展,院校办学趋同,人才培养脱离社会需求,毕业生就业困难。

为此,在全国范围内,行业职业教育教学指导委员会②(简称"行指委")相继成立,截至 2010 年年底,教育部批准成立了 43 个,2012 年又增加了 10 个。作为专家咨询组织,行指委发挥着职业院校发展与职教政策咨询的平台和桥梁作用。此外,教育部与行业协会还陆续开展了中国职业教育与行业对话活动,启动了职业教育与产业发展对话机制。截至 2011 年年末,职业教育与高新技术产业等行业已开展了 17 次对话,初步形成了职教产教结合、校企合作的对话协作机制。③ 各行业组织通过反馈行业发展动态,提供岗位就业信息、就业学生质量信息等参与职教政策咨询。

除上述平台和渠道外,行业协会还通过媒体采访、学会研讨、小范围座谈、合作联盟等策略行动影响决策。如在职教体系完善方面,针对高职教育层次提升问题,参与咨询论证"长学制试行之必要性,在哪些专业优先试点"等。

---

① 任耀生.发挥行业组织在职业教育改革和发展中的作用[Z].中国职业技术教育学会 2010 年工作会议,2010-03-02.

② 受教育部委托,由行业组织或行业主管部门牵头组建、管理,对相关行业(专业)职教教学工作进行研究、指导、服务和质量监控的专家咨询组织,同时也是指导本行业职教与培训工作的专家组织。

③ 孟凡华.教育部深入推进职业教育与产业发展对话活动[J].职业技术教育,2012(21).

第四章　学制政策变迁中的网络治理行动缘起

为更深入理解作为集体行动的网络治理与教育政策变迁的互动关系，自本章起将以学制政策调整为具体案例，在第一章学制政策变迁梳理（政策"变了什么"）的基础上，进一步揭示网络治理行动对政策变迁的影响（政策是"如何变的"）。本章重点关注网络治理行动"为何发生"（缘起），对学制政策过程或结果的影响等。

第一节　高等教育分类分层与秩序生成

长期以来，对于高职教育界围绕学制（层次）的政策诉求，主流认识是"冒进""不安心定位"等。但无助于解释：在严格规制政策"壁垒"下，面临严重违规成本——垄断资源供给的政府会借此施加制裁，从而影响相关院校后续发展的资源获取，高职院校何以对升格"持之以恒，乐此不疲"。风险收益大于违规成本是一种解释，但无助于解释"局外人"——教育部相关领导、专家学者、代表和委员的声援，问题似乎并不简单。

换言之，"污名化"处理，可能导致"先入为主"地持有偏见，无益于问题研究的深入。以价值中立立场，悬置"刻板印象"，来理解、解释围绕学制（层次）政策诉求的网络治理行动，可能会对"为何抗争""是否具有合理性"产生新的认识。变革创新往往在早期与"污名化"，甚至"杀头风险"相伴，如凤阳小岗村的"包干到户"。相关群体为何要积极参与学制政策网络治理，此种集体行动具有何种性质和特征将是下文探讨的重点。

一、高等教育分类分层

高职教育相关群体围绕相关学制政策的治理行动，深层面涉及的是高教分类分层制度的安排。从精英高等教育到大众化高等教育，高教系统的多样化带来了高教机构的差别化分工。但院校分化是一种客观结果，而分类则体现出主观色彩。

国内高教分类研究,在分类目的上,除政府分类管理、社会甄别选择外,最重要的是解决不同类型高校的任务、职责、能级区分,引导高校分类发展。国际上较具代表性的是加州高教规划分类、卡内基高教机构分类、国际教育标准分类(ISCED)等。

有研究者指出,加州和卡内基分类分别代表两种不同的分类方式和手段——描述性分类和规定性分类。[①] 关于分类的目的,描述性分类主要依据对高校现有特征(特点在分类前已存在)的描述,发挥刻画(唤起对差异的注意)、引导、区分作用;规定性分类则依靠权威手段对一些表现还不明显的特征给予规定,使院校按规定使命而发展。关于分类机构的性质,描述性分类多依靠民间非营利机构;而规定性分类则依靠具有权威、强制性的法定机构实施。关于分类标准和方式,规定性分类往往直接规定某一类别高校职责和定位,包括招生、课程、学位等方面;描述性分类则主要依据院校做了什么来分类,如入学条件、授予学位类型数量等。两种分类各有利弊,规定性分类有明确、权威、高效的优点,但如果标准缺乏科学性、客观性,则会导致刚硬、僵化,使院校对分类的公平性产生怀疑。如有学者认为,加州规划"实际上是一系列政治上的强制规定,是一种骗局,它使那些最具有实力的院校获取最大比例的资源,从而维持他们对特权的垄断"[②]。描述性分类具有准确性、引导性、灵活性的优点,并不通过制度把高校固着在某种类型上,高校可据自身发展需求调整办学方向和定位。但也存在分类细化程度上的问题,因为过细分类会失去分类意义。此外,分类标准欠科学,则会出现背离分类初衷的现象。如卡内基分类曾赋予知识生产特权,导致高校寻求"升级"、同质化的问题。直到卡内基分类第 5 次修订,方改变按学位授予高低对高校排序的做法,表明机构无贵贱之分,只有承担不同任务和职能的区别。

我国高教分类体现出规定性分类特点。作为新生事物的高职教育,长期以来一直存在办学特色不够鲜明的问题,解决"本科压缩饼干",引导类型特色发展成为重心所在。政策初衷是美好的,并通过颁布"升格禁令"意图实现分类目的,但并未遏制高职教育相关群体的层次提升冲动。

此处暂不讨论资源配置效应、合法化机制[③]的影响作用——国家根据行政级别、办学层次分配办学权利和资源所产生的"指挥棒效应",使院校"不

---

① 赵婷婷,汪乐乐.高等学校为什么要分类以及怎样分类?——加州高等教育规划分类体系与卡内基高等教育机构分类的比较[J].北京大学教育评论,2008(4):173—174.

② 杰拉德·盖泽尔.美国多校园大学系统:实践与前景[M].北京:科学教育出版社,2004:164.

③ 组织社会学中的新制度主义学派在"组织的趋同性问题"上,强调了强制、模仿和社会期待三种合法性机制在组织结构与行动中的重要作用,解释了看似非理性的组织行为有其内在理性逻辑,"趋同"往往是组织为了追求合法性,而被迫选择牺牲效率机制的缘故。

愿、不能"安于其位——单就分类标准科学性、分类设计思路等展开分析。

在分类标准上,高职高专并列称谓,将高职教育长期定位于专科层次,使高职教育一直纠结于"类型""层次"之争。高职界认为如果已确立高职教育作为高教的一种类型,则其应具有完整的教育层级序列,即从专科到本科,甚至直达研究生教育(如专业学位研究生教育)。但现有院校分类更多依据办学历史、声望、实力,在马丁·特罗的高等教育系统三等级划分中是二战前老大学、二战后新大学、新的非大学高教形式,在国内是老大学、新建本科、高职院校的划分。相对于院校自发的向上发展一致性(向上趋同),政府趋向于通过分类政策干预产生向下发展的一致性(下延至职业教育)。政府不喜欢一般、新办高校模仿老牌大学,不愿意其拥有大学的特权,不赞成其自治和开展研究工作,政府迫切需要的是高教系统的多样化,更适合职业需要等。①

正是现有分类分层的定位导向,使高职院校"心存不甘"。代表性观点有:高教史上一度以办职教起家的赠地学院可一路发展为顶尖大学,何以游戏规则不再,高校不能行使办学自主权,不能掌握自身发展命运,不能设计发展前途,而是要安心于政府的既定专科层次安排?为何作为一种新生类型的高等教育,要与传统大学站在同一起跑线上,以落后乎近百年的身位,去论证传统大学的优势,保障其学位特权?高校地位,为何不通过市场竞争机制,而是靠政策倾斜安排获得(如高职"末批次"招生安排带来的生源质量及地位暗示)?"龟兔赛跑"在比赛组织上是否存在问题,为何不是"龟龟比爬,兔兔比跑"?统一高考,"一把尺子量天下",以竞争/淘汰逻辑造就失败者,与多元智能理论所倡导的人人成才观点似乎相悖。院校层次划分是否应以类型划分作为前提?诚如举重比赛,体重分级前就应先区分性别。类型是否等于层次?本科是否只有一种类型,本科是否等同于普通教育,高职是否等同于专科?上述质疑看法,多少反映了对目前高教分类标准及思路的不满。

在分类标准上,潘懋元、陈厚丰指出,②在高教及机构分类上,人们习惯于以等级观念,首先关注层次划分,而对作为层次划分前提的类型划分缺乏足够重视,导致院校竞争异化为地位、层次、身份竞争。横向类别划分是纵向层次划分的前提,单一的纵向分层可能导致高教单一化、高校趋同化。高教分类在方法论上,要遵循高教发展的内在逻辑,分类顺序应遵循:高等教育类型分类→高等教育层次分类→高等学校类型分类→高等学校层次分类。

---

① 伯顿·克拉克.高等教育新论——多学科的研究[M].杭州:浙江教育出版社,2001:136—146.

② 潘懋元,陈厚丰.高等教育分类的方法论问题[J].高等教育研究,2006(3):10—11.

在"本科是否只有一种类型"的问题上，美国教育专家费依屈克（H. A. Foechek）早在 1965 年就预言："在未来某个时候，本科水平可能至少有四种基本类型的学士学位教学计划——科学类、工程科学类、工程类和工程技术类。"[①]1998 年，在中国工程院以朱高峰、张维为组长，路甬祥、张光斗、韦钰为顾问的"工程教育改革与发展咨询项目组"所形成的《我国工程教育改革与发展咨询报告》中，曾提议逐步地把工程与技术分为两个系列。技术系列应有独立职称体系和院校体系（包括本科、大专、中专等），使不同类型、层次学校办出特色，改变"千军万马过独木桥"的畸形，形成"行行出状元"的新局面。中国工程院院士盖钧镒也指出："农业科学主要为应用性科学，农科人才分为应用型和研究型两大类，学位层次上，应用型人才培养包括大专、本科及专业硕士三个层次。"[②]

此外，相关学者对"技术本科"教育的论证，也在说明作为涵盖技术教育的"职业技术教育"，在本科层次完全可以"有为有位"。特别是联合国教科文组织《国际教育标准分类法（2011）》在之前 5A、5B 类型划分的基础上，确立了与普通教育体系并行的完整职教体系设计思路，为职教向上延伸层级提供了支撑。

二、秩序生成：计划秩序与自发秩序

在分类思路上，规定性分类以其权威、强制的特点，展现出明确、高效的优点，但也暴露出刚硬、僵化的弊病，为保持一定阶段的稳定性，往往导致规制滞后于经济社会发展现实。从根子上说，规定性分类走的是一条"计划秩序"道路，或可称之为单中心／一元秩序、人为／组织秩序、设计／指挥秩序。其因某一目的而创设，为终极权威所协调，以"命令—服从"为前提，通过意志作用强行约束，用一体化命令结构实施控制。[③] 在此秩序下，个体位置的占据、如何行动，皆由统领命令来指挥。国家具有极强的动员能力，可降低漫长探索的时间成本，规避失范带来的损失，但也暴露出将秩序结果与生成条件混淆，以秩序作用取代生成途径的问题，[④]同时难以避免设计上的有限理性、规制俘获。

与计划秩序相对应的是自发秩序，也称为自生、非计划、多中心秩序。其源自社会内部的无意识的相互作用，以"自组织"方式缓慢进化而来。在

① 严雪怡.论职业技术教育[M].上海：上海科学技术文献出版社，1999：1.

② 杨金土.我国本科教育层次的职业教育类型问题[J].教育发展研究，2003(1)：8.

③ F. A. 哈耶克.自由秩序原理[M].邓正来，译.北京：生活·读书·新知三联书店出版社，2003：183—199.

④ 李静蓉.高等教育秩序的逻辑：自发秩序理论的视角[J].教育发展研究，2007(7—8A)：84—85.

形成过程上,具有非外部强加,靠个体为实现自身目的,与他人碰撞达成一致意见或妥协的特征。[①] 该秩序主要靠底部自由互动而来,成员多倾向于自愿服从,比较符合高校作为"有组织的无政府状态"的特点。当然,如波兰尼所言,"即使自发秩序所达成的最为惊人的成功,也无法摆脱其明显缺点,更不能表现得比相对的最佳状态更多一点"[②]。自发秩序方向的不确定性(如"自主招生乱象""考试舞弊"等)和漫长的探索成本,与教育资源短缺的现实往往不符。故而,同样不能无视其弊端。

两种秩序并不互相取代,而是互补共存。但目前我国高校分类分层主要依靠计划秩序,相对忽略了自发秩序。采取结构功能主义取向,具有"倒因为果"的目的论色彩,以及强调教育系统的和谐稳定而忽视矛盾冲突,偏重序位关系下的积极功能而忽视消极作用,强调静态的教育整体结构而忽视动态的环境变化的弊端。惯常的解决思路是管理主义的,强调效率至上,秩序第一,其关注制度权威,而非高教规律,强调管理控制,以图秩序整顿。[③]

"攀高""求大""冒进""不安心定位"等,与高职层次提升诉求相伴而生。但贝克尔的研究则表明,越轨是被社会创造出来的,是社会通过制定规范,将不符合此种规范的行为标识为"越轨"。[④] 换句话说,越轨不取决于行动本身的性质,而是执行规范判断的结果。越轨的一个必要前提是,作为判断标准的规范本身是否科学合理,但这点往往易被忽略。如果规范本身有问题,则无所谓"越轨"。换言之,所谓"越轨",可能只是自生秩序相对于计划秩序"规制"的"自组织"罢了。

从纠正"文凭主义""过度教育"的角度看,以计划秩序(分类分层)对高职院校进行引导有其必要性,但也需防止走向简单、生硬("一刀切")。简单的"污名"偏见可能会使问题认识固化,冲突作为变迁原动力的创新作用可能会被遮蔽。仅强调分类分层制度的权威遵从、刚性约束,忽视自发秩序的作用,忽视冲突的积极意义,可能会掩盖制度失灵的原因——经济社会发展带来的制度滞后性问题。

第二节　身份认同与承认政治

"越轨"和"污名",于管理层而言,涉及秩序安排;于高职群体而言,则体

---

① 迈克尔·波兰尼. 自由的逻辑[M]. 冯银江,等译. 北京:吉林人民出版社,2002:170.
② 迈克尔·波兰尼. 自由的逻辑[M]. 冯银江,等译. 长春:吉林人民出版社,2002:170.
③ 张衡. 抗争与彷徨:高职教育层次命题的时代境遇[J]. 现代教育管理,2013(1):97.
④ 霍华德·S. 贝克尔. 局外人:越轨的社会学研究[M]. 张默雪,译. 南京:南京大学出版社,2011.

现为如何看待自身身份。当然,涉及所谓"违规"行动,更应探讨背后究竟是在试图实现什么。

一、身份认同

戈夫曼界定了个人身份、自我身份与社会身份,指出"个人身份是使我们独一无二的东西,由'身份挂钩'(如指纹)、生平细节构成。自我身份指我们的自我理解,社会身份指他人根据我们所属群体而对我们产生的理解"[①]。从身份认同角度,可大致分为自我认同和社会认同。吉登斯指出,自我认同是自我发展过程中所形成的对自身及与周围世界关系的感觉,强调心理体验;社会认同是指他人赋予某人的属性,可将其与具有相同属性的其他人联系起来,强调社会属性。[②]

高教分类分层政策安排上,高职教育长期被定位于职教类型、专科层次。高职群体围绕此种身份定位表达政策诉求(如层次提升),体现的正是"自我认同"——高职教育身份主体的自我理解(高职教育不纯粹是就业教育,不限于专科层次,可以达至本科及更高层次),与"社会认同"——官方或社会主流认识(高职教育就是就业教育、专科层次教育)不一致导致的"矛盾性身份"[③]反应。这有些像杜波依斯对美国黑人双重性的描述——一方面是美国人,另一方面是黑人,废除奴隶制,成为美国人,又不被美国社会所接受,即从中等教育(中职)迈入高等教育行列,高职教育获得的却是"里内的门外人"似的双重身份——职业教育、低等高等教育。[④] 那么,该如何看待高职教育的身份认同及撕裂性矛盾呢?

身份认同常经由相互对立、非此即彼的两极被建构出来,[⑤]如黑人/白人、女人/男人,高职教育确立自身身份,也是借由普通高等教育。但作为认识事物的分类方法,往往嵌于特定的社会环境中,如马克思所言:"人们自己创造自己的历史,但并不是随心所欲地创造,不是在他们自己选定的条件下创造,而是在直接碰到的、既定的、从过去承继下来的条件下创造。"[⑥]

在重学轻术、普教为尊的历史语境中,分类往往成为一个区分普通高等

---

① 欧文·戈夫曼.污名——受损身份的管理札记[M].宋立宏,译.北京:商务印书馆,2009:199.

② 安东尼·吉登斯.社会学[M].李康,译.北京:北京大学出版社,2003:27—28.

③ 严格来说,政策安排不能等同于社会认同,仅体现了官方政策文本对政策对象的属性理解,社会或与官方政策文本保持一致,或有不同理解。此处,借用胡全柱"矛盾性身份"的概念,旨在强调"自我认同"与"社会认同"不一致所导致的身份认同紧张性。参见:胡全柱.拾荒者的身份建构研究[D].上海大学,2010:133.

④ 张衡.抗争与彷徨:高职教育层次命题的时代境遇[J].现代教育管理,2013(1):96.

⑤ 凯瑟琳·伍德沃德.认同与差异[M].林文琪,译.台北:韦伯文化国际,2006:3.

⑥ 马克思恩格斯选集(第1卷)[M].北京:人民出版社,1972.

教育、高等职业教育等级高低(中心与边缘、主要与从属)的过程。在普教中心主义的权力结构、话语体系中,高职教育的身份由此呈现出静止化、单一性特征,成为与负面特征相对应的客体,高职院校作为污名群体的劣势地位也随之制度化——成为"失败者的教育"(分流教育,末批次教育)、"二流教育"(工具性知识、低通识知识一等,功利性、工具性职教因此低学术教育一等)、"无前途的教育"("断头教育",到专科达至顶峰,个人垂直流动可能性极低)。

戴维·理查兹指出,"他者总是被观察者制造的叙述、结构和意向'戴上面具'。被塑造和再塑造的是权力的委婉化;表面上声称描述他者的材料,实际上与欧洲人的自我再现和身份有关"①。当把普通教育奉为至尊,将职业教育再现为他者,再现就不再是客观的显现,可能是一种误显、镜像、超真实,映照了普通高等教育(被升格为主体),却丧失了高职教育的主体地位(被降格为他者),进而堵塞了出路。

虽然说自我意识的确证以他者的对立面存在作为参照系,身份认同(我认为"我是谁")往往建立在差异性反思比较的基础之上,但差异性往往由社会相关设定来界定。普通高等教育与高等职业教育间的差异被无限夸大,由此导致高职教育形象的污名化与地位的他者化。

如列维纳斯所言,正是由于与他者的相遇才使得主体的建构得以可能。但他者根本就不是与主体相对的另一极,而是自我得以可能的条件。② 斯图亚特·霍尔(Stuart Hall)认为,身份并非透明或毫无问题的,而是一种永未完结、永处于过程之中的"生产",一种在内部而非在外部构成的再现。③ 乔治·拉雷恩(Jorge Larrain)反对本质主义和单一身份观,认为身份不是一种可清晰界定、普遍接受的界限,不同社会群体的立场往往对应着不同的身份及身份观,从而揭穿了身份的意识形态性,及身份疆界的流动性④。齐格蒙特·鲍曼(Zygmunt Bauman)更是指出,身份是一件易碎的艺术品,身份外部的定型只是一种假象,其内部从来就是非固定的。我们不能减缓或终止身份流动,因为它在尚未固定之前就已再度溶化。⑤ 如果现代的身份问题是如何建造一种身份并保持稳固,而后现代的身份问题则首先是如何避免固

① 戴维·理查兹.差异的面纱[M].如一,等译.沈阳:辽宁教育出版社,2003:347.
② 柯林·戴维斯.列维纳斯[M].李瑞华,译.南京:江苏人民出版社,2006.
③ 霍尔.文化身份与族裔散居[C]//罗钢,刘象愚.文化研究读本.北京:中国社会科学出版社,2000:28.
④ 拉雷恩.意识形态与文化身份[M].戴从容,译.上海:上海教育出版社,2005:6,221.
⑤ 齐格蒙特·鲍曼.流动的现代性[M].欧阳景根,译.上海:上海三联书店,2002:126—127.

着并保持选择的开放性。①

从福特时代简单劳动到与技术、过程相关的复杂劳动，职业教育已不再只是与工作世界简单对应，"面向就业"的职业教育日益让位于"关于工作"的职业教育。② 而高职教育与传统普通高等教育的界限也趋于模糊，"普教职教化""职教普教化"渐渐有互相"取经"、靠拢之势。

职教群体在"我是谁""我要成为谁""我是否被认同"等身份认同问题上的反思，以及在实践层面的行动回应——"该做什么"，已经转化为一个身份政治学命题，一种挑战传统制度化政治的认同感政治。反再现成为逻辑起点，③将普通高等教育中心主义结构、歧视性制度安排确定为抗争对象，在符号学意义上拒绝被再现为他者高职，在身份政治意义上夺回自我再现权力。对于自我身份，不再生活在外界对"我们是谁、是什么"的定义中，试图揭露"被表述"历史背后的话语霸权和"权力的委婉化"，把那些强加于自身之上的称号搁置一旁，由此，走出了身份认同概念缺失导致的"失声"状态，以一种主体精神，站在职教立场上为高职说话，为身份认同建构确立了大致方向。

二、承认政治

身份认同具有原子主义、分裂主义等问题，获得身份的是个体，在引导发掘独特性的同时，也引向了分裂，不能解决共同体的团结问题。④ 如亨利·泰费尔（Henry Tajfel）的著名的"微群体实验范式"发现⑤：随机的人员分类之后，在资源分配试验中，尽管被试与同组成员之前从未谋面，也无互动，但被试表现出分配给己属群体成员更多资源的倾向。换句话说，只要知觉到分类，被试就会对己属群体予以正向评价，分配更多资源。知觉上的分类，会使人们主观上知觉到自己与他人共属，产生一种认同感，结果便是内群体偏向和外群体歧视。简言之，群体间冲突在客观物质资源之外，还有主观认同差异。分类、区分在提高群内成员身份认同的同时，也带来了群际偏见、敌意和冲突。

事实上，身份认同并不任由封闭个体在孤立状态下单方面炮制，须通过对话实现。泰勒指出，"一个人不能基于他自身而是自我，只有在与某些对

① 齐格蒙特·鲍曼.生活在碎片之中——论后现代的道德[M].郁建兴,等译.上海:上海学林出版社,2002.

② 臧志军.污名与吸引力[J].职教通讯,2011(3):1.

③ 傅美蓉.从反再现到承认的政治——女性身份认同研究[D].陕西师范大学,2010:59.

④ 曹卫东.从认同到承认[J].人文杂志,2008(1):44.

⑤ 周晓虹.认同理论:社会学与心理学的分析路径[J].社会科学,2008(4):49.

话者的关系中,我才是自我"①。"我们的认同部分是由他人扭曲的承认构成的。同样,如得不到他人承认,或只是得到扭曲承认,也会对我们的认同构成显著影响。"②简言之,身份认同并不仅仅是自我认同——"我如何定义我是谁"的问题,还是他我认同——"他人如何定义我是谁"的问题。③ 换言之,高职教育的身份认同部分来自普通高等教育、决策层、社会的承认。得不到或得到扭曲承认,都是问题。由此,单向独白转向主体间对话,或者说,平等承认的政治命题被提了出来。

为承认而斗争,"对自我感知框架的努力修改,是一场艰苦的斗争"④。"我们总是在同某种东西的对话(或斗争)中建构我们的认同""通过与他者半是公开、半是内心的对话协商"⑤形成我们的认同。泰勒把"承认的政治"称为"差异政治",区别于无视差异的普遍主义的传统政治。"差异政治认为应当承认每一个人都有其独特的认同。"⑥此后,承认在霍耐特、弗雷泽等人那里继续发展,再分配、代表权相继被提出,实现了文化(承认)、经济(再分配)、政治(代表权)三维度的结合,使身份认同的建构更具可行性。

回溯高职群体的政策诉求,从对"分流说"(高职转为专科学校)的质疑起,已经有人提出了身份认同命题——反再现,高职教育是一种全新类型的教育。此后,经由"二年制"的试点风波,初步确立了类型不完全等同于学制年限的观念。再到提出职业教育"是类型不是层次",关注资源投入(呼吁生均经费拨款),为层次提升(走职教本科之路,而不是普通本科)积极倡导呼吁,一直在不断挖掘政策文本中诸如误现(高职等于就业教育、低层次教育)、分配不公(办学成本大,投入却极低)、错误代表权(缺乏学位授予权等)等文化、经济和政治方面的非正义因素。在这一过程中,高职教育群体的主体意识日益高涨,诉求着自我表述权利——身份再现权。在建构身份认同的基础上,最终直抵与普通高等教育或决策层"对话"/斗争的承认政治——要求承认高职教育的类型差异性、地位平等性,要求承认本科有多种类型,高职可以有本科乃至更高以上学历教育,"倡导高职本科"不是"牺牲抛弃职教性,投靠学术性"等。

---

① 查尔斯·泰勒. 自我的根源:现代认同的形成[M]. 韩震,等译. 南京:译林出版社,2001.
② 查尔斯·泰勒. 承认的政治[C]//汪晖,陈燕谷. 文化与公共性[M]. 北京:生活·读书·新知三联书店,2005:290.
③ 傅美蓉. 从反再现到承认的政治——女性身份认同研究[D]. 陕西师范大学,2010:7.
④ 克利福德·格尔兹. 文化的解释[M]. 纳日碧力戈,等译. 上海:上海人民出版社,1999:272.
⑤ 查尔斯·泰勒. 承认的政治[C]//汪晖,陈燕谷. 文化与公共性. 北京:生活·读书·新知三联书店,2005:297—298.
⑥ 查尔斯·泰勒. 承认的政治[C]//汪晖,陈燕谷. 文化与公共性. 北京:生活·读书·新知三联书店,2005:301.

第三节　制度认同与抗争政治

通过前文对身份认同、承认政治的分析,可以感知高职群体对既存制度安排的不满。换个角度来思考,对身份安排的不满,如何影响高职群体对现存制度安排的认知?"态度"上的不满在转换为"行动"时,又具有何种性质和特征?

一、制度认同

高职群体围绕学制政策积极表达诉求,反映出现存教育制度的失灵问题和合法性危机。换个角度来提问,对目前的政策安排,高职群体为何会不认同?

首先,从利益与权力维度来考虑。现有教育制度安排,未能如期望的反映现实利益关系调整及权力结构变化的趋势。从"星星之火"到"半壁江山",高职教育在高教大众化及制造业强国等进程中,已经、正在并将继续发挥更为突出的作用。也由此产生了原利益团体(普通高等院校)与新贵(高职院校)的利益冲突,继而产生了对某种教育制度反对/抵制或支持/服从的态度上的不同。新的利益团体试图打破目前的均衡状态,但教育政策安排往往不会立竿见影予以反映。换言之,规范调整进程常滞后于诉求期望,致使现存安排(如学历学位壁垒、末批次招生)面临合法性危机。

其次,从逻辑维度来考虑。教育制度的遵从是以其符合逻辑规则为前提的。诚如规律只可被发现,而不可被制造。制度规范首先应具有内容实质性,而非外在形式性。当此种具有实质性的教育规范被人们自觉意识到并通过言说而自觉表达时,方拥有了形式性,成为形式的规范。① 简言之,教育制度应去"发现",而非刻意去"创造"。高职群体认为对"新"制度(层次提升)的诉求,并非在"创造"规范,而是"发现"社会对技术人才规格的需求提升倒逼职教层次提升,继而以制度诉求方式使之形式化。

最后,从价值维度来考虑。教育制度反映、符合共同的价值观(如公平、自由)是其获得遵从的必要条件。对制度形式的遵守并非目的,将其实质性内容化为现实秩序才是根本。从规则到秩序的过程,即教育制度经受住价值诘问,取得合法性,并化为制度对象自觉的行为准则的过程。此外,对制度的遵守并不意味着放弃批判;绝对地将遵从视为美德,很可能消极地逃避

---

① 李江源.论教育制度认同[J].嘉应大学学报(哲学社会科学),2003(1):76.

第四章　学制政策变迁中的网络治理行动缘起

社会责任,放弃批判,这无疑是对遵从教育制度美德的玷污。① 高职群体的抗争表现出的,正是对现有相关制度安排价值合理性的质疑,继而着力尝试提出新的制度诉求。

在院校发展层面,招生批次、层次定位、经费来源等制度安排蕴含的价值取向,局限了高职院校的发展空间,深为高职群体所诟病。结构功能主义的院校分类分层制度安排,偏重于以一种"计划经济"思维发挥秩序管理功能,限制院校自由流动(升格),控制各层次人才规模。同时,学制政策还承担着资源配置功能,不同层级学校凭此获得政府不同配额的办学经费。尽管舆论界已指出相关政策安排具有身份歧视偏见,限制了高教市场的平等竞争,但鉴于高教资源紧张,政府缺乏取消二元分割学制政策的内驱力。

此外,知识分子、大众媒体等也参与了对高职身份类别的建构,使高职教育成为"高等教育中的短期高等教育"——"制度规定的非大学"。类别概念的划分,有意无意忽视或否定了高职院校成为"有学位授予权高校"的可能性,夸大了差异性(职教性),抹杀了高教性。作为"他们大学""局外人"的"我们高职",促使高职院校说服自己接受不公的地位和待遇。换言之,高职的特殊身份被社会和自身一再确认,相关特殊制度安排由此得以维持、再生。

后果就是职教发展悖论,一方面是制造业强国建设急需大量技术型人才,另一方面却是"吸引力困境"。尽管我国推行了诸多教育改革措施,但总归走不出"内卷化"弊病——在外部条件限制、内部机制约束下,制度出现惰性,导致一种内卷性增长,即没有发展的增长。且改革本身似乎也已"内卷化"了,不断地改革,但终究难以突破"硬约束"(学历学位好像"玻璃天花板")困境。②

在学生发展层面,结构功能主义的院校分层制度,配合分流教育的社会"筛选器"功能,强调不同类型、层次教育的序位关系关注"组织"(院校)定位,却遮蔽了"人"的发展(学生继续教育、阶层流动)。相关教育制度安排,通过"学业成绩水平"(如高考成绩)试图使学生认可"差异的存在和合理性",使得不到精英地位的学生"头脑冷静",却忽略了作为前提条件的社会本身结构和教育制度结构的公平性。③

在涂茹·贝拉特看来,看似平等的能力主义考评制度(如高考),只是先

① 李江源.论教育制度认同[J].嘉应大学学报(哲学社会科学),2003(1):74.
② 张衡.抗争与彷徨:高职教育层次命题的时代境遇[J].现代教育管理,2013(1):96.
③ 戴维·布莱克莱吉,巴里·亨特.当代教育社会学流派[M].王波,陈方明,胡萍,译.北京:春秋出版社,1989.转引自:赵长林.教育与社会秩序——结构功能主义的观点[J].教育理论与实践,2003(8):3.

天有缺陷的"起点平等",因为对学生的评价建立在父辈遭遇"结果不平等"的基石上,①特别是未能深究贫困家庭子女在阶层流动上的困境,是受制于自身能力之困,还是受制于体制之困。答案若是前者,就需要罗尔斯实质正义的补偿原则;是后者,就需要找到支点来撬动传统教育体制②(如高考"一把尺子量天下"的形式公平,而不是知识、技能分开考,是否彰显了实质公平)。

换言之,制度结构安排的非公平性更为隐蔽可怕,这会加剧阶层的再生产。这样,型构出的只能是社会排斥、阶层固化的"双轨制":一轨进入高职院校,完成专科"终结教育",通往社会下层;一轨进入普通高等院校,通往社会上层。

二、抗争政治

斯科特曾指出,绝对稳定、绝对和谐只是一种理想状态,最具活力的社会恰恰充满了各式各样的抗争活动,纷争的存在是社会健康发展的一个重要标志。但长期以来,保持稳定是教育管理者突出强调的,他们往往动用一切资源保障"刚性稳定"。这也带来了不良后果:不能正视相关群体利益诉求,弱势群体抗争的积极意义不能被正确认识,当空泛说教取代实事求是路线,以高压方式将抗争诉求排斥于制度内表达渠道之外时,往往导致合法性的流失,③矛盾被掩盖,而非解决,并为未来爆发"埋下了种子"。

因此,对所谓"越轨"行为(或抗争行为),不能仅停留于阐释规则的价值或宣称其不可违反性,分析规范产生和发挥作用的社会情景、应用限度就显得很必要了。抗争政治作为一种新的解读冲突的理论框架,相对于传统精英政治,具有一种底层视角,④有助于从被动逻辑中走出,改变由底层缺席所导致的精英对底层历史、生活的漠视、歪曲。换言之,从另外一个角度思考相关抗争行为可能会获得新的理解。当然,该理论框架的运用需与微观政治结合,主要从集体行动层面来理解。

"权力既然是非中心、多元的,遍布于社会各个角落,那么,哪里有权力关系,哪里可能就会有抵抗。"⑤鲍德里亚主张进行符码的反抗——反抗符码

① 孙存之.学历贬值:能力主义的社会危机[J].中国图书评论,2010(3):91—95.
② 张衡.抗争与彷徨:高职教育层次命题的时代境遇[J].现代教育管理,2013(1):96.
③ 张耀杰.抗争性政治的化解之道——评于建嵘《抗争性政治:中国政治社会学基本问题》[J].社会科学论坛,2010(22):197.
④ 底层视角源于印度底层研究学派,他们在对精英主义史观的反思与批判中,创立了"底层史观",并以印度加尔各答社会研究中心为代表,陆续出版了多本《底层研究》,被称为"底层学派"。
⑤ 道格拉斯·凯尔纳,斯蒂文·贝斯特.后现代理论[M].张志斌,译.北京:中央编译出版社,2004:71.

第四章 学制政策变迁中的网络治理行动缘起

霸权和统治,如边缘群体的符码反抗。[①] 而差异政治对差异的论述,对他在的关注,对元叙事、共识的批判,则意在强调不存在唯一价值和不可挑战的权威,旨在确立各种不同文化、视野同等的价值。差异政治反正统、反权威、反特权的特征,实质是在反对某种中心主义,承认"异端"的合法性。[②]

李斯卡(A. E. Liska)指出,过去的越轨研究,过分强调个体违规而忽略了对单位违规的研究。[③] 目前的底层抗争研究关注的对象,同样聚焦于底层民众,缺乏对组织抗争的研究。

而组织社会学研究的法国学派已经拉开了对组织作为行动者研究的序幕。教育领域中的作品也相继涌现,如斯蒂芬·J.鲍尔(Stephen. J. Ball)指出:"我反对将组织解释为单一抽象含义的概念,而宁愿将之看作众多个体在一定环境中,按照自己可能或必需的行为方式处理与他人关系的过程中产生各种理解,在此过程中,他们各自发现了自己。"[④]L. 亚那科内(L. Iannaccone)提出,学校组织应被看作政治实体,它通过运用政治策略来争取个人或组织利益。[⑤] 简言之,微观政治研究将静态组织理论重构为动态组织行为理论,开辟了以利益冲突为基础的学校组织运转机制分析新视角。[⑥]

因此,本书倾向于将高职群体的集体行动视为一种抗争政治,是为实现利益而采取策略行动的微观政治活动——底层抗争。当高职群体感觉到边缘化处境的根源在于"一只隐藏的手",表现为二元制度(学制学位制度)、否定制度(招生末批次)、强化制度(资源配置)等结构性制度排斥,觉得高职不应被异化为不能自主的"二等公民",应当维护自身正当权利时,集体行动便有了共同目标、挑战对象、群体团结等要素。行动也就具有了抗争政治的性质,逐渐从单纯资源性权益抗争向政治性权利抗争(微观政治、差异政治、承认政治)方向发展。

当然,抗争更多具有米歇尔·德塞都的"抵制"意蕴,即"受压制一方既

---

① 李素艳.从宏观政治转向微观政治——解构主义政治哲学的主题维度[J]. 理论探讨,2009(4):73.

② 李素艳.从宏观政治转向微观政治——解构主义政治哲学的主题维度[J]. 理论探讨,2009(4):73.

③ Liska, Allen E. *Perspectives on Deviance*[M]. Engliwood Cliffs, N. J.:Prentice-Hall, 1987.

④ Ball. S. J. *The Micro-Politics of the School: Towards a Theory of School Organization*[M]. London:Methuen & Co, 1987:2-3.

⑤ Angelar Spaulding. Micro political behaviour of second grades:A qualitative study of student resistance in the classroom[J]. *The Qualitative Report*,2000,4(11).

⑥ 高洪源.欧美学校微观政治研究的进展[J]. 比较教育研究,2003(6):2.

服从于既定规则，又在规则空间里寻求个人生存空间"[1]。这是一种"服从的抵抗"[2]，"服从"但有理性（不盲从），抵抗却有节制（不走极端）。抗争行为具有利益表达的高度工具性，利益诉求的具体化，抗争手段的合法、非暴力等特征。或者说，抗争目标主要围绕具体歧视性政策展开，多是一些涉及自身生存发展的经济性、权利性要求，且多以"温顺地抗拒"方式进行。在对相关政策/制度进行不断"敲打"中，扮演着"纠错器"的角色，推动着政策/制度的变迁。

① 练玉春.开启可能性——米歇尔·德塞都的日常生活实践理论[J].浙江大学学报（人文社会科学版），2003(6):146.
② 彭正德.农民政治认同与抗争性利益表达[J].湖南师范大学社会科学学报，2009(6):41—42.

第五章 "类型"政策变迁中的网络治理

剖析完治理行动的缘起("为何发生"),紧随其后的一个命题是"它如何发生"。结合前文对"身份认同"(高职是一种全新的教育类型)、"承认政治"(高职不限于专科层次)的分析,后文将以两大学制政策变迁为案例,通过运用"事件—过程""策略—关系"方法,揭示治理行动的特点及其对政策变迁的影响。本章重心在分析"分流"政策变迁中的治理行动。

第一节 "分流"政策出台背景与过程

职业大学作为一种新生事物,由于各方对其类型特色的认识不足,其在发展之初就出现了缺乏类型特色、与传统专科学校区别甚微的问题。20世纪90年代初期,政策层面做出了向专科"分流"的决定。

以第一所高职院校——金陵职业大学的创立为例。早在1980年9月,在时任江苏省省长惠浴宇同志主持召开的"讨论、审批南京市关于建立市属金陵职业大学的申请"的省长办公会上,就有人对"金陵职业大学"这个名称提出过疑问,"所有大学的学生都要就业,为何要用此校名? 由于对高职教育知之甚少,国外此方面情况也未介绍进来,故而说不出个所以然。仅觉得此种学校要体现改革精神,取此名以示区别于传统大学"①。尽管有个别学校也非常重视加强实践教学,但受条件所限,在培养目标、方式上,主要采用的还是学科型教学方法,导致特色不彰,"收费、走读、不包分配"一度被认为即此类学校的特色。

到了1988年——改革开放的第十年,9月召开了十三届三中全会,针对经济过热、物价上涨、市场失控等问题,高层做出了治理整顿和深化改革的决定。在教育领域,同年1月,召开了新中国成立以来第三次全国高等教育工作会议,指出了专科教育的性质、地位、作用、发展方针、办学特色等一系

---

① 叶春生.二十年的实践与探索——高等职业技术教育论文集[C].北京:高等教育出版社,2004:219—220.

列问题。1989 年年初,教委高教司草拟《关于加强普通高等专科教育工作的意见(征求意见稿)》,并在一年多时间内广泛征求意见。

　　1990 年 11 月 27 日至 12 月 1 日,国家教委在广州召开全国普通高等专科教育工作座谈会,即"广州会议",参会的是来自 63 所高专学校、短期职业大学和举办专科专业的本科院校代表,会议主文件是《关于加强普通高等专科教育工作的意见(征求意见稿)》,中心议题是研讨稳定、办好、加强普通高等专科教育工作等重大问题。如时任教委副主任朱开轩在开幕式上的主报告《关于加强普通高等专科教育工作的几个问题》所言,该次会议"力求明确阐述专科教育的性质、地位、作用和发展方针……目的在于促进高等专科教育的稳定"。时任教委副主任何东昌提到,"能不能这样说,专科教育是与本科教育具有同样重要性,又是有不同特色的一种高等教育……不是应急措施……"[①]

　　会后,1991 年 1 月,国家教委《关于印发〈关于加强普通高等专科教育工作的意见〉的通知》指出,"现有大多数短期职业大学……与普通高等专科学校区别甚微……一部分应办成以培养高级技艺型人才为目的的高等职业教育;一部分……可以明确为普通高等专科学校"[②],"分流说"由此而来。

第二节　网络治理互动

　　第三章在探讨治理网络"结构互动"时,曾指出治理互动除表现为某一种治理网络类型内的"网内互动"外,还有不同治理网络之间的"网际互动"。本节将重点揭示"分流"政策出台前后的治理互动。

一、政策社群与府际网络

　　政策社群,以国家教委为代表,主要是高教司——负责文件起草、动员实施等。其政策制定方式,主要是通过动员组织形式,包括 1988 年的研讨班、1989 年草稿拟定后的广泛征求意见、1990 年的高专座谈会(广州会议)等,并于会后通过了相关政策文件。

　　府际网络,以省级教育行政部门为代表。如原江苏省教委副主任兼高教局局长、高教学会会长叶春生同志,在广州会议上就直接对"征求意见稿"提出异议,会后还给国家教委提出书面意见。同时撰文指出,"最近提

---

　　① 杨金土,等.30 年重大变革——中国 1979—2008 年职业教育要事概录[M].北京:教育科学出版社,2011:523.

　　② 关于印发《关于加强普通高等专科教育工作的意见》的通知[EB/OL].http://www.moe.edu.cn.

出……要分流……执行中又是一大难题。何谓技艺性人才？……分流的出路是两条，非此即彼，可否亦此亦彼？市办职业大学要发挥多功能作用……从多功能变成单一功能，能否适应地方需要，是否会把'活龙'盘成'死蛇'呢？……分流后，要改变既定的培养目标不是轻而易举的……得考虑其可行程度。所以……都需认真研究。为此，建议……分流的问题宜慎重与稳妥，不妨暂推迟执行，再……做些深入调查，听取有关意见，看是否可行及如何实施"①。

政策落实中，个别省市所辖职业大学并未贯彻"分流"。如江苏省教委和省高教学会组织了三组人马对职业大学做了调查，确立了三大改革重点：一是改革单一学历教育，以灵活多样的办学形式适应社会多方面的需求；二是强调职业大学人才通往乡镇企业之路；三是改变"本科压缩饼干"式教学模式，试行吸收对口单位专家或领导参与校董事会、系或专业顾问组或教学指导委员会，商讨培养目标、教学计划、课程改革，使人才培养更符合实际需要。② 从而，渡过了"分流"治理整顿关。

二、政策社群与议题网络

议题网络，以职业大学、高等职业技术教育研究会、媒体等为主要成员。广州会议期间，由于对职业大学作为一种高等教育类型的认识不一致，加之对治理整顿的考虑，个别专家提出了"分流"意见。

其实，"分流"思路在此之前已有显露。当时，职业大学不同程度地存在一些困难和问题，如地方财政拮据，经费紧张，毕业生分配困难，社会待遇等配套改革不到位，特别是职教特色不明显等。生存危机使一些学校开始出现办学目标方向、道路上的摇摆，认为职业大学可能只是昙花一现，对能否生存下去产生了怀疑。对比"体制内"的专科学校，一度被肯定的办学模式——"收费、走读、不包分配"，此时则被认为是构成发展的"瓶颈"和"短板"。于是，职教群体中产生了回到统招统配，由国家和省包下来的想法。当然，也有研究者对上述动摇想法予以批驳，认为这是一种否定职业大学办学模式、向后退的观点。③ "坚信以高等职业技术教育为己任的职业大学，必定会在改革中确立自身的社会立足点，创建出更加完善的发展形态和办学模式。"④

---

① 叶春生.二十年的实践与探索——高等职业技术教育论文集[C].北京:高等教育出版社,2004:63.

② 叶春生.江苏职业大学十年[M].徐州:中国矿业大学出版社,1991:7—10.

③ 叶春生.适应社会职业岗位需要　进一步改革高等职业技术教育[J].中国高教研究,1990(1).

④ 叶春生.二十年的实践与探索——高等职业技术教育论文集[C].北京:高等教育出版社,2004:38—39.

对于会上提出的"分流"意见,一些职业大学代表当即提出了异议。会后,不少学校纷纷致电高等职业技术教育研究会,探询"分流"的目的与内涵。企业也比较关心,开始考虑今后是否继续支持职业大学办学。

高等职业技术教育研究会发挥了利益聚合、表达的平台载体作用。它在会后20多天后召开的中国高等职业技术教育研究会会长会议上,对"分流说"提出异议,建议:国家教委能召开职业大学代表座谈会,在深入调研基础上通盘考虑,然后慎重做出决策。如果仓促地实行"分流",不利于党中央关于"积极发展高等职业技术院校"和建成职业技术教育体系的精神贯彻,不利于高等职业技术教育事业的健康发展,不利于发挥地方办学的积极性,不利于地方经济建设和学校的安定团结。①

同年5月,在高等职业技术教育研究会第二届第三次理事会暨高等职业技术教育理论与实践研讨会上,出现了对"分流"的关注态度,并形成了会议纪要,上报上级有关部门。纪要大致如下:

第一,要求职业大学都转轨变型,这实际上是否定了职业大学这种类型及其办学形式。职业大学特色还不够鲜明,这是办学时间短及主客观条件限制所致,不能要求仅有十年历史的职业大学尽善尽美。李铁映同志在职教会上说:"办学要有一定的条件,要逐步建设,但不能急于规范化、标准化——片面强调规范、标准,只会造成抑制职业技术教育发展的结果。"只要假以时日,职业大学完全可以逐步提高并日臻完善的。用一刀切的办法来否定它,将会挫伤地方政府热心办学的积极性,扼杀同志们的积极性,历史上大起大落的教训应该记取。第二,关于转为普通专科学校的问题,多数同志认为专科也应属于高等职业技术教育范畴,十年来,专科与职业大学呈现了一种合流的趋势,我们队伍中有一批是以高专命名的学校,如南京农专、宁波高专。因此,不宜把专科学校一概划入普通高校范畴,也不要把现有职业大学排除在高等职业技术教育之外。但目前专科学校是被列入普通教育体系的,如果职业大学转为普通专科,必将削弱高等职业技术教育的队伍,这无助于职业技术教育体系的形成、充实和完善,且很难适应人才的需求,也未必有利于我国整个高等教育的发展。第三,一部分职业大学改为技艺型人才学校的问题。在缺乏经验,又无明确理论指导的情况下,仓促地全部转到这个方向为时过早,因为尚不具备必要条件,很难马上彻底转轨。况且地方办学,要求学校具有综合性,发挥多种功能,若勉强办,不能适应地方对管理型人才和其他应用型人才的需要。

① 中国高等职业技术教育研究会.中国高等职业技术教育研究会史料汇编[M].北京:高等教育出版社,2002:316.

总之,我们感到左右为难,无所适从。为此,我们建议:

第一,按照李铁映同志在职教会上所要求的:"给地方政府以必要的统筹权与决策权,由地方政府统筹协调本地各类职业技术教育的发展。"我们建议,国家教委在近期召开地方政府和职业大学参加的座谈会,充分听取意见,落实"给地方政府以必要的统筹权与决策权"。

第二,我们要求对"分流"的做法慎重考虑,不要规定期限,草率从事。应该承认职业大学是已存在的一种类型,按李铁映同志要求的"放手让各地、各部门举办不同层次、不同形式的职业技术教育。领导部门着重做好分类指导工作,不搞一刀切……"

第三,我们要求对职业大学给予相同于专科学校所应有的待遇,在政策上给予扶持和帮助,使职业大学摆脱在经费、毕业分配等方面的困难,促使其更好地发展。①

第三节　网络治理行动的政策影响效果

从治理互动看,文件出台前的座谈会尽管形式上具有意见征询功能,但实际上是一场动员会。从座谈到文件颁布,时间仓促,会上相关方虽然提出了异议,但并未被决策层吸纳,导致会后相关方继续与政策社群博弈互动,意图使决策层收回或终结"分流"政策。

但也有人指出,尽管主观认识上对短期职业大学存在鄙视,提出整顿,但对高专的相关规定实际和高职教育的要求并不存在本质区别。如王浒指出:"当时虽然没有提高等职业教育,实质是要求高等专科学校按高职方向发展。"②"分流"政策并未收回或终结。政策执行中,"分流"实际上为一批试图回避、删除"职业"二字的职业大学"开了口子",间接造成"高职低于大专"的社会印象。但也有部分职业大学,如金陵职业大学、天津职业大学等,通过教代会讨论办学道路,最终坚持高职教育不动摇。

异议表达也促使各方思考专科与高职两者的关系。此后几年,争论一直存在,但主流方向是引导专科教育向高职教育转变。如1992年11月第四次全国高教会议,会议主文件《关于加快改革和积极发展普通高等教育的意见》中提出,专科教育的发展面向是广大农村、中小企业、乡镇企业、第三产

---

① 中国高等职业技术教育研究会.中国高等职业技术教育研究会史料汇编[M].北京:高等教育出版社,2002:316.

② 王浒.跨世纪高等职业教育的思考[C]//孟广平.面向21世纪我的教育观.广州:广东教育出版社,2000:372.

业。到 1994 年 6 月,在第二次全国教育工作会上,李岚清副总理的总结报告提及,发展高等职业学校,主要走现有职业大学、成人高校、部分专科学校调整专业方向及培养目标,改建、联办和合并的路子。7 月,《关于〈中国教育改革和发展纲要〉的实施意见》指出,"通过改革现有高等专科学校等途径,积极发展高等职业教育"。

同年 11 月,全国高等工程专科学校校长工作研讨会召开。与会校长赞同大力发展高职教育,但认为高等专科教育是专业技术教育,学生受到工艺类型工程师的初步训练,高职教育培养具有一定专业技能的熟练劳动者和各种实用型人才,两者有明显区别。高专教育要办出自己的特色,同时,也应积极承担发展高职教育的任务。在专科与本科是类型区别还是层次区别的问题上,同意国家教委主任朱开轩在会上所讲的"从主要特征来把握实质,不能把专科教育看成本科教育短期教育"的观点。同时,认为普通高等专科教育是与本科教育同等重要而又类型不同的教育形式,并讨论了毕业生学位、四年制试点等问题。

此时,国家教委领导人的认识开始倾向于认为高专与高职差别不大。如 1995 年国家教委副主任王明达在苏南现代职业教育制度改革试验研讨会上指出:"现有的高等专科学校其培养目标多数应与高等职业教育相同。……李鹏总理的讲话把高等专科和高等职业教育是并列起来讲的。现在有一种意见认为……高等职业教育……应单列计划。也有一种看法——从生源上来划分是否是高职,认为招应届中等职业学校毕业生的就是高等职业教育。高等职业教育的本质特征不在办学形式,不在招生对象,关键是培养目标。……对现有的学校要改,在起步阶段,不要把精力花在去画线排队上,因为还在探索,画线排队就可能引起混乱。但应有计划选择一些学校进行改革实验,办出特色后再规范,不要急于改名。在改革实验中原属哪一块教育管的不要变更管理属性。"①

这次讲话说明,在高职教育如何管理上,教委领导人已经逐渐认识到"分流"后所产生的质疑及不良后果,开始趋向走一条慎重稳妥的路线,不再急于画线排队,以免引起混乱。职教司杨仲雄调研员也指出:"1990 年 11 月广州专科会的意见是要在高等专科与高等职业教育之间划一条比较清楚的界限。而 5 年来,高专改革中越来越呈现出高职特色。……近来,有了变化,提出高职教育是'普通高等教育范畴中的职业教育类型',可能是新的开

---

① 参见《国家教委职教司关于印发国家教委副主任王明达同志在苏南现代职业教育制度改革试验研讨会上讲话的通知》(教职司〔1995〕29 号)。

始。"①到 1995 年 10 月《关于推动职业大学改革与建设的几点意见》规定，"职业大学要保持相对稳定，要在办学特色上下功夫……不再改名高等专科学校"。"分流说"至此告一段落。

此后，1996 年 8 月，教委高教司召开的普通高等工程专科学校校长协作组常务会议下发《关于普通高等工程专科学校积极发展高等职业教育的意见》，1997 年启动试点。这一时期，无论是相关学者的著述，②还是教委的态度，都倾向于认为"高专与高职并无本质区别"。如职教学会副会长、教委原副主任王明达在中华职教社七届三次理事会上的报告中指出："教委认为短学制的高教(除师专外)都应属于高等职业教育，也就是说专科都应划到高职范畴。培养目标是一线操作型和管理型人才。"③到 1999 年 1 月的《面向 21 世纪教育振兴行动计划》，6 月的《关于深化教育改革全面推进素质教育的决定》，皆提出了发展高职教育的"三改一补"方针，通过"三教统筹"(职业大学、成人高校、高等专科学校)改革、改组、改制发展高职教育。至此，"分流说"彻底终结。

①　杨仲雄.发展高等职教的三个问题[J].职业技术教育，1995(9):6—9.
②　吕鑫祥.高等职业技术教育研究[M].上海:上海教育出版社，1998:25.
③　王明达.在中华职教社七届三次理事会上的报告[J].职业技术教育，1997(3):4.

第六章 "层次"政策变迁中的网络治理:初步探索期

涉及高职教育办学层次政策博弈的治理行动,贯穿整个高职教育发展进程。在政策安排中,高职教育层次一直定位于专科。但办学层次一般通过外显的学制安排(修业年限)表现出来。其间,高职院校试点"四年制"、分级制等,皆可视为以渐进改革方式意图突破层次限制的策略行动。

以决策层在涉及"层次"政策上的态度变化为分期依据,可粗略地将政策博弈划分为初步探索期、严格规制期、全面改革期三个阶段(见表 6-1)。考虑时期跨度、章节篇幅,安排三章分别探讨,本章重点探讨"初步探索期"的治理互动。

表 6-1 高职"层次"政策变迁阶段分期

时　　期	代表性举措
初步探索期(2001—2004 年)	本科院校举办应用技术学院、高职试办四年制
严格规制期(2004—2010 年)	升格禁令(规制控制)、"承诺不升格"(项目合同约束)、推行两年制
全面改革期(2010 年至今)	倡导新建本科转型职教、试点分级制、试点长学制

第一节 层次提升的倡导博弈

初步探索期的时间跨度在 2001 年至 2004 年左右,各方围绕层次提升必要性、路径倡导,推动了两方面的试点改革:本科院校成立应用技术学院举办高职技术应用型本科教育,高职院校试办长学制。

一、政策社群与议题网络、专业网络的治理互动

(一)观点倡导博弈

在初步探索期,影响层的观点倡导主要围绕以下两个方面展开:一是高职层次提升的合理性(必要性),二是层次提升的实现途径。

1. 层次提升合理性的论证、倡导

围绕本科层次高职教育发展,政策社群中的决策层官员与智库专家、学者、代表委员、院校教师等专业网络成员、议题网络成员积极互动,沟通观点,为试点探索奠定了思想舆论基础。

如王明达在1990年谈及职业技术教育法规建设时指出,"以文化基础来划分职业技术教育是个历史概念,并不是一成不变的。我倾向于以职业技术教育本身的程度来划分"[1]。此后,严雪怡(原上海电机高等专科学校校长)在探讨如何区分职业技术教育层次的文章中,也指出不能仅按文化程度区分层次,应结合所培养的人才规格区分层次。[2] 换言之,在区分层次的标准上,前者是看"入口"(生源质量)——学生以何种受教育程度入校(如初中、高中文化程度,分数高低),后者则看"出口"(毕业生质量)——学生以何种知识、技能掌握程度进入社会(如资格证书级别)。虽然主要针对中专办大专(即所谓"戴帽办学")而言,但此种职教办学探索,跳出了传统分层管理模式下院校界限清晰、泾渭分明的窠臼,为打破职业院校只能从事单一层次教育奠定了基础,直到今天仍不无启发意义。[3] 其间,教育部职业技术教育中心研究所孟广平(原职教司司长)在构建职业技术教育体系的论述中,也提出"高等职业技术教育学制以二年制、三年制专科为主,也可是四年制本科"[4]。

上述仅反映了职教群体的声音,一涉及普通高等教育群体的态度,改革的难度、阻力就显现出来。如杨仲雄(原职教司调研员)在论述"宽而浅"知识传授方式(主要指职业教育)的生存空间时,举例指出,20世纪80年代末他曾参加重大课题"关于我国职业技术教育体系的研究"工作,其间工业部教育司司长提出:"企业需机电结合的技术人员,能否设想把学过机械专业的专科毕业生,送去再学一个专科电气专业,给一个本科文凭?"后司长带此问题走访,大多数受访者认为这是有益探索,比单一本科能发挥更大作用,但在请教一位大学校长时,得到了斩钉截铁的回答:"不要说一个专科文凭加一个专科文凭,就是拿一百个,也仍是专科水平。"此后几年,杨仲雄向一些高校领导重提此事,他们多表示目前高校里仍是这种思想占主导。由此可见,普通高校对强调横向扩展能力、宽而浅知识传授方式所做的努力是如

① 寒尽.王明达谈我国职业技术教育法规建设[J].职业技术教育,1990(6):9—10.

② 严雪怡.关于如何区分职业技术教育层次的探讨[J].职业技术教育,1992(1):8—10.

③ 如2010年北京试点"分级制"即有此种意蕴,学校可以"跨界"办学,根据学生求学意愿(修业年限),知识、技术掌握水平,确定培养层次和人才规格(相当于中职、高职、本科等),从而打破了院校只能从事单一层次教育的"神话"。

④ 孟广平.关于建立职业技术教育体系的若干原则和依据[J].职业技术教育,1991(3):9.

何的难以容忍。①

到 90 年代中期，从政策社群中相关官员讲话、著述中可以发现，国家教委不乏官员认为高职教育应不限于专科层次。如 1995 年国家教委副主任王明达在一次会上讲话指出："职业教育应该有高层次。划分层次的主要依据是达到培养目标所必需的文化技术的总学习年限。……高等职业教育不仅限于专科，也可以有本科。飞行学院就是典型的高等职业教育。"②

1996 年，职教司长杨金土在谈到高职教育发展时也指出："高职教育主要是高等技术教育。与其他类型的高教必有交叉，但有自己特定的培养目标……发展高专的主要动因往往基于周期短，层次较低，比较省钱，毕业生易于下基层。但作为独立存在的一种教育类型却是比较模糊的。……在层次上，根据需要与可能而定（当前，无疑以专科层次为主，但又不能限制于专科层次）。那么，高教结构将发生历史性的变化，对社会适应能力必将大为增强。"③

到 1998 年"三教统筹"后，杨仲雄指出："整个专科层次应立即转向灰领教育，应明确即是高职教育，而且有必要办一批专科后的二年制本科教育来培养灰领。（这）必然冲击传统高教秩序。"④

政策社群支持探索的立场和态度，直接激发议题网络、专业网络围绕本科层次高职教育进行积极倡导。如民进中央和中华职教社针对职业教育发展提出六条建议，其中一条就是"构建人才成长的'立交桥'，扭转'千军万马过独木桥'的局面。……改变高职教育无本科层次的状况，并使高职与普通本科院校有所衔接"⑤。特别是 2000 年年末，教育部高教司委托杨金土等人组成课题组对新形势下各类人才结构及知识能力要求进行调查，后来课题组形成理论成果——《对技术、技术型人才和技术教育的再认识》，为高职教育主要是高等技术教育、办学层次高移作了理论铺垫。

此时，学界中积极构建"职教体系"的文章也大量涌现，其中的规划设计甚至直达研究生教育层次。如吴福生（原中央教科所副所长）指出，目前将高职限制在大专，而不是第二条教育渠道，这是其成为次等教育的主要原因。建议建立与普通高校对应的专科、本科、研究生层次配套的高等职业教

①　杨仲雄.发展高等职教的三个问题[J].职业技术教育,1995(9):6—9.

②　参见《国家教委职教司关于印发国家教委副主任王明达同志在苏南现代职业教育制度改革试验研讨会上讲话的通知》(教职司[1995]29 号).

③　寒尽.杨金土谈我国高等职业教育的发展[J].职业技术教育,1996(10):4—5.

④　杨仲雄.高等教育功能的历史性转变[J].职业技术教育,1998(15):18.

⑤　雨夫.职业教育不能停顿[N].光明日报,2000-03-20.

育体系。① 陈宝瑜(时任北京海淀走读大学常务副校长)认为,"只限制在专科是缺乏科学根据的,不能认为掌握应用性技术的人才,只到专科水平,也不能说对应用型人才没有更高层次的需求。两种类型的人才,没有高低的区别。专科层次的高职人才应更多一些,但不意味着不需要本科、研究生层次的人才。……台湾解决的比较好。应树立高职教育是高等教育的一种类型的观念,建立与高等职业教育相对应的专科、本科、研究生各层次配套的高等职业教育体系。"② 万由祥(武汉孝感职业技术学院)则从制止高职招生颓势角度提出,应改变专科层次高职后录取的录取顺序,高职教育应有学士、硕士、博士层次。③

2. 层次提升路径的倡导、实践

在具体实现路径上,各方也提出了不同的方案主张。如杨金土指出:"目前,三年制、四年制作为两个层次并存,政策性矛盾是实际问题(三年制专科什么学位也没有,在国际市场上无法与人对等,如国外有副学士学位等),要求三年制专科学校安于现状确有难度。建议对三年制专科进行调整,赞成吴启迪校长(原同济大学)提出的'2-4-6'和'3-5-7'学制设想,一部分办成四年制技术教育,一部分转办二年制社区性专科。建议尽快明确四年制技术教育概念,部署试点。高等技术教育在高等教育中未能作为独立的教育类型被确立,评估制度和政策导向皆利于学术型教育,导致高校都朝学术型、研究型方向发展。要制定支持政策,使人看到并体验到举办高等技术教育同举办学术型高教一样有前途。一个实际的政策支持比一百个口号更为重要和有效。"④

专业网络中,上海教科院的态度则倾向于依托本科院校发展本科层次高职教育。马树超(原上海教科院职教所所长)指出:"应突破高职专科层次限制,鼓励现有试办高职的重点大学转向试办本科层次的高等职业教育。"⑤ 郭扬(上海教科院职教所)对高教司开始谋划四年制高等技术教育试点的战略设想表示赞同,但也对直接从高中后四年制起步的具体策略表示担心。认为"在对高职层次、类型定位认识尚未统一,高等技术教育尚未'正名'的情况下,由刚步入专科行列不久、独立设置的职业技术学院试办四年制本科高职可能缺乏稳妥。借鉴台湾先办'二技',再办'四技'的做法,建议依托普通本科院校中举办高职教育的二级学院进行'专升本'试点,从2002年起,重

---

① 吴福生. 对完善我国职业教育制度的若干政策性建议[J]. 职业技术教育,2000(36):42.
② 陈宝瑜. 建立促进高职教育持续发展的政策体系[J]. 职业技术教育,2001(3):50.
③ 万由祥. 制止高职招生颓势需要解决五大问题[J]. 职业技术教育,2000(27):14.
④ 杨金土. 应对国际竞争的一项紧迫任务:振兴技术教育[J]. 职业技术教育,2001(18):38—41.
⑤ 马树超. 职业教育应由终结性模式转向终身造就[J]. 职教论坛,1999(12).

点大学二级学院停招专科层次高职新生，专门办二年制技术本科教育；到2005年左右，可适当试办四年制技术本科；专科层次的高职则由单独设置的职业技术学院承担"①。

(二)决策层态度取向

事实上，在2000年3月召开的全国教育事业"十五"计划会议和2015年规划编制工作会议上，纪宝成(原教育部发展规划司司长)已指出，本科院校的设置，不会再大规模地搞，口子还会开，可是不会太大。2001年，在中国高等职业技术教育研究会第六届理事会暨第八次学术年会上，高教司副司长刘志鹏针对高职教育如何发展提出五点意见，其中一条就是"眼睛向下办学"，他指出："升格成本科，或与本科联办本科专业，尽管有一定道理，但仍要克服浮躁心理，眼睛要向下，扎实做好专科层次的高职教育。眼光都向上盯、往上走的话，恐怕会'种了别人的田，荒了自己的地'。另一方面，普通高等教育也培养大量的应用型人才。……往上走的立交桥该利于各种办学类型办出自己特色。现在的'专升本'很大程度是重复教育。如果能在现有专科层次上去升本科，这种本科是它原有教育类型的一种延伸，对受教育者来说确实得到了提高。这些问题还须相应研究。应研究高职高专长期存在的一种不稳定现象：办学条件好了就要升，这样一种逻辑，是否符合教育体制本身内在的规律性？按这种逻辑就永远不会有好的职业技术学院，这对国家是不利的。"②

同年，高教司高职高专处处长刘军谊在全国本科院校高等职业教育协作会上也指出："职业教育的本质就是一种就业教育，它不是为了让学生进入更高层次学校，不是为了再去考本科或研究生。每年几十万高职毕业生解决不好，就可能成社会问题。关于开展四年制技术教育试点工作，现在研究得还很不够。实际上现在的本科很多专业即是应用技术类专业，培养技术人才，只不过不叫它高职，实际上是一回事。我们升格的一些工程学院或技术应用学院，都是以前的专科，定位很清楚，不是按传统本科而是走高职人才培养的路，但我们不叫它高职，不能把它叫高职本科，这种做法国际上没有，从目前看可能叫四年制技术教育比较合适。"③

2002年新上任的教育部副部长周济出席黑龙江高等职业教育工作会，他在讲话中指出："高等职业教育的定位要科学而准确，不能搞成本科教育

① 郭扬.关于我国发展技术本科的策略研究[J].职业技术教育，2002(1):9.
② 教育部刘志鹏副司长在中国高等职业技术教育研究会第六届理事会暨第八次学术年会上的讲话[J].邢台职业技术学院学报，2001(2).
③ 于天罡.努力促进高等职业教育持续发展[J].职业技术教育，2001(21):17.

的'压缩饼干'。构筑高等教育的'立交桥',高职毕业生可以升本科,读研究生,但这不应该成为主流,高职学院应该固守自己的培养目标。"①之后,他再次强调,一流学校不是办学层次越高越好,而是在所处类型学校中办学最好。工作重点、领导兴奋点转到办本科上面,高职教育就不会成为学校主要的努力方向。高职院校应在高职教育中争创先进、一流,而不是想方设法去当本科院校中的末流。②

上述政策社群相关领导讲话表明,决策层已经意识到构筑"立交桥",满足学生发展需求的必要性,也意识到现有的"专升本"设计具有牺牲职教性、投靠学术性的特点,在某种程度上是重复教育。

但此时期高职教育办学特色不够鲜明,学生就业率不高,特别是2000年"示范性职业技术学院建设单位"评选活动的刺激,导致高校中传出"谁进入示范院校之列,谁就可以优先开办高职本科专业"的说法。再者,2001年深圳职业技术学院试办四年制,深圳、上海、南京等经济发达地区许多高职院校纷纷提出培养本科人才诉求。由于担心会出现又一轮的"升格"风,也出于引导此种类型教育夯实基础、办出特色的考虑(现有本科院校实际上在进行的也是应用技术型人才培养,只是不叫高职而已),政策社群并不赞成高职院校升格。

综上所述,可见各方对职业院校从事高层次教育的矛盾认识。一方面,认为"办本科,高职教育就不会成为学校主要努力方向",这等于认为本科只有一种类型,高职办本科会"变性"、失去特色;另一方面,又认为"办应用技术类专业的工程学院或技术应用学院,尽管不叫高职,实际上是一回事",这实际是对部分本科院校职业教育性质的确认。两者之间,多少有些前后矛盾。

其中,虽然有"国际上没有高职本科称谓",将相关应用型高校划归职教体系可能失之草率,甚至会引起动荡等考虑,但是像"办学条件好了就要升,就永远不会有好的职业技术学院""种了别人的田,荒了自己的地"等表述,则表明相关方存在"怕院校升格会削弱职教自身力量"的忧虑。当然,也不能排除部门利益的因素——院校升格可能会使高职管理部门所管辖院校范围缩小。

(三)未完的倡导博弈

尽管政策社群的态度并不倾向于"升格",但议题网络、专业网络对职教

① 郭萍. 高职不能搞成本科教育"压缩饼干"[N]. 中国教育报,2002-07-12.

② 周济. 历史性的跨越 新征途的重任——中国高等教育改革与发展近期回顾和展望[EB/OL]. http://www.edu.cn.

独立体系的诉求并未终止,对象既包括高职教育群体,也包括院士(朱高峰,2006)、教育研究者(潘懋元,2005)等。职教独立体系,意味着倡导高职自己的本科、研究生教育层次,而不是仅由传统本科院校垄断学位授予权,从另一侧面反映出职教层次提升实现路径上的各方博弈。

早在1995年,刘春生就指出:"认为发展高职一定要在职教内部成体系,其他高校难当此任是一大误区。学校名称不是区别人才类型的标准,关键是教学计划。学校界限将趋于模糊,特点是你中有我,我中有你,相互渗透。既无必要也不可能将自己严格束缚在狭小的天地里,与其他学校'划江而治'。曾几度出现虚假的高教热,历史殷鉴不远。"[①]

2002年以来,随着职教体系建设被写进《国务院关于大力推进职业教育改革与发展的决定》,学界围绕体系的构建再次成为热点,但其中也不乏观点的争锋。2004年,孟广平(首任职教司司长)、杨金土(原职教司司长,时任中国职教学会副会长、学术委员会主任)、严雪怡(原上海电机高等专科学校校长)的"三人两地书"(部分北京与上海的往来书信),大致能勾勒出为何职教界会倡导职教独立体系。书信内容大致如下[②]:

2月2日,孟给严的信中提出:我……不赞成强化普教和职教完全并行的体系。理由是普通教育存在异化问题,在承认异化的普教前提下,主张建立与之并行的职教体系,不和普教掺合,必然致使职业教育成为"次等教育"。依据国情,无法单独讨论职教体系,前提须是批判、改革普教。普教不改,全局无望。

2月3日,严给孟的信中指出:技术教育可视为普通教育与职业教育的中间教育。……两类教育融合是必然趋势。普通教育也有人支持一个体系,但目的可能不同,实质是……把职教作为"附属品",让普教放开手选拔"精英",将不合格学生、落榜生扔给职教。当前强调独立、平行体系,说白了,是为职教争取自主权。……减轻不合理制度对职教的冲击,否则永远办不好。我们的意见极少可能说服普教权威,在某些人眼里,或许是不屑一顾的,甚至会感觉是站在职教立场上的"偏见"。

2月4日,孟复严信:我们不是原则分歧,是对策分歧。20年前,我主张独立体系,1985年《决定》就是我们极力向上争取的。但20年教训,使我思想有了变化。精英教育体制从……初中分流开始,就是两个学校体系了。按现行高分入普高,差生进职高,希望平行体系,不能解决提高职高招生的水平问题。捡漏,必然是"二等教育"的社会效果。设置独立两套学校体系

① 刘春生.走出高职发展的误区[J].职业技术教育,1995(8):6—9.
② 孟广平,杨金土,严雪怡.三人两地书[J].职业技术教育,2005(24):54—64.

等于变相承认两个不同等级教育的合理、合法性,这不用争取……无助于改善职教地位的愿望。我主张是以两类课程作为体系基础,不设两类学校的平行体系。从人全面发展的角度看,将来不能仍是两个独立体系。我悟出的道理是:教育体制改革是整体,首要的是教育观改革;普教改革,只研究职教体系改革,走不出当前困境……

2月6日,杨对孟信的意见(每段后附仿宋体批注,表明赞同什么,不赞同什么):"不能解决提高职高招生水平的问题。"(建立独立体系目的是为职教有个载体,提高不可能,但总比普教一统天下好)"无论哪种情况,产生的社会效果都是'二等教育'。"(如果无独立体系,可能连"二等教育"也不存在)"设置独立两套学校体系等于承认两个不同等级教育的合理合法性。"(问题是,在我国历史条件下,没有独立两套学校体系,传统教育体系就失去了反对派)"我的主张是以两类课程作为体系基础,不设两类学校平行体系。"(愿望很好,问题是两类课程如何建)"如……综合型学校等,可惜,都维持不了。"(说明我国教育系统传统势力特别强大,抵不住高考升大学的压力)"两套独立的学校体系怕是对农村教育极为不利。"(农村教育存在的问题恐不能归罪于两套独立学校体系)

2月6日,严复孟信:可以做一个不完全恰当的比喻,一对兄弟,大哥搞单边主义,小弟越来越瘦,非分家不可。该平等协商,不是大哥说了算。比如,招生问题(末批次)。现在问题是如何分家,分家只能强调各自特殊性,至于共性,今后再……估计比现在就协商一个统一规定好办得多。两个独立平行体系,就是为了平起平坐。

2月6日,孟给严的复信:独立体系,行不通。两家老死不相往来,也就没了立交桥。何时分……义务教育后分,现在就是这样的体系,且进一步固化了。义务教育的问题在只为学术性教育打基础……各搞各的,只能形成职教次等教育格局。英国的NVQ原本也是与普教各搞各的,后来又搞了GNVQ,我看也是为了与普教便于沟通。

2月6日,杨给严的复信:老孟不建议独立体系,长远看,有道理;近期看,不现实。真取消职教体系,普教系统会有人欢迎,独此一家。也有人反对,失去了保障精英教育的"缓冲带"。我不赞成取消独立体系,但赞成可能情况下要触及普教的问题,要从整个教育系统角度谈职教问题。中国办事情需阵地,没有独立阵地就没有发言权。

2月9日,严给杨、孟的信:您寄希望普教改革,我寄希望职教有一个自由发展小天地,各搞各的。20年统一高考……招生录取程序由普教、职教同时录取变交叉录取,再变为先普教、后职教。……普教是既得利益者,不是受害者,日子很好过,就不会想到改革,更不愿意把既得利益随便改掉。

5月21日,孟给严的信:多年来,我们已形成共识,四年制中专已超出高中学制,中专上大专……是重复教育、是浪费等。也多次提到,人才扁平化、类型交叉加大,不能单一依靠文化划分教育层次。人才层次的高、中、初与教育层次的高、中、初显然不对应。原初由中等教育培养的职业岗位随科技发展,能力要求提高,要用高等教育培养,人才层次仍属于中等,教育层次却变成高等。新的体系很重要的一点,也是难点,是将现有普通高教中很大一部分转向与"高职"同属性的应用技术教育轨道上来。研讨教育结构体系,会被不同类型、层次教育衔接所困,设计完美衔接,画出体系图是很难的。但从终身学习体系,从学习者作为主体角度讲,设置多样"补丁"课程,衔接就不再是复杂难题了。传统以学历直接衔接为主教育学制、类型结构体系图的必要性也就不大了。

10月21日,孟给严的信:学校被批准为本科,最大的威胁是所谓"本科"就是学术型的高校。走学问化道路是中国高教的悲哀,是技术人才匮乏、水平难以领先的根本原因。

这些往来书信表明,议题网络中的独立体系倡导并非未看到教育体系融合的趋势,以孟广平的话来说,"不是原则分歧,是对策分歧"。但在具体对策上,杨金土、严雪怡采取了一种基于现实改革难度考量的话语策略,认为寄希望于普教既得利益者"向自己开刀"无异于"与虎谋皮",而独立体系则可以为职教争取一个阵地,使改革获得一个突破口。上述思想并未被政策社群吸纳,直到今天因普教"一花独放"带来的职教缺乏吸引力,致使人才结构失衡,大学生"就业难""技工荒"等问题仍积重难返。

二、政策社群、府际网络的治理互动

20世纪80年代末,国家教育发展研究中心承担了国家哲学、社会科学"八五"重点课题"面向21世纪中国教育发展战略若干问题研究",在教育结构调整研究上,郝克明、谈松华等曾提出两种方案:(1)明确划分教育类别,从教育分类入手清理层次,筹划调整方案;(2)现行结构体系框架内,首先清理层次模糊的关键部位,推动各类学校办出特色,通过局部微调,为整体优化创造条件。① 第一种方案与后来潘懋元、陈厚丰等提出的高教分类"先分类型,再分层次"的思路相近,但限于部门利益掣肘等因素,综合各方意见,最终还是选择了后一种方案(强调保持低重心教育结构,重点解决高专、中专关系不顺问题):从关键部位入手,先易后难,微调结构,渐进改革,分步到位。高等教育类型层次结构调整,由此错失了一次历史改革机遇。

---

① 郝克明,谈松华.面向21世纪我国教育发展战略若干问题[J].教育研究,1998(3):16.

府际网络的治理互动,除了表现在中央部委层面外,与地方政府的互动也是一个方面。如河北省教委职教处处长翟海魂曾撰文指出:"要突破高职办学的专科层次,鼓励条件具备的高职院校……独立举办或采取与其他本科院校合作、联办的方式开办本科层次的高等职业教育,努力实现高职教育多层次、多规格、多类型,进一步拓宽职校毕业生接受高一级教育的通道。"①

再如,薛喜民(原上海市教委副主任)于 1992 年极力推动上海将 3 所大学改制为独立设置的职业技术学院。改制后他们培养的学生很受欢迎,但在办学上却遇到了政策阻力,薛多次进京向有关方面寻求理解支持,尽管他受到了批评和很大的行政压力,但坚持认为自己的判断没错。薛喜民在有关会议和场合反复呼吁:"现在我们大学培养的都是学术型、工程型人才,而需求量十分巨大,既有一定理论,又有较高技术水平,能带领工人把设计图纸变为产品的技术型人才培养工作却被严重忽视。我们的产品竞争力变低,是与此类人才缺乏密切相关的,这种培养结构一定要改。"1998 年,政策开始松动,薛喜民在上海市职教工作会上马上提出发展高职,思路之一即是利用现有资源高标准、高起点办,不但拿好学校办,还要依托名牌大学来办,不但办专科,而且还要发展本科、研究生层次的高职教育。②

2002 年 3 月,全国人大代表、湖南省省长助理许云昭在九届人大四次全会上呼吁"加快专业学士学位教育发展步伐,打通高等职业教育与专业学位间的通道势在必行"。他在接受《中国教育报》记者采访时指出:"从目前国家设置的 15 个专业学位看……学士层次只有建筑学一家,呈明显头重脚轻之势,这无论从专业学位设置角度,还是国家对学士层次应用型专门人才需求角度,都是极不相称的。建议……发展步伐大大加快。专业学士学位,主要应设在那些职业特点比较鲜明的高等职业教育专业领域内。"③

同年,职业教育管理考察团——包括教育部职业教育与成人教育司副司长及北京教委职成处、广东教育厅职成处、江苏教育厅贷款办、辽宁教育厅职成处、山东教育厅职成处、教育部职成司学校管理处等人员,对新西兰进行考察,在提交的考察报告中也论及"国家资格体系框架及职业教育的层次结构"。

这一时期,治理网络互动,包括境外考察等,特别是境外直达研究生阶段的职教体系设计,客观上为政策社群和府际网络中的职教管理人员开阔眼界、解放思想、凝聚共识奠定了基础。

① 翟海魂.职业教育要构筑人才成长"立交桥"[J].职业技术教育,2000(9):44—45.

② 余彦.白发赤情——记全国职业教育先进个人薛喜民[J].职业技术教育,2002(30).

③ 时晓玲.许云昭代表:打通高职与专业学位之间通道[N].中国教育报,2002-03-11:1.

第二节 "本科院校办技术应用本科"与
"高职院校试办长学制"

多元行动者在治理参与中策略互动,从影响效果看,推动了相关政策试点,如本科院校试办应用技术学院、高职试办长学制等。试点也暴露出一些问题,正是探索中的挫折教训,影响到决策层在随后相关改革方案遴选上的态度倾向。

一、本科院校举办应用技术学院试点

2000 年 4 月 22 日,清华大学应用技术学院成立,《中国教育报》头版报道了这一事件,指出其是我国第一个培养"第二学位"为主的高层次职业技术学院。但是,生源对象主要是本科毕业生。同年 6 月,教育部下发《关于确定北京工业职业技术学院等 15 所高等学校为示范性职业技术学院建设单位的通知》《关于批准有关高等学校试办示范性软件职业技术学院的通知》,本科院校中的高等职业技术学院分别占 10 所、14 所。2002 年 12 月下发的《关于确定第一批国家高职高专精品专业建设项目和国家高职高专学生实训(师资培训)基地建设项目的通知》中,也有 12 所本科院校的 12 个专业入围。

为确保质量,教育部于 2000 年 6 月下发《关于加强本科院校举办高等职业教育管理工作的通知》,提出要进行可行性论证和评估,不得自行举办高职班。2003 年 3 月,高教司下发《关于成立〈本科院校举办高等职业教育规范化管理研究〉项目组的通知》,全国本科院校高职教育协作会据此组建"本科院校举办高等职业教育规范化管理研究"项目组,主要研究本科院校举办高等职业教育规范化管理的内容与要求,制订本科院校高等职业教育人才培养工作水平评估方案。6 月 27 日至 30 日,由全国本科院校高职教育协作会主办的全国部分重点大学技术(职业)教育专题研讨会,对本科院校举办技术(职业)定位、专业人才培养规格及办学层次等作了专题研讨,并对《本科院校职业技术学院人才培养工作水平评估方案》和《本科院校举办职业教育规范管理》两份文件稿进行研讨修订。①

在此之前,在一次"二级学院"②座谈会上,同济大学高等技术学院王国强副院长指出:"二级学院在质量上下功夫的同时应在特色上大做文章,在

---

① 杨金土.30 年重大变革——中国 1979—2008 年职业教育要事概录:下[M].北京:教育科学出版社,2011:602.

② 指本科院校举办的高职学院,非指传统以学科为单位的专业二级学院。

层次上找准自己的位置,举办 4 年制本科及更高层次的技术教育,建立技术专业目录,设立技术学学士、硕士学位。"会上,也有校长直言不讳地指出,这是在"唱假戏",打创收"小算盘"。花样翻新的"专升本",多数把学生按普通教育模式培养。没有企业、行业做靠山,导致资金缺口大,学生就业难。坦率地讲就是"借鸡生蛋""借窝生蛋"。此外,南京大学也因"金陵风波",导致教育部给出停办的意见。教育部和江苏省分别给南大投入 6 亿元,教育部官员借此希望南京大学集中精力搞好自己的事情,不要再办二级学院。①

到 2004 年,部分研究型大学停办高等职业教育。2005 年,教育部高教司委托本科院校高职教育协作会组成课题组,开展"本科院校举办高职教育的规律及发展趋势研究"。研究发现,部分院校因本科招生计划指标不足、有富余办学资源,仍将保留高职教育,多数本科院校已减少或停招高职,正探索技术应用型本科教育,并建议与独立设置的高职院校及普通本科教育"错位"发展,探索技术应用型本科新模式,开展职教师资培养培训等。2007年 7 月,教育部下发《关于开展本科院校举办高职教育与高职院校举办中职教育情况调研的通知》,继续了解办学情况。到 2010 年,随着新的《教育规划纲要》的出台,部分省份相继做出本科高校退出高职教育的规定。②

不过,停办主要针对的是重点大学办高职、普通本科院校办高职专科教育,部分新建本科院校仍坚持并探索着技术应用型人才培养道路。2006 年12 月,中国高等职业技术教育研究会应用性本科教育工作委员会成立大会暨 2006 年学术论坛在江西召开,江西蓝天学院、上海电机学院、北京联合大学、上海第二工业大学等皆是会员单位。

特别是上海电机学院竖起了"技术本科"的大旗,以求与"学术本科"错位竞争,走出两大矛盾冲突③——"保持并发扬原有办学传统优势"与"适应并满足一般本科院校办学规范"间的矛盾,"创新人才培养模式满足生产现实需求"与"传统人才培养模式惯性"间的矛盾,并于 2012 年 12 月发起成立"技术本科教育研究协作会",从"本校探索"向"合作联盟"方向发展,意图进一步扩大影响力,还成功影响到政策社群(决策层)在本科层次高职教育实

① 行水. 大树底下——关于本科院校办高职的话题[J]. 职业技术教育,2001(18):26—33."金陵风波"指金陵学院和南大外语系英语专业学生一起报名专业四级,因外语系不愿将二级学院学生成绩纳入英语系一起计算,致使学生集体罢考事件。江苏省最早申报二级学院的南京大学,因此也恰恰成为最早停办的。

② 2011 年《江西省中长期教育改革和发展规划纲要》指出,"普通本科高校逐步退出高职高专教育"。2012 年福建省人民政府办公厅《关于支持高职院校改革发展的若干意见》指出,"本科高校加快退出高职教育"。

③ 夏建国,李晓军. 上海电机学院:办"技术本科"谋求错位发展[N]. 中国教育报,2012-03-12.

现路径上的偏好取向——新建本科"转型"为高职本科教育,而非既有高职院校升格。

二、高职院校试办长学制

高职教育自创办以来长期定位于专科层次,特别是高校设置管理规定中对开展本科以上层次教育由教育部批准的规定,使地方管理部门、高校的职教层次突破"意图"面临政策"瓶颈"。但结构在进行约制的同时,也提供了机会。机会空间表现在:地方政府,如经济特区享有的优惠政策——"特事特办权";民办高校相较于公办高校,少了一些人事组织安排及资源分配羁绊,相应平添了一份"创新魄力"等。

1992年2月,深圳职业技术学院创办。到1998年左右,经过改革发展,在全国已小有名气,先后获得李岚清同志两次题词,教育部部长陈至立在视察深圳职业技术学院后说:"如果谁要搞高等职业教育,希望他们能到这里看一看。"

办学成绩得到肯定后,办本科层次高职教育逐渐成为俞仲文(筹建者,首任院长)等人的浓厚情结。在此过程中,议题网络、专业网络、府际网络充分互动,最终促使教育部、广东省教育厅在2001年下发批文,开始设立四年制高职试点。

具体过程是:议题网络中高校代表、代表委员等,与专业网络中的教育专家积极倡导,形成议题倡导联盟。特别要强调的是深圳市政府发挥的作用源于与辖区内高校的"共荣性利益",当"优先试点权"意味着改革先机,围绕中央部委展开府际竞争便顺理成章了。

长学制试点,对地方政府而言,能提升高职毕业生就业质量,使区域发展受益,甚或形成高教发展区域模式,对地方政府政绩与形象都将是巨大提升;对国家教育主管部门而言,渐进试点改革,可有效避免激进变革(院校升格)可能遭遇的否决点,或能为高教分类分层创新模式积累经验。最终,深圳地方政府承担了变革"次级行动者"角色,以其与权力中心的谈判交易实力,成为沟通微观主体政策创新需求与权力中心政策供给意愿的中介,解决了"创新"进入的障碍。

事后,如张尧学(时任高教司司长)所言:"我们现已在深圳、上海等城市推行四年制高职教育试点,就是承认本科教育层次由当地教育厅、地方政府说了算,是'地方粮票'。职业技术学院由当地管辖,不是全国管辖。地方给钱,教育部又不给钱。在当地达到本科生水平,享受本科待遇,很正常。如果当地承认它是本科层次,就是本科好了。……我们可以和学位办协商,把这条路走通……以后我们还要研究针对职业教育开设学位课程和学位教育。比如职业教育的硕士、博士,是不是应该有? ……对于如何定位,我们要打破学历界限,以终身教育作为发展方向。"①

到2005年深圳职业技术学院首届毕业生就业之时,涉及文凭发放、就业保障等配套政策并未及时落实。最终,通过政策社群(教育部)与广东省政府、深圳市政府(主要涉及人事局、教育局)等府际互动,毕业生获得了广东技术师范学院本科文凭(但无学士学位证书),可在深圳本地享受本科待遇(如职称评定、工资待遇和报考公务员等)。后来,由于制度不配套,涉及文凭发放、认可范围、社会保障等棘手问题,例如虽本地认可,但学生不一定在深圳就业、落户、报考公务员,该项探索不得不停了下来。

试点改革夭折,也说明学制调整不单是教育问题(学历、学位),同时涉及社会保障等,要"跳出教育看教育",提前与其他部门沟通,强化配套保障政策。在某种程度上可以说,这非试点项目"本身"有问题,而是试点项目"配套"有问题。但是,试点停止,也多少给决策层留下了阴影。

如2010年《中国青年报》以"高职院校升格的诉求与冲动始终难以扼制,谁来培养四年制本科高职生"为题,报道了全国人大代表、浙江纺织服装职业技术学院院长王梅珍的层次提升提案,高教司副司长刘桔回应道:"三年制高职院校升格为四年制(本科)高职冲动一直都有,我们现正加强研究。但是不是所有试点东西都要全面推开,需科学论证。因为高职院校'升本'涉及很多因素……②"

同期,值得一提的还包括西安翻译学院(当时为专科院校)的"英语独立本科翻译班"探索。该校办学者丁祖诒敢于冒险"吃螃蟹",实施"五年制无学历独立本科翻译研修班"教育。在学院与家长、学生签订的协议书中,专门有"学制五年,毕业后颁发不属于我国国民教育系列的本科毕业证证书,可能影响报考研究生和职称评定"等表述。然而,学生和家长反响积极。自办本科,也是高校尝试行使办学自主权的一次有益探索。

---

① 张尧学.全力推进高职高专教育的建设与发展[J].职业技术教育,2002(15):23—24.

② 李剑平.高职升格诉求难以扼制,谁来培养四年制本科高职生[N].中国青年报,2010-04-19.

第七章 "层次"政策变迁中的网络治理:严格规制期

严格规制期,时间跨度在 2004 年至 2010 年左右,既包括直接规制,也包括间接规制。前者以政策规定"专科层次职业院校不再升格为本科院校"为代表,后者包括通过推行"两年制"(缩短学制),诱导高职院校"承诺不升格"以达到规制的目的。规制性政策工具具有快捷、高效的优势,但也存在简单、生硬、缺乏共识的弊端,继而产生各方的治理博弈互动。

第一节 推行"两年制"中的网络治理

由于高职院校在办学初期类型特色不够鲜明,特别是修业年限上与本科高校比较接近,成为本科教育"压缩饼干",客观上诱发了部分院校的"升格"冲动。为引导高职院校"安心定位",决策层决定从缩短修业年限着手——推行"两年制",意图借此推动高职院校办出类型特色。

一、政策酝酿期的治理互动

早在 2001 年左右,吴启迪(原同济大学校长)、杨金土等人就已经提出了学制改革设想,建议一部分办成四年制技术教育,一部分转办二年制社区性专科。①

2003 年 10 月,教育部部长周济在湖北省视察工作时指出,高职学制可以缩短,搞两年制,其中一年半在校学习,半年时间到工厂实习。12 月,周济在第二次全国高等职业教育产学研结合经验交流会上指出,要坚定不移地推进学制改革,高职要从三年改为两年。

同年,黄黔(国务院研究室)撰文建议高等教育对社会开放,举办两年制学院,开展通用基础课教育,降低办学成本、入学门槛,同时试点设立副学士。②

---

① 杨金土. 应对国际竞争的一项紧迫任务:振兴技术教育[J]. 职业技术教育,2001(18):38—41.
② 黄黔. 关于发展地方两年制学院的建议[J]. 职业技术教育,2003(30):38—39.

在政策出台前,围绕学制改革,政策社群也开展了试点、调研。如为落实 2000 年《鼓励软件产业和集成电路产业发展的若干政策》、2002 年《振兴软件产业行动纲领》,教育部办公厅 2003 年 7 月下发《关于试办示范性软件职业技术学院的通知》,确定 35 所高校为首批试办单位,所实行的即两年制学制。此外,为贯彻《2003—2007 年教育振兴行动计划》及 12 月教育部等部门联合下发的《关于实施"职业院校制造业和现代服务业技能型紧缺人才培养培训工程"的通知》精神,教育部批准了 216 所两年制试点学校,涉及数控、计算机、汽车维修等专业。

在 2003 年全国海峡两岸高等职业(技职)教育学术研讨会上,教育部对与会的 200 多名代表做了调查,中国高职高专教育网也开辟了网上调查专栏。此外,教育部还成立了"高等职业教育学制改革可行性分析与研究"项目组。研究报告从基本事实(高职教育学校类型、高职教育学制类型)、两大问题(课程体系与本科大同小异、"专升本"负面效应)、可行性分析(国外经验、市场需求、可能产生的问题)等方面进行研究,最终给出结论建议,认为两年制可行,同时提出了配套建议。

教育部领导多次提出要探索两年制高职及相关调研,引起业内高度关注和激烈讨论。改制动因是突出高职特色,加速技能型紧缺人才培养。因为三年学制与本科四年学制接近,客观上促使部分学校办成本科压缩型或倾向升本。当然,有人指出,试行两年制意味着在办学规模不变的情况下,每年招生和毕业生都可能多出 1/3,将给就业工作带来更大压力,对教育质量提出了更高要求,学制改革可谓牵一发而动全身。也有人建议三年制和两年制并存。教育部领导表示,尽管有许多不同认识,但要坚定不移地推进这项工作,并在一段时间内到位。[①]

2004 年 8 月,教育部职业教育与成人教育司官员在南京透露,自当年起职业学校将陆续进行系列重大改革,包括叫停"升格风",缩短高职院校学制等。[②]

2004 年 4 月 6 日,《教育部关于以就业为导向,深化高等职业教育改革的若干意见》(教高〔2004〕1 号)指出,要"积极进行高等职业教育两年制学制改革,加快高技能紧缺人才的培养"。9 月 14 日,下发的《教育部等七部委关于进一步加强职业教育工作的若干意见》(教职成〔2004〕12 号),再次重申"高等职业教育基本学制逐步以二年制为主"。

---

① 佚名.2003 值得关注的热点[J].职业技术教育,2004(3).
② 陈光晔.资讯动态:部委[J].职业技术教育,2004(24):8.

二、政策执行期的治理互动

由于政策出台主要采用"自上而下"的模式，且政策调整涉及面广泛（经费、师资等），受影响群体众多（高职院校、产业部门、学生家长、教育主管部门），行为调整幅度很大（观念、体系衔接、课程体系变革），会引起各方特别是议题网络的强烈反应。

（一）早期的治理互动

在议题网络中，比较有代表性的观点有单位需要论、教育质量论、就业压力论、学生发展论等。单位需要论，认为学制年限改革应征询用人单位意见，不同单位对学制年限可能有不同要求，对学制不能"一刀切"；教育质量论，担心教学资源可能落后于学生数量增长，学制缩短会影响学生培养质量；就业压力论，从培养周期缩短的角度出发，认为校均学生规模不变的情况下，每年招生和毕业生数将增加一半，无疑会使就业不畅雪上加霜；学生发展论，从求学深造的角度出发，认为课时压缩，知识基础不扎实，特别是在学历升迁政策不完善情况下，缺乏两年制专科毕业生"专升本"的政策规定，与目前三年制专科也会产生时间上的政策冲突，必将影响学生后续衔接、可持续发展，进而影响考生报考高职的积极性。

思想认识、利益得失的不同，也使各方在政策执行的态度上持有不同的观念和立场。高职院校多从办学经费、办学成本、教改难度等考虑。学制缩短 1/3，学费总量减少 1/3，会带来资金缺口问题。学制缩短，相对会增加单位时间内的办学成本。学制缩短不仅仅是修业年限的调整，还涉及人才培养目标、课程体系、教材建设配套改革，对师资水平提出了更高要求。学生家长，则更多关注深造空间、社会认可，能否获得与三年制毕业生同等的待遇和地位。思想认识不一，导致相关方均采取观望态度。

专业网络，特别是职教研究群体则担心职教体系被截断，技能型人才成为顶点，技术型人才培养出现空缺，职教体系终点即专科层次，技术教育落空；怕学制缩短，压缩课时，可能会使高技能人才培养目标实现难度加大，人才规格难以保障。同时，还担心会导致高职社会地位的下降。

为统一思想，政策社群采取了与府际网络、专业网络、议题网络合作互动的行动策略，组织动员政策实施。如教育部与建设部积极筹备联合开展建筑类技能型紧缺人才培养工程，发动 50 所高职院校的建筑专业开展两年制试点。2004 年 6 月 29 日，广东省教育厅根据教育部学制改革要求，下发《我厅将全面开展高职高专学制改革专题调研》（粤教高〔2004〕80 号）的通知，调研内容涉及学校现有专业基本情况，职业岗位群对相关专业基础理论、技术理论及技能要求（比较分析实行两年或三年学制），用人单位和职业岗位对实行两年制人才培养模式的认可程度,实行两年学制对课程体系、教学内容改革及学校教育资源利用(包括师资、设备、课室、实训场地、学生生活设施等)的影响等,要求各校对所有专业进行两年学制改革可行性调研,形成书面调研报告。

4月22日,全国高职高专校长联席会议2004年第一次专题研讨会召开。教育部高职高专处李志宏处长到会谈了高职教育的现状、问题、形式及今后的主要工作。高职高专校长联席会主席、北京教科院、华东师范大学职业与成人教育研究所等的相关专家报告,为两年制学制改革推行做了思想铺垫。

10月19日,《新华日报》以"江苏省高职教育专家建议高职改为两年制"为题,报道了江苏省高职教育研究会的专家们对学制改革的应变对策。事实上,专家们在指出高职院校定位不清的倾向后,又指出学制变革牵涉面广,并给出了"分门别类"的推进建议,列举了先行改制的六大类专业方向。①

11月4日,《中国教育报》第一版刊发高职学制改革系列报道(上)《高职学制缘何三年变两年》。文章从政策出台、人才供需脱节,到改革原因——高职教育定位不准、教学计划安排未摆脱本科教育影响、职业教育要以就业为导向,学制三年培养周期长,不易把握人才市场需求,再到国外经验、专家意见、试点成功经验、各方收益等,论证学制改革符合社会发展需求,顺应民意。

2005年1月29日,华东师范大学职成所组织10余所高职院校召开两年制高职课程改革研讨会,意在突破两年制高职教育改革的课程瓶颈,更好地推动两年制高职教育改革进行。

同期,在议题网络中,以学界为代表,他们通过媒体期刊、会议论坛表达观点,阐述立场,涉及学制改革动因、影响、对策等。在时间阶段上,2004至2005年上半年的观点表达,多从承认学制改革的必要性前提出发,论证改制背景、可能遇到的问题,并提出对策和建议。具体涉及诸如课程体系改革、专业教学模式改革、师资水平、实训基地、招生就业、办学成本、人才质量等问题,同时建议采取分类指导、逐步推进的方法。

(二)中期的治理互动

议题网络中的观点表达引起了政策社群的关注,特别是学制改制政策出台已有一年,但高职院校持观望态度者居多,部分院校采取的是两种年制并存的方式。2005年6月9日,教育部高教司下发《关于对高职高专教育两

---

① 于英杰.江苏省高职教育专家建议高职改为两年制[N].新华日报,2004-10-19.

年制改革情况进行调研的通知》(教高司函〔2005〕118 号)。调研内容涉及各地开设两年制专业情况,改革的经验、问题及建议,要求各地汇总试点专业数据和内容,并推荐 1~3 所积极探索、特色鲜明的高职院校。

为进一步推进此项工作,10 月 10 日,教育部高教司下发《关于开展两年制高职高专教育教学改革项目研究的通知》(教高司函〔2005〕202 号)。21个改革项目分布在 9 个大类专业的课程开发、教师培养、"双证书"实施、实训质量保障机制、集团化发展模式、中东西部高职院校合作机制、专业网上教学资源建设、两年制与三年制专业毕业生就业比较分析、国外经验启示等方面。项目的研究目的很明确,即"以研促改",推进两年制试点探索。

随着试点改革的推进,一些问题逐渐浮出水面。从 2005 年后半年开始,议题网络中开始出现一些公开质疑、批判的声音。仅以学术期刊为例,《试论高职教育学制改革的负面影响》《高等职业教育学制的制约因素与类型选择》等文章,结合改革中出现的问题,开始提出高职学制改革应当慎行的观点。

如陆俊杰指出,学制受学科发展规律、技能发展规律、经济结构与生产技术水平、政治与文化背景、职业教育发展模式(着眼于发展还是即时需要,学校模式或在职培训)、基础教育内容和效果等多方面影响。从办学历史看,高职教育采取了多种学制形式,武断地说长学制好或者短学制好都是不恰当的,应以毕业生是否受社会欢迎、是否为社会所需要为标准,不能仅关注数量的匹配对应,更重要的是能力结构的吻合对接。高职学制改革应根据具体情况确定,不应一刀切。①

2006 年 1 月,在高职高专院校对口支援会议暨全国高职高专校长联席会议第六次全体会议上,教育部高职高专处范唯处长对"二年制"问题也谈了看法:"关于'二年制',国家不是不搞了,而是要积极探索新的课程设计、人才培养模式,为以后高职教育二年制学制改革提前做好探索准备。"尽管这番话并未提出政策终止,但也从侧面反映了决策层在推进力度上有所减弱,不再提硬性完成期限。后期,学制过渡为两年提法再未出现。

(三)后期的网络互动

在试点推行中,问题不断暴露,院校方持观望态度,而政策社群在执行上态度不再那么坚定。同期,类似改革如两年制硕士试点也遭质疑。这为高职教育相关群体对两年制系统反思做了预演。

有研究者直接以"二年制高职高在哪里——质疑高职学制改革"为题,

① 陆俊杰.高等职业教育学制的制约因素与类型选择[J].职教论坛,2006(1):26—28.

指出了两年制政策在决策操作程序上的问题:"'教育部下决心在前,学校拥护在后'本身即有问题,缺乏民主性,学校被动执行。理论支撑不足,二年制速成式'高等教育'与社会人才需求不协调。国外经验有简单'拿来主义'之嫌,忽略了学生前期职教基础(高中毕业生是'零起点')及现实国情——高校教学条件,政府、社会配套支撑条件等因素。政策不完善、资金投入不足、生源质量差(末批次)等不利于教育质量提高。弊多利少,两年制学制改革应暂缓推行。"①

2007 年,有研究者围绕两年制学制改革现状,从社会环境问题、学校内部问题两个层面,剖析了两年制面临的问题:社会认识不统一、高教体系不健全、配套政策不完善、师资队伍建设、人才培养质量、课程设置、实践教学条件不完善和教材短缺,并提出了对策建议。②

同年 1 月,南方网报道了由全国工商联民办高教协会、广东省教育厅高教处主办的高职高专院校两年制改革研讨会。11 所高职高专院校代表参加了会议,反映了两年制实施过程中的问题。在学生和家长方面,认为接受两年制有一个过程,两年制学习时间难保证,家长希望学生在校多些时间,多学知识;就学校基础条件而言,双师型教师缺乏,实践教学难以保障;在教学管理方面,不同生源(三校生、普高生)文化基础、技能掌握差异大,两年制教学难度加大,技能训练时间难保证。与会代表普遍认为两年制不可"一刀切",例如广东白云学院的酒店管理专业、广州民航职业技术学院的软件技术专业、广东女子职业技术学院的电脑营销专业和社区管理与服务专业,不同程度出现生源减少,不符合行业人才技能要求等问题。③

有研究者以广东试点改革为个案,撰文指出:两年制专业比例较低,较早试行院校的改革专业数并未增加,反而减少了;试点范围不宽,改革专业相对集中。个别学校甚至取消了所有两年制专业改革或实行两年制、三年制并存的保守改革方式,并且指出,政策执行梗阻根源在于改革目的牵强,逻辑上缺乏说服力,学校和上级教育主管部门缺乏共识,认为改革目的无非是推动准确定位、加快高技能型紧缺人才培养,但两年制并不是准确定位的充要条件,办学特色主要体现在办学理念和模式上,加快培养相关人才,也完全可以通过扩展专业招生规模、拓展人才培养途径等方法来实现。高职院校的行为更多属于跟风行为,只是上面已经明确要求进行学制改革,那么

---

① 周夕良.二年制高职高在哪里——质疑高职学制改革[J].教书育人,2006(4):60—61.
② 梁熠葆.两年制高职学制改革的现状分析[J].教育与职业,2007(30):29—30.
③ 蒯威.关注:高职专业学制改革会议日前召开[EB/OL][2007-01-10].南方网.http://www.southcn.com/edu/xinwenbobao/200701100326.htm.

也就表现得"听话"些。深入到教学系部,更多亦是走过场。个别学校甚至把两年制改革当面子工程来做,即使教学单位认为教学质量大打折扣,明确提出要撤销,也会被学校强行压下去。①

其他省份调研也表明,两年制实施效果并未按决策层预期的方向发展。如重庆交通大学应用技术学院对重庆市做了调查,从 2005 年 9 月前的招生数看,两年制与三年制的招生数分别为 6713 人、25809 人,专业点数分别为 100 人、345 个。研究认为,对两年制高职教育的社会认同度还不高,多数人认为采取以一种学制为主、多种学制并存的方式较好。重庆总体两年制改革步子不大,进展较慢。②

山西的调研结果也显示,改革实施效果还不明显。据《山西省教育厅关于山西省高职高专教育专业清理结果的通知》(晋教〔2005〕6 号)统计,615个高职专业点中,进行两年制改革试点的专业点有 196 个。另据对《山西省2006 年全国普通高校招生填报志愿指南》的统计,2006 年山西省高职院校计划招生 59941 人,其中实行两年制的学生(共计 7104 人)占所有计划高职学生的 11.85%,三年制的学生占 88.15%。③

相对比较系统的反思是董炯华从政策执行层面所展开的剖析。在对政策执行的分析上,他认为在政策问题的特点上,此项政策理论上可行与执行有难度并存,受政策影响群体数量多、差异大,受政策影响群体行为调整幅度大;在政策本身的条件方面,政策执行资源不够充足,政策精确性有待完善;在政策以外的条件上,政策以"自上而下"的模式出台,上下互动较少,相关执行人员缺乏心理准备,理解不够充分,给政策执行带来了难度。④

分析围绕政策的博弈互动,可以发现上述争论主要还纠缠于技术层面,各方围绕政策可能带来的问题、政策执行梗阻等提出对策和建议。事实上,深层面或许涉及的是决策层的观念认知——就业教育不需太长学制。

早在两年制政策出台前夕,专业网络、议题网络在 2004 年 3 月 27 至 28日上海举办的首届中国中青年职教论坛上,已围绕相关话题——"职业教育就是就业教育"展开了激烈探讨。相关学者指出,"学术界应有自己的观点,不要跟风,不要唯上"(马庆发),"就业导向是国家行为而非教育选择"(吴

① 黎荷芳.高职教育两年制改革的实践及反思[J].机械职业教育,2007(7).
② 张振平,李晓梅.重庆市高等职业教育学制状况调查分析[J].教育与人才,2006(7):57—59.
③ 贾晓娟,张正义.山西省高职院校两年制专业改革的思考[J].山西经济管理干部学院学报,2007(1):103.
④ 董炯华.高职院校学制改革政策执行分析[J].江南大学学报(人文社会科学版),2007(3):107—110.

岩），"是政治导向而非教育导向"（周明星）。[①] 两年制学制改革出现"政策失灵"，部分也是对职教观念认知偏差的自然结果。

第二节 "颁布升格禁令"后的网络治理

从 2002 年 10 月到 2004 年 2 月，不到一年半的时间内，教育部连续召开三次全国高职高专教育产学研结合经验交流会，教育部周济部长皆莅会做重要讲话，被称为"战线上罕见的举措"，反映出教育行政部门强力推进职业教育与经济社会深入融合的急切意志。部长总动员，开启了高职教育以就业为导向，走产教结合的道路。同时，高校合并、升格、更名热潮也引起各界关注。

2004 年 6 月 4 日，国务院下发《关于同意建立职业教育工作部际联席会议制度的批复》（国函〔2004〕41 号）。17 日，七部委在南京联合召开第五次全国职业教育工作会议。会上讨论了七部委《关于进一步加强职业教育工作的若干意见》（征求意见稿），文件提出："巩固和加强现有职业教育资源，促进职业院校办出特色，提高质量……专科层次的职业院校不再升格为本科院校，教育部暂不再受理与上述意见相悖的职业院校升格的审批和备案。"9 月，七部委联合颁布《教育部等七部门关于进一步加强职业教育工作的若干意见》（教职成〔2004〕12 号），国务院转发各地。自此，揭开了围绕"升格禁令"的治理博弈序幕。

一、政策社群、议题网络的治理互动

禁止升格政策颁布后，为进一步营造政策执行舆论环境，《中国教育报》于 11 月 25 日刊发《职业院校：不升格也能创一流》一文。文章指出："一流教育与学校层次无关。高职院校也完全能够举办一流教育……盲目升格难脱发展困境。……弊端明显……内涵建设才是根本出路。想通过升格改变职业院校处境，解决发展困难，只是治标而未治本。"[②]

不过，也有相关人士对"禁止升格"政策提出异议。如在政协十届全国委员会第三次会议中，朱永新委员提出第 1149 号（教育事业类 103 号）提案——关于取消"暂停职业院校专升本政策"的提案。

该提案指出："'暂停职业院校专升本政策'具有多方面负面效应：一，严重限制了高职专科的发展空间，压抑了专科高职院校的主动性、创造性。

---

① 树伟.甲申论衡——首届中国中青年职教论坛述要[J].职业技术教育,2004(12):18—21.

② 李挥.职业院校:不升格也能创一流[N].中国教育报,2004-11-25:2。

二,难以满足社会多样化的教育需求。三,有违市场经济的本质,间接地释放出保护既有本科教育的效应。本案建议:一,建立各级各类院校的教育准入制度。……达到层次标准就可准入办学,这样就可摆脱人为因素的干扰和政策的随意性变化。二,建议启动科学的论证程序。对申请办学学校应当有平等的接受论证的机会,而不是采取'一刀切'政策或因一时的情景而制定的随意性政策。……可以通过提高门槛的办法来控制各级学校的数量和结构,而不应通过停止审批的办法来限制。三,建立责任追究制度。……"①

在教育部教提案〔2005〕第 313 号对此提案的答复中,教育部指出:"规定有一个时间期限,即'从现在起到 2007 年'并非'永远'统一禁止……923 所高职院校中有 700 多所是近四五年批准设立的,多数是由中专升格组建的,发展速度惊人。意见是……加强高职教育内涵发展的重要保证。同时,对抑制'专升本'之风,稳定……办学思想……具有现实意义。下发文件的目的是为有利于职教发展……强调在最近几年,稳定职教现有结构,控制发展节奏,引导职业院校办出特色、水平。我们认为,应该正确理解七部委文件的精神实质,积极贯彻落实文件所作出的各项规定。……关于您在提案中的几条建议:一、关于建立各级各类院校的教育准入制度的建议。设置高校要讲需要、讲布局、讲条件……并不是仅仅符合设置标准和条件这一个方面的要求……二、关于启动科学的论证程序,对学校的办学层次进行论证的建议。……目前,关于高校的审批,我部已经形成了比较科学、完备的审批程序。……通过提高标准和门槛的办法可以限制高校的发展数量和结构,也可通过其他办法包括暂停审批的办法来限制学校发展速度,采取这些措施都是符合国家关于高校审批和设立的基本原则的。"②

2006 年 11 月 6 日到 11 日,受教育部委派,以新疆教育厅厅长为团长的中国地方职业教育代表团一行 6 人赴韩国开展高职考察。调研报告建议:升格一批高职院校为本科层次职业大学,开展四年制职教;本科院校中转型一部分,开展四年制本科职业教育;同时,做好各层次职业教育的衔接工作。

11 月 16 日,《教育部关于全面提高高等职业教育教学质量的若干意见》(教高〔2006〕16 号)下发,正式明确"高等职业教育作为高等教育发展中的一个类型"。此后,高教司张尧学司长在接受《中国青年报》专访时指出:"职业教育是一种不同类型的教育。1998 年、1999 年……存在一场激烈争论,争

① 朱永新.我在政协这五年:一个民主党派成员见证的中国民主政治进程[M].北京:人民出版社,2008:176—178.

② 朱永新.我在政协这五年:一个民主党派成员见证的中国民主政治进程[M].北京:人民出版社,2008:178—181.

论问题集中在两点：一是高职教育究竟是高等教育一种类型的教育，还是一种层次的教育？若……定位于……一种层次，那就是专科。如果是定位于类型教育，则是与'学术型'完全不同的一种教育，那么它就该具有大专、本科，甚至工程硕士、工程博士等不同层次的一套完整支撑体系。争论最后一直持续到 2006 年教育部关于提高高等职业教育质量的 16 号文件出台。文件明确把高职教育定义为高等教育的一种类型；二是高职与高专二者如何区分？高等专科学校在我国一般指师专、医专等，学制……要减少一年……与本科相比……程度上稍有深浅之别，但科目并无太多差异，可以说是本科的'压缩饼干'。而高职则强调技能和动手能力的培养。"①

在 2009 年一场报告中张尧学透露："我们在 16 号文件中明确定义，高职是类型教育，这个文件虽然是高教司起草的，但是周部长批准、党组讨论首肯的，而且党组比较一致地认为高职是一个类型教育，它不是一个简单的层次……这一点也是有很大的了不起的作用。如果……对这个问题模模糊糊，认识不统一，也没法办高职，如果……对高职的重要性认识不到位，后面的许多工作是没法开展的。"②

上述表态表明，此时期政策社群对高职教育的层次认识基本趋于一致，认为高职不等于专科，高职教育作为一种类型教育，可以有多个办学层次。但出于巩固高职教育办学特色，强化高职院校内涵建设的考虑，并未解禁终结"升格"规制政策。在过去，对高职教育的主功能认识主要是"分流教育"下的短期就业教育，办学经费支持、办学特色也就难以提上政策议程。如今，如张尧学所言，认识上的统一，促使政策社群开始考虑"真枪实弹"地支持职业教育办出特色。

2005 年《国务院关于大力发展职业教育的决定》（国发〔2005〕35 号）十五条指出："加强示范性职业院校建设。……2010 年以前，原则上……专科层次的职业院校不升格为本科院校。"一方面，启动了"高职中的 211 工程"项目；另一方面，则通过项目合同约束来隐性规制高职院校升本。当然，这主要针对的是试图或已经入选全国示范性高职院校建设计划的院校。于其他院校，"升格"禁令期限不是 2010 年，而是《教育部等七部门关于进一步加强职业教育工作的若干意见》（教职成〔2004〕12 号）所设定的"从现在起到 2007 年"。

2008 年两会期间，第十一届全国人大代表浙江纺织服装职业技术学院

①　谢湘，李剑平. 高教司司长张尧学：高职院校不再是差生的"集中营"[N]. 中国青年报，2009-06-19.

②　张尧学. 中国高等职业教育改革与可持续发展[EB/OL][2009-07-07]. http://web2. sdp. edu. cn/chuangjian/news/onews. asp? id=5547.

院长王梅珍提交了《关于构建高等职业教育多层次体系的建议》，从职业教育趋向多层次，培养高级技术型人才是时代所需，如何构建完善高职教育多层次体系等展开分析，围绕体系建构提出 3 条建议，设计了上达研究生层次的职教体系。[①]

武汉音乐学院院长彭志敏委员建议"授予高职教育毕业生专门学位"："为吸引……接受高职教育，国家应考虑给高职毕业生授予专门学位……很多人内心中并未完全把高职教育视为高等教育……与高职教育缺乏学位制度有一定关系。如……能建立……相应的学位制度……则利于改变尴尬状况。高职教育目标是培养智能型的技术应用型人才……既然有一定学术性，那么颁发相应学位不仅是应当的，且是合理的。"[②]

银川大学校长孙珩超委员也指出："职业技术教育实际上还是国民教育，不是简单培训。社会上的这班、那班……没有一整套的教学体系。国家教育体系是根据市场人才特点调整学科的，从这个角度要鼓励职业技术学院升本科，特别是民办的。升本科不等于转变了职业技术学院的性质，只是对人才学历的提高。升本科以后……都会提高一个档次，但方向依然是职业技术教育，要有侧重，不能按照普通高校的方式来办学。"[③]

上述表达，实际是职业教育"是类型不是层次"的实践倡导。更重要的是，表达出"升格不等于变性"，而是在职教方向下的层次提升的观点。在某种程度上，也间接回应了所谓"升格"即放弃类型特色、不安心定位的"污名"。

针对议题网络呼吁，政策社群中相关领导者在不同场合也做了回应。如 2009 年 8 月在重庆市教育工作情况汇报会上，教育部鲁昕副部长表示："上中职中专的孩子有望继续学到本科甚至专业硕士，我们正在设立这样一个体系。"[④]

2010 年两会期间，全国人大代表、浙江纺织服装职业技术学院院长王梅珍继续（连续两年）积极倡导："国家尽快厘清职教各层次基本特征、教育目标和教育方式……形成区别于普通专科、本科和研究生教育的多层次高职教育体系。同时，按照循序渐进、分步试行原则，在沿海发达地区，选取具有代表性的行业或示范性院校进行'升本'试点。"[⑤]

---

① 汪群芳. 人大代表王梅珍谈高等职业教育[EB/OL]. 浙江在线·教育频道. http://news. sina. com. cn/c/edu/2008-03-10/114513548983s. shtml，2008-03-10.

② 佚名. 政协委员彭志敏：建议授予高职毕业生专门学位[N]. 中国教育报，2008-03-11：2.

③ 两会语录[J]. 职业技术教育，2008(15)：65.

④ 田文生. 教育部副部长鲁昕：中职学生有望念到硕士[N]. 中国青年报，2009-08-13.

⑤ 李剑平. 高职升格诉求难以扼制，谁来培养四年制本科高职生[N]. 中国青年报，2010-04-19.

网络治理与秩序生成——教育政策变迁中的治理演化

对此，《中国青年报》予以报道，并配以标题——"高职院校升格的诉求与冲动始终难以扼制，谁来培养四年制本科高职生"。报道分别以"人大代表'固执己见'：职教层次上移是必然趋势""是让三年制高职升格，还是由本科承担"为段落标题，展现了倡导者、决策层双方的观点和立场。

高教司副司长刘桔接受《中国青年报》记者采访时指出："三年制高职院校升格为四年制（本科）高职冲动一直都有，我们现正加强研究。现在的上升渠道从理论上来说是行得通的……只是政策上、选拔数量方面有所限制。教育部一方面正完善职校毕业生直接升学制度，扩大职校毕业生接受更高层次教育的比例和规模，并改革现行以知识为主的考试制度，构建一种知识加技能的考试制度，使职教'立交桥'更通畅。另一方面，要加强调研'谁来培养四年制高职生'问题。国内只在深圳职业技术学院等少量院校试点直升本科，更多……还是去本科院校接受更高层次的教育。但是不是所有试点东西都要全面推开，需科学论证。因为……'升本'涉及很多因素……要根据具体国情而定。高技能人才不完全是在学校培养，更多需要到社会一线实践和积累经验。是三年制高职院校升格为四年制本科，还是由现有四年制普通本科院校来培养……我们现已开始研究。我们在现阶段要稳定一批好的高职院校的发展势头，尤其是三年制高职院校。"①

上述表明，政策社群此时已将议题网络所倡导的层次提升诉求纳入政策议程（"正加强研究"），但在具体政策方案选择上，尚未考虑成熟。不过，总体倾向现有高职院校保持稳定。

9月13日，全国高等职业教育改革与发展工作会召开——这是近年来首次特别为高职教育召开的全国性会议。这一年，首批国家示范高职院校建设期满通过验收，而2005年《国务院关于大力发展职业教育的决定》（国发〔2005〕35号）十五条中所规定的"2010年前不升格"也到了期限。议题网络中，不少完成了首批示范性建设验收的高职院校开始再次呼吁"升格"。

教育部党组副书记、副部长陈希在会议中指出："纵向与中职教育比，横向与普通高等教育比，高职教育如果找不到独特的服务领域，凸显不了不可替代的作用，存在依据就会受质疑，发展空间就会受挤压。有的院校……盲目攀高，追求学校的升格。……改革要从实际出发……不能从本本出发，不能按想象与愿望出发；三是教育事业责任重大，对教育的事情要审慎，心要热，脑子要冷。"②

9月14日，高教司张大良司长做会议总结发言指出，"部分高职院校片

---

① 李剑平.高职升格诉求难以扼制，谁来培养四年制本科高职生[N].中国青年报，2010-04-19.

② 李剑平.教育部定调：高职升本科问题现阶段不争论不动摇[N].中国青年报，2010-09-17.

面、盲目追求升本科倾向,严重影响办学质量""这个问题现阶段不争论,不动摇"。同时,也道出了现阶段高职院校之所以要坚守层次、类型的运筹考虑。"高职学生进入本科院校的体系已形成,渠道初步建立,不是完全没有通道。600多所地方新建本科与独立院校,就是应用型本科院校……高等职业教育在高等教育体系中任务与分工是,在相当长时间内……培养……专科层次人才。……高职院校……在自己层面做出一流,同样光荣与受人尊重。归好队,定好位,坚守自己的层次、类型,培养一流的高素质、应用型技能人才。"①

上述言论表明,政策社群此时在政策方案选择上已有明显倾向性,基本确立高层次应用型人才的培养主体即应用型本科院校(地方新建本科与独立学院),对高职院校的考虑是,在相当长的时间内继续在专科层次安心定位。

二、议题网络、专业网络的治理互动

"升格"禁令出台后,一石激起千层浪,引发了议题网络、专业网络的激烈互动。结合规制禁令期限,下文将从2007年之前、之后分别探讨。

(一)2007年之前的治理互动

学术刊物上,有研究者对"政策口子"不能开的原因做了论证:会引发职业教育的浮躁现象;达不到真正优化高职层次结构的目的(充其量不过是又增加了一些低层次末流普通本科院校而已);举办本科高职有多种途径可供选择(现有本科改制、普通本科办本科高职,开辟专本沟通学制),没有必要让条件并不成熟的专科高职院校升格为本科高职。② 但也有研究者尝试构建高职教育独立体系,来解决高等教育分类、定位问题,如潘懋元先生2005年在《教育研究》撰文《建立高等职业教育独立体系刍议》,对高职层次体系的设计上达到研究生教育层次。

其实,早在"升格"禁令出台之前,学界就不乏一些相关著述、议论。如夏建国、李晓军结合世界形势、上海地区岗位分析,指出人才培养层次高移的趋势。邓耀彩认为,学历期望走高的主要原因是市场因素,应充分发挥市场调节作用。肖化移指出,采用"一体化"方式(本科院校办高职)实际上是"扬短避长"。黄亚妮撰文指出,高职龙头院校学制宜尽快过渡到以四年制高职为主和三年制专科甚至研究生培养并存的综合高职院校。严雪怡从人

① 李剑平.教育部定调:高职升本科问题现阶段不争论不动摇[N].中国青年报,2010-09-17.
② 雷世平,姜群英.专科高职院校升格本科的"政策口子"缘何不能开[J].河南职业技术师范学院学报(职业教育版),2005(1):22—24.

才类型结构变化论证人才规格变化及职教结构变化。①

中国科学院院士贺贤土在接受《职业技术教育》记者采访时指出:"我个人看法,高职教育应包括高等技术教育和高等工程教育,而目前本科院校中没有技术教育这一相应类型。技术教育、工程教育……应属高等职业技术教育范畴。……我认为由本科层次教育来培养这一类型人才比较合适。这就涉及高职学制问题,我个人认为它应包括二年制、三年制、四年制,甚至硕士、博士层次教育,形成一个相对完整体系……但是,我们现在的本科教育是通才教育、科学教育,缺乏技术教育。这是很大缺憾。"当记者问"高职人才培养类型问题,以往将类型定位为技术型人才,近两年特别是三次高职高专产学研会后,被明确定位为高级技能型人才。您的理解?"时,贺院士答:"技能教育是技术教育基础……技术教育不能没有技能教育,但又不能限于技能。技能的形成是经验性的,技术型人才培养需比较好的技术科学基础。……二年制高职很难培养出优秀技能型人才……强调以就业为导向,这句话只对高职教育讲,不对其他教育说是错误的。……限制了高职教育发展,甚至是将高职教育等同于就业训练班,从长远看这不利于高职教育发展,也不利于整个社会、整个国家发展。"②

2005 年 7 月 15 日,《人民日报·华南新闻》刊发题为"'技工年薪 46 万'拷问教育体系"文章,指出:"我们的教育体系的确出了问题,政府乃至整个社会在默认'跛腿'教育:义务教育后……分为两支队伍,一支……读高中乃至上大学,另一支实际是被淘汰的……改革开放前……家底薄。……当我国成为世界制造业中心时……政府却没有'与时俱进'。一方面普通高校及其高中教育依旧受到重视,发展速度惊人;另一方面,各种职业教育处境窘迫,被简单地认为是'解决就业'问题的应时之举。教育体系不合理,资源分配不均衡,后果是严重的。……目前各地大学的急剧扩招……隐藏着不少问题:其一,在大学生的绝对供给上体现了发展,在与市场接轨方面却没有本质进展;其二,由于普通高校与技工学校发展不对称,实际上将延续甚至强化现有的问题。不少人担心以后大学生找工作更难,这不是没有道理。

① 夏建国,李晓军.略论全球化视野中技术应用型人才培养层次的高移[J].教育发展研究,2004(1);姜大源.教育层次提升与教育内容扩展——从德国 IT 领域继续教育方案看我国高职定位[J].北京联合大学学报(自然科学版),2004(1);邓耀彩.从社会学历期望看四年制高职教育[J].职业技术教育,2004(4);肖化移.大众化阶段高职教育发展模式之比较[J].职业技术教育,2004(7);黄亚妮.深圳全面建设小康社会背景下的高职教育创新[J].职业技术教育,2004(7);严雪怡.人才类型结构的发展变化和职业技术教育结构的发展变化[J].职教通讯,2004(9).

② 树伟.高等职业教育不能仅仅满足于培养高技能人才——中国科学院院士贺贤土访谈[J].职业技术教育,2004(24):47—49.

不能把发展各种层次的技工学校,简单地看成为'解决就业'问题……而欲改变现有'跛腿'状况,必须从调整教育体系,优化教育资源上着手。"①

7月20日,中国职教学会举办纪念《中共中央关于教育体制改革的决定》发布20周年座谈会,中国工程院院士朱高峰、中国科学院院士贺贤土、刘盛纲、李曙光发表了相关意见。

朱高峰(邮电部原副部长、工程院常务副院长)指出:"两个词 technologist 和 technician……有人说前者是技术师,后者是技术员。这涉及一个问题,职业教育应不应该设计一个技术系列,实际是要解决职业教育归属问题。本科压缩,其实是归属导致的矛盾……"

贺贤土(宁波职业技术学院名誉院长)指出:"高职校热衷升本科,为什么?国家投入政策不一样,所以有动力。另外,高职名称也造成很多误解……政策的目的是不让你跳出这个圈——招生是第五批,别的学校不要的才给职业教育,这种状况不改不行。"

刘盛纲(电子科技大学原校长)建议改变歧视性政策安排,对职业教育要真正重视。"首先,是改变一些歧视性政策,如能否允许高职与本科一起竞争招生;在名称上不要一定扣上'职业'的帽子、定个身份,要给向上发展的出路……几代领导人中许多都是有职业教育经历的……这样的传统我们不能丢掉。"

李曙光认为:"技术工人的社会地位是重要导向。首先是社会价值取向上出了问题。德国工人安心本职工作,福利待遇和社会认可方面和研究人员差不多。而我国……文件和领导讲话都说重要、重视,但到了基层就……推不动。……职教的问题首先不是它自身问题,而是出路问题。德国工科院校招生必须从中专学校里招。设想如果清华能从中专招生,职教会是现在这样吗?按照现在的高考模式,职业教育永远是末流,它怎么去竞争?现在就要在制度创新上做文章。"②

除新闻媒体、院士论坛外,学术期刊也刊发了相关研究者对职业教育政策环境的思考。如杨金土的文章《在奋进中滞后我国职教发展的教育环境分析》,直批目前的教育政策环境③:

为少数精英的选拔,用单一学业评价标准衡量所有人……使多数人被逐级淘汰为"失败者"。……体制、评价和政策……偏离正确的教育观、人才观和质量观……突出表现在资源分配和招生工作两方面。

① 陈鸿."技工年薪46万"拷问教育体系[N].人民日报·华南新闻,2005-07-15:2.
② 佚名.院士论[J].职业技术教育,2005(21):14—19.
③ 杨金土.在奋进中滞后我国职教发展的教育环境分析[J].职业技术教育,2005(21):49—51.

资源分配方面的政策、体制滞后,造成教育公益性缺失,使教育类型多样化进程受阻。职教在资源分配失衡的体制政策环境中更被忽视。招生工作方面的体制政策滞后造成了对部分教育类型、部分教育机构和部分人群的伤害。

以高校招生工作为例……分批录取政策虽并无法律可依……似乎已"名正言顺"。为什么不能把招生录取权利还给学校?为什么不能对弱势职校多加扶持而要人为压它一头?不少领导人说过,不同学校都可办出自己一流学校……可是为什么不能落实在具体的政策上而仅仅是一句口号呢?

现行教育体制和政策在教育公平方面的致命弱点:一是……制造教育机会的不公平;二是人为扩大同级同类教育机构间的资源差距,制造教育条件的不公平;三是不相信……不承认人类智力多元性,以单一标准衡量学业,制造智力开发的不公平;四是按教育类型的不同和教育资源的贫富把学校分成不同等级,然后施行不同政策待遇,保护一批,压制一批,制造发展选择的不公平。

……如果不改变精英教育为主体的运作规则,在教育选拔与淘汰强势面前,职教的存在和发展常被当作应试教育的缓冲地带而时兴时衰,在某些不公正教育评价、教育体制和教育政策控制下,它只能处于"次等教育"地位。

2006年,《高等教育研究》刊发《创建世界一流:体系还是大学——我国高等教育发展的战略选择》一文,一直被高度关注的"一流"建设开始与体系建设联系起来。《中国职业技术教育》也连续刊发了相关课题组就"职业教育的基本问题"对国内外职教专家的访谈内容,以深化对职业教育的认识。上海市教科院高职教育发展研究中心主任马树超在《中国教育报》撰文指出,在学历层次上,近期会基本稳定在专科层次,中期将先在东部沿海地区试行本科层次高职教育,远期高职教育的学历层次将呈多样化趋势。[①]

在江苏,有研究者结合苏南区域经济发展状况论证高职教育层次提升有必要性。深圳职业技术学院陈宝华等人,对"升格热"做了政策反思,涉及不完整的高等教育体系、财政拨款制度、招生和学费制度等对高职发展的影响等。夏建国认为大学教育"物种多元"是人才类型多样化的反映[②],并以上海电机学院办学实践为基础,积极倡导技术应用型本科院校定位。

2006年,政协教科文卫体委员会与中国青年报社分别于11月23日、12月16日主办了两场高规格论坛。朱高峰院士提出建立职教独立体系,如无

---

① 马树超.高职教育的现状特征与发展趋势[N].中国教育报,2006-09-14:3.
② 夏建国.技术人才缺失背后的教育失衡[N].文汇报,2006-12-26.

独立体系,职教肯定是附属。谈松华提出在学位序列外,再建立一个能力序列。

谢维和(时任清华大学副校长)则指出[①]:"职教模式是多样的……不能简单把职业教育等同于某一种职业教育的模式……职教体制和模式至少有三种:第一种,是我国现正实施的,独立的职教体制和模式;第二种,是包含职教内容或具有一定就业取向的普通教育的体制与模式,它是一种普通教育,但……具有一定的职教内容;第三种,普通教育之后的职教体制和模式……概括为:第一种是独立的,第二种是包含的,第三种是衔接式的。所以职业教育不是简单的一种类型。"

在《中国政协报》的报道中,他又详细地介绍了这三种模式:"三种模式,国际上有不同意见。如 Foster 认为,只要普教具有一定就业取向,包含一定职教课程就可,单纯的职教对社会发展的目标是无意义的。第二种观点,认为需建立独立的职教体系,特别是对很多发展中国家来说,职教仍是提供技术劳动者的重要途径,且它对不适应普教的学生来说,是非常必要的。……'独立'模式。第三,世界银行……认为职教……更花钱,且也可能不是……有效方式,相反,企业和部门的短期培训可能是……更好的选择。"[②]

(二)2007 年以后的网络治理

到 2007 年,2004 年"升格禁令"文件的规制期限将至,议题网络、专业网络互动更趋频繁。

1. 合理性倡导

各方围绕层次提升积极倡导,或从职教基本理论探讨出发,以廓清概念认识误区——实质是驳斥职教是就业教育、低层次教育,或旗帜鲜明地树起"技术本科"大旗,或从历史角度出发梳理高职人才培养规格,或从负面现象、问题角度出发反思教育制度安排等。

如《职教通讯》刊发了上海市教科院职教所郭扬的《职业教育 = Vocational Education?》一文,作者提出要树立"大职业教育"观,从思想上到实践上切实地将传统的 Vocational Education 拓展为 TVET。杨金土读后,向《职教通讯》两位负责人王明伦、庄西真寄来书信[③]:

我刊……刊登了……一文……我是同意他的基本观点的,但是目前重要的还不在于该篇文章所阐述的观点有多少人反对或同意,我更看重的是这个命题。因为很多涉及职教的大是大非问题,往往是由于对"职业教育"

① 行水.中国职业教育:怎么看,怎么办[J].职业技术教育,2006(36):38—47.
② 谢维和.关于职业教育模式的思考[N].中国政协报,2007-02-26.
③ 佚名.杨金土先生给本刊负责人的来信[J].职教通讯,2007(6):5—6.

概念的理解有分歧,因此……难形成共识……

……问题的长期存疑确实事关重大……在一些基本理论问题上长期处于混乱状态,并导致"概念随领导的变动而变动"和相关政策的随意……严重限制……也直接阻碍职业教育的改革和发展……

看起来这个问题好像是老生常谈,可是"常谈"却并未解决,所以"常谈"还有继续的必要……

1949 年以来,对此项事业的名称曾一再变动。……用"技术教育"……用"职业(技术)教育"……第一次用"职业技术教育"……皆用"职业教育";可是……将原中等专业教育司改设为"职业技术教育司"……中有十多处使用"职业技术教育",另有两处用的是"职业和技术教育"……孟广平……多次告诉我说,关于"职业技术教育"的实际内涵在国家教委当时的有关领导中是很明确的,即包括了"职业教育"和"技术教育",与联合国教科文组织所称"技术与职业教育"完全同义。……影响最大并引起此后许多歧义的名称变动是 1994 年把"职业技术教育"改称为"职业教育"。当时我还没有退休,曾经为不改名而据理力争,可是没有成功。

2005 年 11 月 13 日,温家宝总理在全国职教工作会作题为"大力发展中国特色的职业教育"的主报告中明确指出:"我们说的职业教育是个统称,它既包括技术教育也包括技术培训……"然而……并没有从此"尘埃落定"。

基于上述分析,我建议我刊不妨设个有时间性的专栏……组织若干期讨论。……讨论持续时间倒可以适当长一点……最后如有可能,可考虑举行一次小规模研讨会(规模大的研讨往往不易深入和集中),然后由编辑部作个"综述"告一段落。我想,我们不能企求通过这样的讨论得出多么统一的认识,但这样做的结果,肯定会有益于进一步厘清这个关系全局的根本性问题……

随后,《职教通讯》在 2007 年第 6 期就开辟了"关于职业教育称谓的讨论"专栏。同年,新闻媒体,如《文汇报》《中国教育报》分别刊发了题为"工程教育能力缘何世界垫底?""适应企业发展培养本科技术人才"等文章。一些高教类学术期刊陆续刊载了"技术本科教育"相关文章,论证发展职业技术教育本科,是大势所趋,将大有作为。

职教类期刊也刊载了一批文章,涉及"大职教观""技术本科教育""职业教育和技术教育的区别"等。特别是杨金土从历史角度梳理了高职人才培养规格,论证培养目标不能仅单一化定位于"技能人才",也可以是"技术人才",为开展高层次技术教育做了铺垫。① 严雪怡则直接指出高等职业教育

---

① 杨金土.以史为鉴谈高职的人才培养规格[J].中国职业技术教育,2007(25):5—8.

采用普通高等专科学制不是最佳选择。① 有研究者甚至从"技术本科教育"出发,开始规划设计"专科类高职院校升本后的定位问题"。②

在2007年9月中国(哈尔滨)国际职业教育论坛上,深圳职业技术学院院长刘洪一做了《示范性院校建设与中国特色高等职业教育体系的构建》报告。倡导以示范性院校建设为契机,构建中国特色高职教育体系,探索高职教育层次结构(专科层次始终是高职主体,适度发展本科层次,探索更高层次实现途径),建立高职教育的学位制度。

刘院长的报告,代表着议题网络的倡导。专业网络中相关学者则对层次提升需要从现实是否可行、理论是否有立论依据两个层面做了回应。例如,指出技术领域中需要培养技术科学研究和新技术设计人才,技术也有技术的原理,专业学位可作为高等职业教育学士、硕士和博士学位授予的基础。③

此后三年,随着国家示范/骨干高职院校建设计划的推行,一批优秀高职院校为获取发展资源,以"承诺不升本"为条件获得项目资助身份,在"升格"问题上只能"失声"。故而,此时期议题网络中的倡导呼声总体不高,仅有个别未入选院校的零星表达。到项目验收完毕(首批验收在2010年左右),相关院校感觉通过项目建设学校质量水平提升不少,议题网络中"升格"诉求呼声再起,具体采用媒体宣传(营造舆论)、"上书"模式(借助代表委员直接影响决策层)、会议论坛、院校考察(对政策社群官员进行沟通、试探)等策略手段。

这一时期,专业网络中相关学者研究呈现蔚为大观之势。潘懋元先生等从高校分类、定位、特色发展角度出发,喊出特色型大学、应用型本科发展口号。职教界相关研究者继续从职业教育与技术教育、技术工人和技术员、技术与技能的区分等角度分析探讨高职教育人才培养规格。

但专业网络内部也有不同声音,如姜大源(教育部职教中心研究所)对"技术"与"技能"的辨析,认为在职业教育中两者不可分,不能断定在教育层次上技术型人才高于技能型人才,高技能型人才可以说技术型人才。④ 而更多研究者倾向于认为技术型是更高一个层级,如石伟平(华东师范大学职教所所长)在《中高职定位:尴尬与方向》一文中指出:"中职定位于培养'技能

---

① 严雪怡.高等职业教育采用普通高等专科学制不是最佳选择[J].职教论坛,2007(17).

② 薛飞.基于教育分类与人才分类的技术本科教育探讨——兼论专科类高职院校升本后的定位问题[J].职业技术教育,2007(28):14—16.

③ 肖化移.终身教育背景下高职教育层次提升:现实基础与理论诉求[J].职业技术教育,2007(31):10—14.

④ 姜大源.职业教育:技术与技能辨[J].中国职业技术教育,2008(12).

型',高职定位于培养'高技能型',无法……清晰准确地看出区别,也无具体的可操作的标准。政策的模糊性进一步导致中高职定位不清晰,陷入尴尬境地。……粗线条的划分方式,根本无法体现人才培养在本质上的区分。……'高'到什么程度?用什么标准来衡量'高'与'不高'?都没有明确回答。……相对于中职,高职之'高',到底在哪里?是技能,还是理论?"①

除了人才规格定位争辩外,概念辨析还涉及"类型论"与"层次论"、立交桥与双轨制等,辨析为深化观念认识提供了理论准备。② 此外,有研究者从比较研究角度出发,对比境外高等教育办学实践,特别是学制特征,为职教层次提升(或独立体系)倡导提供佐证依据。③

2. 路径倡导

在层次提升合理性论证之外,相关论者进一步围绕层次提升的突破路径、行动策略展开分析。在突破路径上,李均、赵鹭在对美、德、日三国本科层次高职教育进行梳理的基础上,总结出三类创建模式(升格、新建、衍生)和三类办学形式(独立型、混合型、合作型),④议题网络中的倡导路径基本可被涵盖在上述分类中。

在实现策略上,有研究者从管理层面出发,建议将高职高专处由高教司划转职教司,高等职业教育划归职教体系,⑤为层次完善提供突破口;相关论者或建议在发达地区的国家示范校先行试点,或部分应用型本科院校划转为高职本科;张衡结合制度变革实现方式(自上而下或自下而上),认为自上而下"强制性"制度变迁(供给主导型)或自下而上"诱制性"制度变迁(需求诱致型)不同程度面临部门利益、进入壁垒等现实困难,基于变革难度(成本、路径依赖等)的现实考虑,认为采取"中间扩散型"方式,即地方政府作为"次级行动团体",沟通微观主体制度创新需求与决策中心制度供给意愿,不失为可行路线。⑥

① 石伟平. 中高职定位:尴尬与方向[J]. 中等职业教育(理论),2010(1):卷首语.

② 蒋广庭. 对高职教育定位中"类型论"与"层次论"的探讨[J]. 教育与职业,2010(6);李峰,李枭鹰. 高等教育立交桥与双轨制辨析[J]. 当代教育论坛(宏观教育研究),2005(3).

③ 彭志武. 高等职业教育学制研究[D]. 厦门大学,2007;姚加惠. 高等教育学制比较研究[D]. 厦门大学,2007.

④ 李均,赵鹭. 发达国家本科层次高等职业教育研究——以美、德、日三国为例[J]. 高等教育研究,2009(7):89—94. 衍生模式,即本科高职人才培养是院校新衍生出来的职能;独立型,即由独立建制高职院校承担;混合型,即由专科高职院校及相关院校承担,如日本专门学校的专攻科、美国普通大学的本科高职等;第三类合作型,即专科高职与其他院校合作培养本科高职人才.

⑤ 苏杨,李建德,王立东. 高等职业教育应回归职教体系发展——基于江西调研的分析[J]. 中国发展观察,2008(1).

⑥ 张衡. 本科高职发展的困境分析与路径选择[J]. 教育发展研究,2009(21):65.

3. 不同的声音

在论证、倡导之外，议题网络中相关媒体并未完全认同附和，而是也发出了不同声音。如《职业技术教育》刊发《升格是职业院校的唯一出路吗》一文，从"久议不决的话题""愿望与抑制""升还是不升""出路何在"几个方面，介绍了议题的由来、围绕此话题的争斗、规制禁令执行情况（升格步伐并未停止）、国外情况（新加坡不会把理工学院升格为大学）等，同时附上了升格院校名单，本专科院校比例、增速，亮黄牌院校名单等，论证一流教育与学校层次并无必然联系、盲目升格带来的问题等。①

此外，2008 年 10 月 8 日，荆楚网刊发了题为"技术教育大可不必等到本科阶段"的评论，评论结合瑞典教育体制及我国办学历史经验——技术教育在 1998 年以前很受欢迎，北大曾将四年制本科教育压缩为三年，当时的中专教育就是培养技能型人才的教育模式等，指出：技术教育都没有放到本科教育阶段的必要，倒有必要借鉴瑞典等发达国家的技术教育模式！②

正是因为议题网络、专业网络在高职教育层次提升命题上缺乏共识，多少影响到政策社群的决策，层次规制政策迟迟未能终结。不过，从后期改革走向看，议题网络、专业网络中的相关论证倡导不同程度上已被政策社群中的决策层吸纳接受。如在管理体制上，高职高专处划转到了职教司；在创建模式、办学形式上，倡导新建本科转型，试点长学制、与本科院校合作办学等途径并行推进；开辟职业教育改革试验区，推动省级政府教育统筹综合改革试点等，个别省份由此开始了职教的高层次试点。

---

① 凡华.升格是职业院校的唯一出路吗[J].职业技术教育，2008(15)：34—38.

② 肖隆平.技术教育大可不必等到本科阶段[EB/OL].http://news.xinhuanet.com/edu/2008-10/08/content_10165579.htm.

第八章 "层次"政策变迁中的网络治理:全面改革期

全面改革期,时间跨度大致从 2010 年《国家中长期教育改革和发展规划纲要(2010—2020 年)》拉开改革大幕算起,直到今天仍在探索之中。主要表现在试点分级制、倡导新建本科院校转型职业教育、高职院校试点长学制等方面。

第一节 "分级制"试点中的网络治理

一、改革前期的治理互动

在分级制试点之前,不同类型治理网络已围绕相关问题,积极参与治理,这构成了分级制试点改革的背景。

（一）作为改革背景的治理互动

在试行分级制之前,管理体制上部门利益分割导致资源缺乏整合、证书(学历证书、职业资格证书)衔接难、学生发展难("断头教育")、职业教育吸引力不高、"技工荒"等问题已引起各界广泛热议。

就管理体制、技术人才匮乏及职教地位低下等问题,质疑批判之声也已持续数十年之久。原教育部职教司副司长刘占山指出:"60 年代初期,一个八级工的工资不低于大学教授,在技术方面他就是权威,可现在……把职教视为二流教育……实际上跟国家导向有一些关系。毕业生的工资、住房、职称等系列待遇都与学历挂钩,所以很多人认为只有上大学……才有出路。"①

教育学会副会长陶西平举例指出:"我见到一名在中外合资企业工作的同志,他愤愤地对我说,外方声称派了一名著名专家来指导工作,其实来的不过是一个高级技工,言下大有上当受骗之意……职业教育被不适当地降

---

① 佚名.群言[J].职业技术教育,2005(24):12.

低了在国民教育体系中的地位。"①

劳动和社会保障部的调研结论是,现行教育体制重学历教育、轻技能培训是技术工人短缺的主要原因。② 同样,南昌大学生命科学学院院长朱友林也指出,现行教育体制的单一是造成技术人才短缺的原因之一。高校都热衷于挂牌升格,定位于研究型学府。现在的怪现象是,社会对技术工人和高技能人才需求量大大增加,大学生就业却成为难题。③

国家教育发展研究中心副主任周满生也指出,劳动保障部门管理技工学校、技师学院,中、高等职业教育由不同部门(职教司、高教司)管理。政出多门,互相掣肘,资源难以整合,管理体制不顺、统筹力度不够,是职业教育热不起来的一个重要原因。④

英国教育部与劳动部合一,更名"教育与就业部"(后改为"教育与技能部"),也给国内职教界以管理体制改革的启迪。2004年,翟海魂曾撰文从历史上两大职教领导机构在中德项目谈判上的权益之争,到职业培训、资格认证、就业准入、证书互认等现实层面问题及职教内部管理机构的分割,论证了部门权益之争是如何阻碍事业发展的。他指出,尽管成立一些职教协调机构,但效果并不理想,问题仍解决不了,联席会议和议事机构亟须实质性改革,同时强调,管理体制问题不能回避,虽十分复杂、棘手,但冲破体制障碍,对职教发展关系重大。⑤

2009年,适逢《国家中长期教育改革和发展规划纲要》征求修改意见,《中国青年报》开辟专栏,职教学会副会长俞仲文针对职教管理架构,提出建议⑥:

第一,调整教育部门与劳动就业保障部门的业务范围,将劳动部门的技能型人才培养业务归并教育部门统一管理。两个方案:一是教育部改名为"教育与技能部";二是教育部分为教育一部和教育二部,一部为传统教育部内涵,二部又称为"职业技术教育部",将教育部的中职、高职及劳动保障部的技校、高级技校和各级各类技能培训机构管理业务合并一起。未调整前,建议从中央到地方,各级政府应由一位行政首长来统一管理教育与劳动两部门业务……防止部门间……内耗和扯皮。第二,教育部领导来源,要配备

① 佚名.群言[J].职业技术教育,2005(33):12.
② 佚名.民工、技工"荒"在哪,为何"荒"?——来自劳动和社会保障部的结论[J].职业技术教育:2004(24):56.
③ 佚名.群言[J].职业技术教育,2005(18):12.
④ 佚名.群言[J].职业技术教育,2005(33):12.
⑤ 翟海魂.有感于英国教育部改名[J].职教论坛,2004(10).
⑥ 俞仲文.职业教育管理体制须动大手术[N].中国青年报,2009-01-12.

来自产业部门又熟悉教育的领导干部,来管理职业教育的业务,不能仅从精英大学中去选拔,否则会有意无意地使职业教育变成普通教育的附属物。第三,建立国家职业技术教育管理委员会……作为职教行政管理部门的补充……

2010年,21世纪教育研究院副院长熊丙奇也呼吁成立"教育与劳动就业部",调整教育部、劳动部、科技部部分功能,充实教育部发展科技、职业教育和劳动就业等方面的职能。①

同期,英国、澳大利亚等国家资格框架也陆续被学界关注并引介,意在为普职沟通、层次衔接提供借鉴。

此外,高职生源紧张问题逐渐浮出水面。2010年3月,武汉大学校长顾海良警告,随着出生人口基数下降,高教适龄生源数量减少,将加剧高校竞争淘汰,未来十年部分高校将面临破产危机。② 9月,《中国青年报》以"高职院校招生冰火两重天 一些高职消亡不可避免"为题,报道了高职招生情况。③

次年9月,高职招生困境依旧,入学率和高就业率反向赛跑境况日益明显。在此之前,《中国青年报》记者做了走访调研。一些高职院校院长提出,缩小中职招生规模,不应再继续大规模培养中低文化层次与技能水平劳动者,并援引教育规划纲要指出,职教作为一种类型,现在不未雨绸缪调整结构对接中职、高职、本科、专业硕士不同层次职业教育,更待何时?④ 9月,《中国青年报》以"高职招生危机倒逼高教改革"为题报道了江苏省"注册入学"改革试验。相关人士认为,统一录取模式越来越不能适应多样化的人才录取选拔需求,注册入学成为高教发展,尤其是高职院校招考制度改革的必然趋势。⑤

如果说相关体制、政策设计客观上预埋了问题的种子,而生源危机则是"导火线",加剧了问题显性化进程。上述,总体构成北京分级制出台的社会背景。或者说,分级制正是对上述问题做出应对的一种试验性求索。

(二)论证试点阶段的治理互动

早在2006年,北京市教委已投入分级制研究之中。2010年,设计者孙善学(中国成人教育学会副会长)开始利用媒体营造改革氛围。8月30日,

---

① 钱钰.教育专家大胆建议:部属高校宜改称国立高校[N].新闻晚报,2010-03-04.

② 武大校长称未来十年部分高校将面临破产危机[N].中国青年报,2010-03-24.

③ 梁国胜.高职院校招生冰火两重天 一些高职消亡将不可避免[N].中国青年报,2010-09-13.

④ 李剑平.高职院校遭遇生源萎缩困境 教育部将在6省市试点建设职业教育"立交桥"[N].中国青年报,2011-01-31:11.

⑤ 李润文,黄欢.高职招生危机倒逼高教改革[N].中国青年报,2011-09-08:3.

《中国教育报》刊发其文章《发挥职教在教育分流中的重要作用》。该文指出："现阶段,普职倒挂现象仍未根本扭转……分流标准,主要看学业成绩。偏重选拔普通教育学生,考评标准过于单一。普通教育……遵循的规则是……竞争—选拔—淘汰机制;职业教育属技能教育,面向人人、面向社会。……而不是设置门槛……来决定是否接受人们的学习愿望,因而遵循的规则是开放—教育—就业机制。就职教而言,选拔目的不是'制度拒绝',目前,职业教育限制升学比例……降低了职教吸引力……由于技能要求和工艺水平无止境,职业教育应没有终结、'上不封顶'。职教发展关键是建立……职教层次体系,不能简单模仿套用学历层次体系,也不能成为岗位职业资格培训体系的附庸,而应尽快建立自己的'话语体系'。只有自己层次体系建立起来……才不至于……'借道行驶'……要从构建终身教育制度的高度来认识教育分流制度和职业教育体系、制度的建设。"①

在 9 月 20 日出版的《职业技术教育》中,他撰写《教育分流要向职业教育加大倾斜力度》进一步论证其观点:"普教体系'一考定终身'式的考试升学机制……形成竞争—淘汰的严峻事实。往往在选拔'成功者'群体的同时也制造了'被失败'群体。……素质教育所做的许多努力会弱化甚至化为乌有……政府的责任不仅在创造和提供公共教育资源,还在于把握发展需求,引导人们选择接受教育的正确路径。……政府发展教育的成就不在于教育资源的简单扩大和培养人才数字的简单增加,更在于培养人才的结构和质量。"②

10 月 24 日,《关于开展国家教育体制改革试点的通知》(国办发〔2010〕48 号)印发。北京分别被确立为"省级政府教育统筹综合改革试点"和"改革职业教育办学模式,构建现代职业教育体系"专项改革试点地区。府际网络互动,为北京争取到了先行试点的机会,为分级制提供了改革"试验田"。

11 月 2 日,《中国教育报》刊发了孙善学题为"拨动职业教育与城市发展的和弦"的文章。他指出:③"职业教育的发展已经'从求学驱动到发展驱动'——职教发展规模不再单纯取决于人们选不选择,更在于社会需不需要。发展机制已从……求学需求拉动型,向满足城市经济建设需要的发展需求拉动型转变;'从适应发展到促进发展'——职教从传统教育中分离出来……是……教育结构……的重大改革措施;'从学历本位到能力本位'——拥有学历不再是唯一目标,掌握一定的专业技能成为人们新的追求。"

① 孙善学.发挥职教在教育分流中的重要作用[N].中国教育报,2010-08-30.
② 孙善学.教育分流要向职业教育加大倾斜力度[J].职业技术教育,2010(27).
③ 孙善学.拨动职业教育与城市发展的和弦[N].中国教育报,2010-11-02.

文章在烘托出职业教育与社会发展的联系紧密性的同时,也论证了社会对职教发展提出的变革要求,职教发展不能再站在教育圈里"自说自话"。

11月和12月,北京市教委相关负责人将分级制探索工作思路向各高职院校做了通报,指出设计旨在突破目前的学历层次体系,构建相对完备的职业教育层次结构体系。此后,《新京报》《京华时报》、北方网相继做了舆论宣传报道,涉及分级(共分6个级别,对应教育层次)及作用(有望打破学历层次体系)等。

2011年3月,《北京市中长期教育改革和发展规划纲要》出台,分级制试点被列入"构建职教体系",具体任务进一步细化。4月,召开北京市职业教育分级制试点项目工作部署会,9个试点专业先期启动立项论证。

8月,《教育与职业》开辟了"北京市职业教育分级制度改革系列报道"专栏,刊载了孙善学的两篇文章《职业教育分级制度基本问题》和《从职业出发的教育》,并加注"编者按"。

在《职业教育分级制度基本问题》一文中,孙善学在分级制"是什么功能"上,指出①:"职教分级,不同于普通学历教育层次,它是……综合考虑我国业已建立的技术、技能等人才评价标准、学校教育制度、职业资格制度及……国际职业教育制度经验,建立的以初中后教育分流为起点、以5级架构为主体、具有发展性的职教分级结构模型。……建立职教分级体系内各层次间不同标准、功能递进关系与内在联系机制,建立面向经济社会需求和人们求学需求的开放机制和运行规则,形成指导职业教育机构开展教育活动和受教育者接受职业教育的一系列制度和规范的总和……分级制度设计突出培养目标与人才规格逐级递进、入学制度与形式开放灵活、教育内容与要求有序衔接、质量保障与评价严谨科学的基本要求。打通不同管理体制下各类职教资源,在分级制度框架下实现职教机构个性和职教资源共性的统一。打通现有中高职教育并进一步丰富职教层次,使职教的阶段性与发展性相统一。打通职前、职后教育,面向普通教育开放,方便不同既往学习经历社会成员自主选择学习,服务终身教育要求。"

从中可以看出,分级制的优势,在于承认了职教实施机构的多样性,通过"授权",将不同职教资源整合为"职业教育办学体系"。此外,分级制与现行学历制度、国家职业资格证书制度也不冲突,而是考量到了政策过程中的政治因素,以"政治妥协""非零和博弈"思维架起了职业与教育的桥梁。由此,避免了因管理体制、部门利益等可能导致的政策性、制度性障碍。

---

① 孙善学.职业教育分级制度基本问题[J].教育与职业(综合版),2011(22):41—44.

在《从职业出发的教育》一文中,他指出①:

过去……职教是一种学历层次教育,是普通学历教育的"卫星",不是具有独立……运行轨迹的"行星",极大地限制了职教科学发展。从职业出发研究职教,可能是职教认识上的重要突破。

职业教育具有"双中心"教育价值……促进经济社会发展……促进人的发展。……人才供给有两类,一为"变量供给",指以有教育需求的社会劳动者为培养对象……一为"增量供给",以……应届毕业生为主……"增量供给"……会明显下降,而"变量供给"……会呈现快速上升趋势。

职教改革的当务之急是促使职教功能从满足……升学需求向满足……求学需求转变,职教发展动力从教育体系内……升学拉动向社会发展需求拉动转变。职教要从接收教育分流任务的"被动教育"转变为服务经济社会发展和职业需求的"主动教育"。……从社会用人需求、学龄人口的升学需求和成年人接受职业教育需求等三种需求出发……科学制定职业教育发展规模和发展政策。实现……转型的前提是职教制度改革和职教体系完善。

无论从社会分工理论还是从人才结构理论看,目前我国职教只培养中职、高职两种规格人才都是不合理的。……也不能满足……需要。作为一个教育体系,职教应……建立层次结构和教育标准,形成符合自身规律的职教学历制度,而不再借用普通学历教育层次结构和相应标准。

上述说明,分级制以终身学习的"求学"思维来应对"升学"思维,从关注应届毕业生到有求学需求的劳动者,从"增量供给"到"变量供给",有效结合了高职院校生源紧张的阶段现实,跳出了从现有适龄学生中争夺生源的窠臼。更可贵的是,喊出了从普通学历教育的"卫星"到具有独立运行轨迹的"行星"的口号。通过建立自己的层次结构体系(游戏规则),试图摆脱过去"依附"普通教育学历层次教育所产生的"次等教育"困境。此项改革设计,以大胆彻底的"破"(突破现有学历层次体系),意图"立"起"新生",无疑是一种全新的改革思路。

二、改革过程中的网络治理

2011年9月,分级制正式开始12个专业试点。9月17日,《中国教育报》作了长篇报道,涉及分级体系图(见图8-1)、改革方案酝酿过程、论证立项、专家访谈、分级制度概述等。

---

① 孙善学.从职业出发的教育[J].教育与职业(综合版),2011(22):45—47.

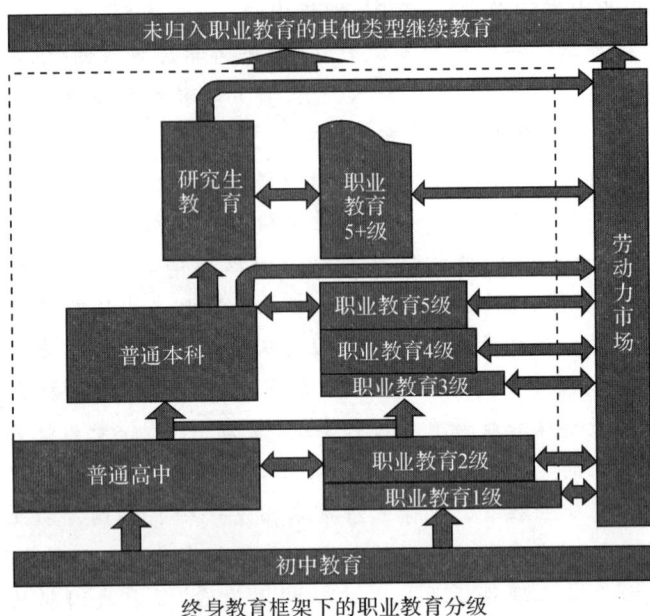

未归入职业教育的其他类型继续教育

研究生教育

职业教育5+级

职业教育5级

职业教育4级

职业教育3级

普通本科

职业教育2级

职业教育1级

普通高中

劳动力市场

初中教育

终身教育框架下的职业教育分级

图 8-1　职业教育分级制①

　　改革过程涉及政策社群、府际网络、生产者网络、议题网络的网络互动。政策社群以北京市教委为代表,府际网络涉及市教委、市财政局、市人力资源和社会保障局等部门,生产者网络以项目试点参与企业为代表,议题网络则包括高校代表、媒体等。

　　改革时机是 2010 年全教会的召开,因为全教会新颁布的《教育规划纲要》明确了建设职教体系。围绕改革,建立了改革领导小组、授权委员会、标准委员会、评价委员会等管理机构。上述表明了政策社群改革上的谨慎、稳妥、务实态度,及对"政策之窗"开启时机的把握。

　　在府际网络互动方面,北京市财政局参与了立项论证研究全过程,市人保部门负责同志形象地将其描述为"教委吹哨,我们响应"。李怀康(人力资源和社会保障部中国就业培训技术指导中心研究员)说:"一直以来,培训和教育分属两个部门,说着两种语言,执行两个标准,差异性加大了职教资源整合和优化配置的难度。建立统一的职教分级制,正是我们一直想要做的,如今北京市教委啃起了这块硬骨头。"②

　　与生产者网络的互动,由职业院校宣传和介绍。一方面,职业院校需企

---

①　翟帆.北京试水职业教育分级制改革[N].中国教育报,2011-09-17.

②　翟帆.北京试水职业教育分级制改革[N].中国教育报,2011-09-17.

业参与培养、评价过程;另一方面,企业看到了分级制的前景。所谓"一流企业卖标准,二流企业卖技术,三流企业卖产品",全聚德、用友集团、中兴通讯、戴克奔驰等行业龙头企业参与热情很高,它们找到市教委,希望能参与到试点工作中。[①]

议题网络互动,体现在媒体报道及试点院校与企业、专家等围绕项目探索所展开的互动等。在记者问及分级制与其他地区中高职衔接改革有何不同之处时,孙善学指出:"中高职衔接改革,还主要是在原有学历教育框架中进行探索,而我们这一改革是回到职教的逻辑起点,对职教体系的重新构建和完善。"[②]

此后,学术期刊陆续刊载了高校分级制改革的实践探索(涉及课程设置、学业成就评价等)及理论文章。《新京报》、长城网、《光明日报》《中国教育报》等继续对分级制改革进行报道,营造改革氛围,扩大社会影响。

以北京市教委主任姜沛民牵头的"我国现代职业教育体系研究"项目,也获得了2011年国家社会科学基金教育学重点招标立项。从课题成员组成看,涉及多家单位,如北京市教委、人力资源与社会保障部中国就业培训指导中心、北京市教育科学研究院、相关应用型本科/高职院校等。课题研究,反映出政策社群、府际网络、专业网络、议题网络的互动。

府际互动还体现在省级交流上,如2012年4月,湖北省教育厅组织省厅职成教处、省职教研究中心、武汉船舶职业技术学院、武汉职业技术学院等学校负责同志赴北京专题考察了北京市职业教育分级制改革试点工作。[③]

5月15日,政策社群再次将"实施高技能人才培养工程,开展中高职衔接和本专科一体化培养试验、职业教育分级制度改革试验,拓展职业院校服务功能"写入《北京市"十二五"教育规划》,体现出推进改革深化的决心。

6月14日,教育部印发《国家教育事业发展第十二个五年规划》,提出了现代职业教育体系建设的总要求,明确了建设目标方向。如首次提出"完善高等职业教育层次,建立高级技术技能人才和专家级技术技能人才培养制度。……建立开放沟通的职业教育学历、学位和职业资格证书制度"等。这一突破,既可视为对分级制改革思想的吸收,也可视为鼓励其深化探索的又一剂"强心针"。

为进一步推进改革深入,2013年4月,孙善学继续利用媒体凝聚共识。

---

① 翟帆.北京试水职业教育分级制改革[N].中国教育报,2011-09-17.
② 翟帆.北京试水职业教育分级制改革[N].中国教育报,2011-09-17.
③ 赵明安,熊仕涛,刘晓欢.北京市职业教育分级制改革对我省职业教育改革的启示[J].武汉船舶职业技术学院学报,2012(6):4—8.

在《现代职业教育体系顶层设计中的几个重要问题》一文中,他分别从"职业教育的逻辑起点""职业教育体系层级结构及层级划分依据"两个方面指出:"将职业教育归于高中阶段教育的一种类型、高等教育的一个层次……实际是按照'教育共性'来认识职教、安排职教制度。……易忽视……个性特征,易违背职教规律……职教层级结构是建立现代职教体系的核心问题。……采用学历教育层级结构,不满足于中职、高职两个层次……讨论……办本科层次、研究生层次的职业教育;基于工作场所的职业教育采用国家职业资格证书的层级结构与标准……都有合法的存在依据和应用领域,但……受不同部门管理,难以相互对照和融通,未能形成……制度集成优势。现代职教体系的层级结构,既不是学历教育层次,也不是国家职业资格证书分级,而是……便于人们选择学习的新的职教层级和标准体系。……看起来纵向层级结构很完整,但它并不是一个……供学习者自下而上逐级升学的通道。恰恰相反,很可能彼此相邻的职业教育层级不能相通。假设学习职业教育6级必须要有一定的实际工作经验,那么完成5级学习之后就不能直升到6级。这是因为划分层级的依据是对应的职业体系的层次形态和不同层次职业能力要求。每个层级的教育目标不是为接续前一层级……也不是为……进入更高层级继续学习,而是使学习者契合实际职业要求。职教体系内层级要素构成及运行机制须……引导和保障人们选择'学习—工作—学习'或'工作—学习—工作'的灵活开放的学习制度,警惕把现代职教体系变为另一条升学之道。"①

上述言论说明:首先,分级制体现出"不走老路"(跳出"教育共性")的设计思路;其次,使长期饱受争议的职教层次、部门掣肘等问题得以消解;最重要的是,有完整的纵向层级结构,但设计目的并非倡导"升学取向"。如此,就为解决长期困扰职教界的院校"就业导向"(组织功能定位,防止"升学取向")与学生"发展取向"(个人自由选择)间的矛盾提供了新思路,也利于从屡遭诟病的政策规制中走出来——从对院校简单生硬的规制(控制升学比例、院校升格),到尊重个人的自由选择(求学取向)。

分级制显现出了全新的理念设计,同时考量到现实诸多掣肘,以务实的态度尝试走出一条新路,至于效果如何,还有待实践进一步检验。

第二节　"转型"与"长学制"试点中的网络治理

举办高层次职教问题,教育部早已着手研究。换言之,"是否实施"已不

---

① 孙善学.现代职业教育体系顶层设计中的几个重要问题[N].光明日报,2013-04-06:10.

是问题,"由谁来办"——是"现有的新建本科院校调整培养方向"("转型")或是"三年制高职院校升格为四年制本科"("升格"),成为新阶段治理互动的焦点。

一、"转型"倡导中的网络治理

(一)结构背景

本科院校举办高职教育,在我国有一定历史渊源。早在 1996 年,同济大学就设立了高等技术学院。1999 年 1 月,国家计委和教育部联合下发《试行按新的管理模式和运行机制举办高等职业技术教育的实施意见》,开启了"六路大军"办高职的局面,其中就包含本科院校办高职,由二级学院(高职教育机构)实施。

此后,一批重点大学逐渐退出高职教育办学。随着高职院校类型特色逐步彰显,江西、福建等省也做出了普通本科院校退出高职教育决定。

不过,从相关协会运作情况看,部分本科院校仍在坚持。自 1999 年成立的"全国本科院校高等职业教育协作会"仍在运作,2012 年举办了第 12 次学术年会。中国高等职业技术教育研究会,也于 2006 年下设应用型本科教育工作委员会。在会员单位方面,前者多为本科院校的二级学院,如职业技术教育学院、高等技术学院、应用技术学院等,后者多为新建本科院校。不过在教育类型归属上,都认同是在实施高职教育。这点从高教司张大良司长的讲话中可以得到佐证:"高职学生进入本科院校的体系已形成,渠道初步建立,不是完全没通道。600 多所地方新建本科与独立院校,就是应用型本科院校……培养应用型人才。"①

与此同时,学界中以潘懋元先生为代表的研究者,从高教分类、分层、定位出发,倡导呼吁"应用型本科",以求使地方新建本科院校找准定位,与传统本科院校错位竞争,走出趋同发展困境。

同一时期,一些由原高职专科升格的本科院校(如上海电机学院等)自觉举起"技术教育"大旗,通过论证"技能"与"技术"、人才类型/层次与教育类型/层次关系,希望彰显院校类型特色,走出一条不同于传统本科院校的发展之路。

(二)倡导博弈

1.转型倡导

新建本科院校的探索,一方面,构成相关政策方案遴选的结构背景;另

---

① 李剑平.教育部定调,高职院校升本科现阶段不争论不动摇[N].中国青年报,2010-09-17.

一方面,以议题网络、专业网络互动方式对政策社群的政策方案遴选产生着潜移默化的影响。如 2012 年 12 月,上海电机学院发起成立"技术本科教育研究协作会",从"本校探索"向"合作联盟"方向发展,意图进一步增强影响力。

2011 年 1 月,《光明日报》刊发题为"高职该不该升本科?'转型'比'升格'更重要"的文章,展现了学界、高职办学者、学会管理者三方观点。潘懋元先生指出,高职教育是一种有别于理论性普通高等教育的类型,并不是一个区别于本科的专科层次,建议建立高职教育独立体系。对于"专升本"洪流只可"导",不可"堵",现在中国的高职可以专升本,专升本并非去职教化,可以坚持方向(坚持高职教育)、控制节奏(不一哄而上)。[①] 但从文章标题看,则明显偏向学会管理者的观点——"升格"有诸多负面效应,"转型"可以规避风险,促进高教整体优化。坊间猜测,这是决策层(政策社群)借媒体所释放的"政策气球",既"试探"民意,也借此"吹风"(舆论引导),表达"隐匿"的官方态度——"转型"比"升格"更重要。

以该文刊发为标志,新时期治理互动便表现为:"转型"倡导联盟和"升格"倡导联盟在议题网络与专业网络及政策社群间的互动。

如 2011 年 2 月网易以"'大学改技校'解决就业难"为题,援引纪宝成、郎咸平等专家观点指出,大学生就业难是因为高教扩招和市场化过度,扩招与"专升本"导致就业难与用工荒并存,目前的产业结构,特别是加工贸易决定技工比大学生受欢迎。并凭借中国人民大学就业研究所的报告《中国相关就业群体的就业前景》中的建议,指出"三本大学改技校"或许是一条出路。[②]

建议将"三本"大学改技校的,还包括政协委员、利时集团董事长李立新(2011 年 3 月 6 日)[③]、新加坡国立大学东亚研究所所长郑永年。特别是郑的文章先后在光明网、中国改革论坛网、共识网、高职高专教育网等媒体刊载,引起很大反响。郑指出:中国的高教改革如再继续在原来的道路上滑行,前面可能是死胡同。教育改革可能要"复辟",要回归到改革以前的体制,即重视技术教育。很多"三本"甚至"二本"大学应当重新回归成为学院和技术学校。如果不能建立起一大批技术和技能学校,学无所用的现象还会继续下去。高教系统所培养的学无所用的人才越多,产业升级就越困难,政府治理

① 朱振国. 高职该不该升本科?"转型"比"升格"更重要[N]. 光明日报,2011-01-26.

② "大学改技校"解决就业难[EB/OL]. http://www.360doc.com/content/11/0215/11/547473_93170478.shtml.

③ 黄深钢,岳德亮. 委员建议:将三本改技校解决"就业难"、"技工荒"[N]. 青岛日报,2011-03-07:2.

能力就越差,社会不稳定的风险就越高。①

9月1日,《中国教育报》刊载了人民大学程方平教授的文章,该文指出,相较以往,工科高校与职业院校差距在缩小,相同点却有所加强,虽有层次差别,但相互交叉十分明显。由于长期以来实行分类管理,尽管联系明显,但没有实质性联系与协同机制,培养目标差别也相对模糊,需要管理体制的探索尝试,中长期教育改革与发展规划中,已提到……探索包含职业教育的综合高中模式提出职业教育与学术型高校衔接,一样具有重要意义与探索价值。②

此后,《中国教育报》分别于当年11月2日、2012年3月12日刊发题为"大学'堵截'高职'追击'应用型院校错位竞争求突围""办'技术本科'谋求错位发展"的文章,对上海电机学院承办的地方应用型本科院校改革发展高层论坛及该院办学实践做了报道。

学术期刊也陆续刊载了一批倡导地方应用型本科院校转型高职本科、新建本科院校纳入现代职教体系的文章。上海电机学院以夏建国、刘文华为代表提出:技术本科是高教与职教的"跨界"生成,是现代职教体系重要的组成部分。现代职教体系建设需要一个刺激点和突破口,而技术本科既可与高职教育学制自然衔接(打通现代职教体系的上升通道),也可搭建一站式立交桥(实现普职沟通)。③

常州大学李晓明在对比发展高职本科教育的三种基本路径(新建高职本科院校、现有高职专科院校升格为本科和地方应用型本科转型为高职本科院校)后指出,地方应用型本科转型为高职本科是理想选择,而新办与升格皆弊大于利。原因是:高职专科教育尚处转向内涵提升关键阶段,即使是示范性院校升格本科的条件也尚未成熟。如果升格,将可能破坏高教系统的生态平衡:专本规模倒挂加剧、本科层次生源大战加剧、招生危机、高职专科院校升本热潮及新一轮劳动力就业结构性矛盾。④

该校高职教育研究院的鲁武霞也指出,地方应用型本科的高职转型不是简单的高教管理体系划分转换。最大的困难在于"观念的桎梏",如一些已初步彰显技术本科办学特色的院校,不愿明确承认"高职"培养特色,怕站

① 郑永年. 中国的高教改革与"文凭病"[EB/OL]. http://theory. gmw. cn/2011-04/19/content_1853581_3. htm.

② 程方平. 高校工科与职业学校如何实现有效联动[N]. 中国教育报,2011-09-01:3.

③ 夏建国,刘文华. 技术本科教育:构建职教体系的有效衔接[N]. 中国教育报,2013-02-27.

④ 李晓明. 产业转型升级与高职本科教育发展——以地方应用型本科转型高职本科为选择[J]. 教育发展研究,2012(3):18—23.

在"高职"队列会遭歧视。① 高职院校和应用型本科院校应打破传统观念桎梏,坚守专科与本科教育生态位。因为,应用型本科院校群体已很大,若现有高职院校短期内"升本",则与区域内应用型本科院校的生态位高度重叠(培养规格层次相近),必然导致恶性教育资源竞争(如生源、财政拨款等)。高职院校升本后就成为本科层次院校的"凤尾",差距很难短期缩小,必然影响特色优势保持和资源获取。②

上海第二工业大学高教所杨旭辉结合政策文本分析指出:"把高职教育定位为高教类型的政策意图是推动高职彰显特色,而不是鼓励院校升本。应区别对待高职教育升本和高职院校升本,在禁止高职院校升本的同时,应推动新建本科转型发展,实现高职教育层次延伸。"③

总体而言,现有本科院校中,明确提出向高职本科转型,或融入职教体系建设的并不太多,更多的还是理论界的论证倡导。

2. 观点博弈

对于本科院校转型职教倡导,职教界并不认同。如曹晔指出:"一些人认为技术本科大量存在,没有必要试办,实际上这是一种只允许自己故步自封,而不允许别人改革创新的行为。"④张衡指出:"在高职本科该由何类学校举办的问题上,不宜'划江而治',由现有应用型本科或高职院校两者之一'独营'。新建地方本科院校转轨办本科高职,存在主观愿望与现实可能的问题。双师型师资、实践导向课程设计、实训实习基地等硬件建设,以及教材衔接、课程衔接、人才培养方案衔接等,如若忽视,必将产生'血型不匹配'造成的排异反应;彻底丢弃通过示范建设提升了办学实力的高职院校,也失之偏颇。历史上,高职(专科)教育酝酿发展之初,并未舍弃中专,便是倚重其具备学制衔接的天然优势。"⑤

3. 高层态度倾向

为深入推进地方本科转型发展,政策社群采取项目推进方式。2013 年 1月底,教育部"应用科技大学改革试点战略研究"项目启动,旨在探索构建我国应用型高教体系,促进地方本科高校转型发展。2 月 28 日,教育部规划司召开"应用科技大学改革试点战略研究工作部署会",规划司陈锋副司长介绍了研究背景,院校代表分别代表理论课题组、区域课题组和专项课题

① 鲁武霞.地方应用型本科转型为高职本科面临的主要困难[J].职业技术教育,2012(27):25.
② 鲁武霞.高职专科与应用型本科衔接的观念桎梏及其突破[J].高等教育研究,2012(8):59—64.
③ 杨旭辉.高职教育类型定位的政策意蕴[J].职业技术教育,2013(1):10—15.
④ 曹晔.我国现代职业教育体系建设历程与发展趋势[J].职教论坛,2012(25):48.
⑤ 张衡.抗争与彷徨:高职教育层次命题的时代境遇[J].现代教育管理,2013(1):101—102.

组——改革指导方案研究组、制度和政策环境研究组、国际合作项目组和转型发展工程研究组做了交流。

鲁昕副部长指出:"职业教育是教育结构调整的切入点……应用科技大学改革试点战略研究来自现代职业教育体系建设。……一是深刻认识地方院校转型发展的历史必然性。……国家实体经济竞争力的基础是现代职业教育体系,应用科技大学是现代职业教育体系的重要组成部分;我国……已经到了建立系统培养高端技术技能人才的历史阶段……高等教育结构性调整,科学定位到了必须选择的阶段。二是科学规划地方高校转型发展路径。……注意力要放在应用科技大学办学模式和人才培养的类型上;推动新建本科院校转型发展,在建设和发展现代职教体系的这一阶段,要……给新建本科院校……成长之路指明正确方向;推动独立学院定型发展,使其朝着应用科技大学发展;明确新设本科院校办学定位,开始就明确其类型定位;国家示范性高职院校按照……整合成为应用科技大学。三是坚持综合配套改革,推动地方高校转型。"①

由此可以看出,政策社群对地方高校转型的"顶层设计",即已经将地方院校纳入职教体系之中。2013 年 3 月两会召开前夕,《管理观察》对教育部副部长鲁昕进行采访。鲁部长针对高职教育改革任务的回答中,有一条是"优化高等职业教育结构。鼓励地方高校要科学定位,向培养应用型人才转型,系统培养技术技能人才,逐步形成以高等职业学校为骨干,一般普通高等学校为立交的高等职业教育院校体系"②。借助媒体报道,决策层再次将"转型"观点进一步扩散。

4 月 10 日,鲁昕出席"川渝地区现代职业教育体系与地方高校转型发展调研会"时强调,"地方高校发展要与现代职业教育体系融为一体……加快地方高校转型发展……"③

4. 阶段境遇

现实情况是普通本科转型热情并不高。2013 年 6 月 18 日,《中国教育报》刊载教育部职业技术教育中心研究所研究员、中华职教社专家姜大源的文章,指出普通本科高校转型"应用本科"遇冷,高职院校企盼"升格"大热现象。

---

① 我校参加教育部"现代职业教育体系建设和地方高等学校转型发展座谈会"[EB/OL]. http://www.hljit.edu.cn/Item/9504.aspx.

② 《管理观察》杂志访研团. 新两会 新人物 新智慧:职业教育兴国之道——访教育部副部长鲁昕[J]. 管理观察,2013(4):12.

③ 黄意涑,徐东. 构建现代职业教育体系 加快地方高校转型发展[EB]. 四川教育电视台,2013-04-10,14:51.

在原因剖析中,姜指出:一是对职业教育价值认同存在极大差异使然(普通本科院校"不认同""不情愿""冷处理",高职院校则相反);二是对职业教育本质的理解存在较大误区所致。他建议:在内生发展方面,国家示范或骨干院校可优先选择。在发展进程上,专业优先(学校暂不"升级"),待时机成熟,再升级为职业"本科"院校;转型发展(外生发展)是跨类型变革,要防止"水土不服",应从观念转变入手,并制定相应的评价标准和制度,与多方面联办,逐步实现转型。①

6月28日,教育部召开应用技术大学(学院)联盟、地方高校转型发展研究中心成立座谈会。教育部发展规划司、职成司、财务司相关管理者,6个教育科学决策研究中心②负责人,35个联盟高校代表及中央电视台、《光明日报》《中国教育报》《中国青年报》等媒体参加了会议。为落实《国家中长期教育改革与发展规划纲要(2010—2020年)》提出的"促进高校办出特色,建立高校分类体系,实行分类管理""建立现代职业教育体系"的要求,鲁昕副部长指出,"推动地方高校转型发展是打造中国经济升级版的战略支撑,是建设现代职业教育体系的重要举措,是高等教育分类改革的战略切入口,是构建人才培养立交桥的重要环节"③。从而,明确了地方高校转型发展的意义及政策社群的推进决心。

7月3日,《中国青年报》以"教育部统计显示地方本科高校就业率垫底"为题,将此次会议的"转型发展"与"就业难"④联系起来,并据《全球竞争力报告》指出,欧洲主要国家进入工业化中后期,职教开始向高层次发展,应用技术大学迅速发展,已形成学士、硕士两个层次的职业教育。同时,援引中山大学原校长黄达人的观点——地方本科高校应向应用技术大学、文理学院、城市大学转型发展,强调转型发展形势迫切。⑤ 经媒体传播,政策社群倡导进一步扩散。

"转型"倡导过程中的治理互动表明,各方对"转型"还未形成一致认识,特别是在高层次职业教育实施是否仅有"转型"一条路径上存在较大争议。

① 姜大源."升级版"构建中的转型发展与内生发展[N].中国教育报,2013-06-18:5.
② 分别为:北京大学人力资本与国家政策研究中心,清华大学教育战略决策与国家规划研究中心,南开大学教育与产业、区域发展研究中心,中国人民大学教育发展与公共政策研究中心,对外经贸大学教育与经济研究中心,中国教育科学研究院教育规划与发展战略研究中心。
③ 教育部在我校召开应用技术大学(学院)联盟、地方高校转型发展研究中心成立座谈会[EB/OL].http://www.tute.edu.cn/info/1022/7370.htm.
④ 教育部2012年毕业生就业率统计排名:985高校第一,高职院校第二,211大学第三,独立学院第四,科研院所第五,地方普通高校第六。
⑤ 李剑平.教育部统计显示地方本科高校就业率垫底[N].中国青年报,2013-07-03.

"转型"之路能否走好，尚难下断语，有待时间检验。①

二、"长学制"试点中的网络治理

"高职教育升本"不等于"高职院校升本"，针对高职院校升格的政策规制并未松动。"升格"倡导尽管在高职院校中"很有市场"，但在实际操作中则采取了"改头换面"的方式，如试点弹性学制（特别是长学制）等。

避开"硬约束"（层次突破，院校升本），从边缘处（修业年限）渐进突破方式，一方面符合政策社群稳妥、渐进的改革思路，另一方面也减弱了变革阻力，使改革易于推进。在"内生发展"实践（由高职院校开展的层次提升探索，相对于既有本科转型的"外生发展"模式）方面，高层次职教实施方式包括高职院校独办、联办。② 网络治理互动，即围绕此展开。

（一）议题网络与其他治理网络的互动

1. 观点倡导

议题网络中的"内生发展"倡导一直未曾停息，2010 年以来相关研究者陆续撰写了高职院校向应用型本科转型的文章。③ 2011 年，教育部网站公布了《深圳市省级政府教育统筹综合改革试点实施方案》，方案提及"探索有条件的高职院校开展本科及以上层次应用型技术教育，构建起中等、专科、本科和研究生层次齐全的应用型技能人才培养体系"。1 月，深圳商报记者就此采访了深圳职业技术学院党委书记、校长刘洪一。他结合高职教育的性质、其他国家/地区的经验、深圳市情、学校办学实践及办学水平（2001 年试办四年制高职专业，与武汉大学、中山大学等 63 所高校联合培养专业硕士、博士研究生，师资队伍水平，科研水平）等对层次高移做了解答，并指出这将

---

① 本书撰写阶段，"转型"探索尚不明朗。但到 2014 年，此项改革在教育界掀起轩然大波——部分高校抵制，学界质疑，职教界愤愤不平。决策层感受到巨大压力，随后辟谣不是要并入职教体系，不是"一刀切"推进新建本科全部转型，但总体还是坚持"转型"方案，如《现代职业教育体系建设规划（2014—2020 年）》强调"原则上现有专科高等职业学校不升格为或并入普通高等学校""引导一批本科高等学校转型发展""鼓励本科高等学校与示范性高等职业学校通过合作办学、联合培养等方式培养高层次应用技术人才"。2015 年 11 月的《中共中央关于制定国民经济和社会发展第十三个五年规划的建议》仍然提出"建设现代职业教育体系，鼓励具备条件的普通本科高校向应用型转变"。

② "联办"，在此处指采用"借壳上市"方式，"培养"主要由高职院校来实施（本科院校参与指导），但本科学历学位授予则由本科院校发放等。此处强调"内生发展"，故本部分的"联办"不包含"衔接"，因为"衔接"还是采取高职院校与本科院校"分段"培养模式（专科段、本科段），等于变相确认高职院校还是只能实施低层次教育。

③ 汪传艳. 刍议民办高职向应用型本科教育的转型[J]. 淮南职业技术学院学报，2010(3)；翟金玲，黄晓丽. 高职院校向应用型本科转型下的人才培养模式构建[J]. 齐齐哈尔大学学报（哲学社会科学版），2010(6).

是里程碑意义的突破。①

此后，多家网站转载了《深圳商报》的这篇采访报道，反映出议题网络对此突破的高度关注。

2011年4月18日，《中国青年报》刊载了职教学会副会长俞仲文的文章，他从认识偏颇（技术教育与职业教育分离）入手，指出正是因为强调职业教育而弱化技术教育，才造成技术人才质量滑坡，并从与中职区别的角度，指出中职培养操作型的技能型人才，高职培养技术型的技能型人才。②

该文从认识偏颇入手，纠正了"职业技术教育就是就业教育"的观念误区，为层次提升奠定了基础。12月5日《光明日报》报道全国高职改革与发展研讨会，刊载题为"高职教育须寻求突破"的文章，直接将政策倡导公之于众。刘洪一指出："我们的中职与高职沟通衔接还可以，但高职与上一个层次的衔接没有，高职教育成了'断头教育'。国家应考虑设立高职专业学士。"③

到2012年，学术期刊中也刊载了相关研究者所撰写的推进高职教育向技术应用本科及以上层次延伸，丰富职教体系的文章。④ 在《光明日报》3月20日"如何增强高职教育吸引力？"为题的文章中，浙江经贸职业技术学院院长李曙明指出了"对学生的吸引力"的问题，认为必须形成"具有畅通升学进路的职业技术教育一贯体系，使学生有机会接受职业技术本科、研究生层次的教育，有发展空间"⑤。这样，就将"层次提升"与"职教吸引力"两大命题关联起来。

2. 不同声音

不过，此时期各方在高层次职业教育到底由何种机构实施上，并未形成共识，这从《中国教育报》上的两篇文章中反映了出来。如在3月21日《构建现代职教体系，从何处发力》一文中，国家教育发展研究中心副主任韩民指出："高职后的升学路径目前主要是……专升本模式……有效性还缺乏深入研究。……关于……如何继续深造，目前还存分歧，有人担心年限延长会导致……弱化职教特色……从国际上看，高职学习年限从一年到四年都

① 邓小群，韩树林. 深职院再为中国高职树立新标杆[N]. 深圳商报，2011-01-18：A14.
② 俞仲文. 高职院校应高举技术教育大旗——关于我国高职教育未来走向的重新思考和定位[N]. 中国青年报，2011-04-18：11.
③ 朱振国. 高职院校应高举技术教育大旗——关于我国高职教育未来走向的重新思考和定位[N]. 光明日报，2011-12-05：02.
④ 顾坤华，赵惠莉. 现代职教体系：推进高职教育向技术应用本科及以上层次延伸——以江苏省为个案[J]. 职业技术教育，2012(7).
⑤ 李曙明. 如何增强高职教育吸引力？[N]. 光明日报，2012-03-24.

有……四年制主要在医疗保健领域……高职是否应向本科及以上层次延伸？延伸是技能人才向更高层次发展，还是人才类型转型？四年制高职与应用型本科是否有本质区别？职业教育向研究生层次延伸后与专业学位教育有无区别？延伸是依托职业院校还是大学？……还需进行更深入研究。"①

　　江苏省常州市教育局张健也指出："需考虑的不仅是中职和专科层次高职的衔接，也需考虑与更高层次高职的衔接。……几个关键问题：一是本科高职的内涵界定，是应用型本科，还是技术本科？抑或本科技师？这关系到由哪一类本科高校来承担本科高职的任务。"②

　　而在 4 月 19 日《高职学生"冲劲"不足引发的思考》一文中，苏州工业园区职业技术学院高教研究所副所长王寿斌则指出："……在中高职生源都比较堪忧的大势之下……更多声音都倾向于抱怨职教缺少'立交桥'，'体系'不够完整。言下之意……高职生读不到本科学位，才是职教缺乏吸引力的根源，并由此推出……'四年制本科''专业硕士'等热门观点，似乎不这样做就解决不了职教的问题。笔者无意于否定……问题在于，我们不能把提升职教吸引力单纯地依附于逐级提升办学层次，而需……提高育人质量……最终形成良性循环。眼下，职教最迫切需要解决的问题是，构建……现代职业教育体系……而绝不是让……高职升格成本科。……针对……缺乏'后劲'的现状，高职院校须……既不简单排斥甚至鄙视专业技能训练，也不要自以为是、看不到本科教育的长处……"③

　　3.持续倡导

　　到 2013 年，职教层次提升呼吁较前一个时期势头更猛。1 月 14 日，中国职业技术学会副会长俞仲文在《中国青年报》撰文《时代呼唤高职教育 3.0 版》，特别指出，3.0 版"要高高举起技术教育大旗""培养规格需要转型升级""高职院校的定位要转型升级"④等。

　　《中国青年报》基于黄达人（原中山大学校长）持续关注高职教育，对其做了专访，并于 21 日刊载了《黄达人：我们向高职院校学什么》一文，继续为高职教育营造社会美誉。黄指出，2012 年 7 月出版的《高职的前程》一书，实际上包含着他的展望，他提出了两个人大建议：一是落实高职院校的生均拨款（"加大高等职业教育财政投入"人大建议），二是为推进职教体系构建寻

---

① 韩民,张健,郑蔼娴.构建现代职教体系,从何处发力[N].中国教育报,2012-03-21:5.

① 韩民,张健,郑蔼娴.构建现代职教体系,从何处发力[N].中国教育报,2012-03-21:5.
② 韩民,张健,郑蔼娴.构建现代职教体系,从何处发力[N].中国教育报,2012-03-21:5.
③ 王寿斌.高职学生"冲劲"不足引发的思考[N].中国教育报,2012-04-19.
④ 俞仲文.时代呼唤高职教育 3.0 版[N].中国青年报,2013-01-14.

找突破口（"高职院校试点四年制职业本科专业"人大建议），不再是"断头路"，使职业教育在社会上更具吸引力。①

佛朝晖、邢晖通过对国家教育行政学院第 40 期高校领导干部进修班参训学员（来自 30 多个省市的 120 所高职院校，示范、骨干校占 70％）的调研，发现在转型期高职发展政策期待上，120 名高职院校书记、校长认为高职教育不能仅停留于专科层次，而应培养专业学士、专业硕士、专业博士，并提出了三条政策建议：一是以法律形式确立职教体系，高职教育包括专科、本科、硕士研究生、博士研究生学历教育，实施机构可以是高职院校，也可是其他普通高校；二是允许高职某些专业试办四年制职业本科；三是拓宽高职与本科衔接沟通渠道。②

3 月两会期间，人大代表宗庆后（娃哈哈集团有限公司董事长）提交了《关于改革教育结构、完善职业技术教育体系的建议》。他列举了改革教育结构的必要性，认为高校盲目扩张升级，导致质量良莠不齐。职业技术教育空间被严重挤压，人才培养失衡。建议重视职业教育，把其提高到与大学教育同等地位，改变考不上大学才读职教的旧观念。同时，他也指出要遏制学校盲目扩张升级，严格重估学校级别。"是中专就要回归到中专，是大专的就回归到大专，是什么级别的学校就回归到什么级别，合理配备教育资源，完善人才培养结构。"③

4 月 15 日，《中国青年报》刊载了对职教学会新任会长纪宝成（人民大学原校长）的专访。纪宝成指出："关于职业技术教育，大家谈起来都认为很重要，现实生活中又离不开，打心眼里却瞧不上。……说职教重要的人的孩子一般没有上职业院校。……现有制度……让年轻人'拥抱资本，远离劳动'。……盲目追求升格与高学历将把职教带入歧途……职教就是就业教育，要升学去接受普通教育，职业院校要各安其位，各尽其责。……现在诱导职教升格的动力一方面是社会评价机制不公平，另一方面是官本位的非教育政策因素在推动。（……高职升本科，行政级别由副厅级变正厅级，地方可以安排不少领导干部）……不解决政策制度层面问题，光空喊职教多么重要没有用。"④

虽说宗庆后、纪宝成皆在为职业教育呐喊呼吁，但他们也不同程度表现

---

① 谢洋，林洁，黄达人：我们向高职院校学什么[N].中国青年报，2013-01-21.

② 佛朝晖，邢晖.转型期高职院校发展的政策期待——基于对 120 名高职院校书记、校长的调研分析[J].职业技术教育，2013（1）：18.

③ 佚名.人大代表宗庆后：关于改革教育结构、完善职业技术教育体系的建议[EB/OL].新华网，2013-03-05.

④ 李剑平.纪宝成：市长市委书记孩子几乎不上职业院校[N].中国青年报，2013-04-15：11.

出对高职院校"升格"的拒斥和反对,这构成议题网络中"另一种声音表达"。

5月21日,《中国教育报》以"发展本科层次职业教育,是时候了"为题,刊发了山西药科职业学院李华荣院长的文章。这是中央级教育类专刊"破天荒"第一次直接以"本科层次职业教育"为题命名的文章,在某种程度上也透露出媒体报道框架对"本科层次职业教育"不再敏感,或者说政策社群已经默许或认可此阶段可以提出这样的口号。该文在论证本科层次职教发展的必要性后,过渡到教育结构的战略性调整问题,指出"可以选择……在现有高职院校中设立本科专业,探索技术教育新路径。现有高职院校不宜启动专升本程序,一来保证政策连贯性,二来杜绝……升本大跃进。第四,本科层次职业教育从范畴上属于技术教育,我们并不看好普通本科院校的职业化、技术化转型。……隔行如山,职教的事情还是得交给职教来办"①。简单来说,作者对"转型"与"升格"皆不看好,认为现阶段适宜方式是"专业试办长学制"(院校不"升格"),这就在"转型"与"升格"之外,提出了"第三条道路"。

在此之前,《中国高教研究》已刊载具有类似观点的文章,即建立职教体系不是为开辟让高职院校"升本"的通道,但可以先行试点本科专业。② 其间,该文作者曾借调至教育部,在某种程度上这也可视为是政策社群的态度倾向。此次,《中国教育报》的报道,等于是把决策层所认可的方案进一步公之于众,以影响舆论。

5月23日,《中国教育报》继续以"高职生就业如何突破学历困境"为题,报道了高职生因学历困境导致城市落户难,工资待遇低,报考公务员受限制等问题。潘懋元先生接受采访时指出,必须要重视这一现象,否则可能产生新的"读书无用论"③。同时,该文也介绍了厦门高职院校与本科院校协商联办高层次教育的办学举措。在某种程度上,这也可视为对"长学制""联办"方式的一种倡导。

这一时期一个备受关注的现象是,随着易会满出任工商银行(全球最大企业)行长,一所高职院校的办学成就逐渐被媒体"挖掘"出来。《中国青年报》报道了浙江金融职业学院办学38年(含以前中专教育)培养出5000位左右银行行长的办学成就。同时,该报道也以"'金融黄埔'的神话该怎样延续"为题表达出担忧——"过去中专毕业能进银行,现在没有大学文凭想进银行,几乎门儿都没有!""现在的高职还能培养出银行行长吗?"④文章最后

① 李华荣.发展本科层次职业教育,是时候了[N].中国教育报,2013-05-21:06.
② 沈海东,任君庆.高职院校在现代职业教育体系建设中的定位探讨[J].中国高教研究,2012(6).
③ 熊杰.高职生就业如何突破学历困境[N].中国教育报,2013-05-23.
④ 梁国胜."金融黄埔"的神话该怎样延续[N].中国青年报,2013-06-17:11.

以"坚持职业教育,适当考虑提升层次"为题,在彰显该院坚守办学类型定位决心的同时,也表露出层次提升的诉求。

(二)政策社群与其他治理网络的互动

如果说 2010 年 6 月《教育部、财政部关于进一步推进"国家示范性高等职业院校建设计划"实施工作的通知》主要针对骨干高职院校 2020 年以前不升格,那么 9 月召开的全国高等职业教育改革与发展工作会议,则再次传达出政策社群在高职院校升本科问题上不争论、不动摇的坚决态度。

但同时,10 月《国务院办公厅关于开展国家教育体制改革试点的通知》则通过"权力下放",确立了"改革职业教育办学模式,构建现代职业教育体系"的改革任务。府际网络互动的结果是,部分省市获得了"开展地方政府促进高等职业教育发展综合改革试点""探索建立职业教育人才成长'立交桥',构建现代职业教育体系"等改革试点机会。

政策社群与府际网络的互动,还包括 2011 年 2 月将高职高专处由高教司划转职教司管理。一方面,旨在理顺中职和高职的管理体制,便于资源统筹;另一方面,也意图缓解原属高教司管理,高职始终处于"低层次教育"的尴尬局面。

2011 年 6 月,教育部副部长鲁昕在高等职业教育引领职业教育科学发展战略研讨班上提出:"探索本科层次职教人才培养途径……探索高端技能型专业学位研究生培养制度、改变职教断层、脱节或重复现象……拓宽高职学校应届毕业生进入本科学校应用性专业继续学习渠道。"[①]上述言论表明,政策社群已确立提升职教层次的动议,具体路径倾向于对口升学,使学生进入本科学校应用性专业。

在 26 日天津举办的全国职业院校技能大赛期间,鲁昕表示,教育部将探索建立包含中职、高职、应用本科、专业硕士等的职业教育体系。打通这样一个通道,因为它们是一类教育。[②] 这是决策层在公开场合的首次表态,认为作为一类教育,应用本科、专业硕士应被纳入职教体系。同时,从《中国青年报》的报道标题"鲁昕:职业院校也可培养研究生"及文中阐述——"但职校培养本科以上学生并不意味着'层次'的提升"也可推断,政策社群支持职教层次提升,但并不赞成院校升格。

8 月颁布的《教育部关于推进高等职业教育改革创新 引领职业教育科学发展的若干意见》则明确了"拓宽高职学校应届毕业生进入本科学校应用

---

① 鲁昕.引领职业教育科学发展 系统培养高端技能型人才[R].在高等职业教育引领职业教育科学发展战略研讨班讲话,2011-06-08.

② 张国,李剑平.教育部副部长鲁昕:职业院校也可培养研究生[N].中国青年报,2011-06-27.

性专业继续学习渠道。鼓励高职学校与行业背景突出的本科学校合作探索高端技能型人才、应用型人才专业硕士培养制度"的要求。这也可视为政策社群在向各界传递信号,即"衔接""联办"方式是倾向性的备择方案。

10月,教育部举办"现代职业教育体系国家专项规划编制工作座谈会"。此前是府际网络互动,教育部向发改委行文提出将"现代职业教育体系建设规划(2012—2020)"列入 2012 年国务院审批计划,由教育部会同国家发改委、财政部、人力资源和社会保障部、工业和信息化部等编制,并征得国家发改委同意。

在座谈会上,鲁昕指出,2011 年是"十二五"开局之年,围绕国家"十二五"规划纲要,有 95 个专项规划支撑,其中 17 个是重点规划。教育部参与16 个部门共同编制的《基本公共服务体系规划》,但唯独没有独立编制的规划。① 而"现代职教体系国家专项规划"就是基于国家建设现代产业体系离不开强有力的人才支撑,在教育部与发改委等部门沟通协调下才上升为国家战略。

鲁昕特别就此专项规划出台背景、意义、定位、主要内容、工作要求做了说明。在意义方面,她指出:"纳入国家专项规划,这在历史上极其少见。有了……国家专项规划,各省发改委自然也会列入省级专项规划……(相较于其他教育)职教有国家体系问题、国家制度问题、国家体制机制问题等,包括生均拨款问题都未解决。编制这一规划,为在国家层面统一各部门认识提供了历史机遇……在国家层面做好顶层设计,可有效推进项目落实,防止走偏,又可在国务院层面规划现代职业教育体系建设,落实教育规划纲要的各项部署,给职业教育这个'弱势群体'一次强壮体魄的机会。"②

在内容上,涉及编制原则,她强调要"服务国家其他专项规划高端技能型人才需求":"高铁出来了,但是铁路管理人员还是'绿皮车'水平,肯定不行。飞机为什么相对安全呢?它相关人员培养起点就是本科。……有些同志一听建体系,就想着学校升格。我很不同意。教育是有结构的,你都升格了,还谈什么结构。袁部长讲不允许升格是原则,考虑产业升级的要求也是原则。教育部刚刚下发了推进高职教育改革创新引领职教科学发展的若干意见。为什么用引领两个字……高职怎么来引领,希望大家要读懂教育部文件。"③

专项规划的出台从侧面展现出"政策企业家"的"建构力"与"行动力",

① 鲁昕在现代职教体系建设国家专项规划编制座谈会上的讲话[R].2011-10-13.
② 鲁昕在现代职教体系建设国家专项规划编制座谈会上的讲话[R].2011-10-13.
③ 鲁昕在现代职教体系建设国家专项规划编制座谈会上的讲话[R].2011-10-13.

鲁昕的讲话也再次表明政策社群支持职教层次提升,但并不赞成院校升格的态度。

此外,政策社群也非常注重加强与专业网络的互动。如教育部与清华大学、北京大学等高校共建了 6 个研究中心,围绕"现代职业教育体系建设规划"组织了 17 个专题调研组赴全国各地进行调研,并于 2012 年 4 月召开"教育科学决策研究中心 2012 年学术年会及现代职业教育体系建设规划座谈会"。同时,注重调动"智库",如中国教育科学研究院、发展研究中心和职教中心的研究力量为现代职业教育体系建设规划的编制提供理论支撑。另外,举办"院士职校行"活动,积极为"黄达人高职行"提供访谈名单,联络安排等,皆可视为与专业网络、议题网络的深度互动,以提升高职教育的社会影响力。

与生产者网络的互动,主要是通过产教对话活动形式展开。仅 2011 年教育部就与行业合作举办了 11 次产教对话活动,覆盖 1500 多家企业。特别是相关行业协会代表还被邀请参与教育部职教司"长学制高等职业教育研究课题组座谈会",为试点长学制提供行业企业岗位人才需求论证。

2011 年 12 月 15 日,鲁昕在第二期高职院校领导干部专修班讲话中指出:"希望可在高职基础上通过'3+1''3+2'等形式培养本科阶段的人才。在本科阶段后,再增加两年获得专业硕士学位。同时,也可探索在初中毕业后实行'3+2+2'直接培养本科毕业生等实现形式,或者与国外相关学校进行联合培养。"[①]上述,可视为政策社群对试办"长学制"的支持。

19 日出台的《教育部关于"十二五"期间高等学校设置工作的意见》再次明确"高等职业学校原则上不升格为本科学校,不与本科学校进行合并,也不更名为高等专科学校"。从而,再次明确了高职院校不升格的态度。

2012 年年底,在国家职业教育体制改革试点暨职业教育集团化办学现场交流会上,鲁昕的讲话说明,教育部正在编制的现代职业教育体系建设专项规划涵盖"职业教育学历、学位和职业资格衔接制度"。这表明,职业教育学历、学位问题已被决策层提上议事日程。

到 2013 年 7 月,《中国青年报》报道了鲁昕副部长与全国职业院校记者团学生的交流。她透露:"教育部正在进行重大的教育制度改革,我们读高职的孩子,可以继续选择学业道路,可以读本科,读博士硕士!"[②]这等于向社

---

① 鲁昕.加快建设中国特色、世界水准的现代职业教育体系 服务国家发展方式转变和现代产业体系建设[R]. 在"第二期高职院校领导干部专修班"的讲话. http://wenku.baidu.com/view/a79b99befd0a79563c1e7258.html.

② 曹英群.高职生唯有立地方能顶天[N].中国青年报,2013-07-08.

会公开表明政策社群扭转职业教育"断头教育"局面,推动职业教育层次完善的决心与行动。

至此,相关省市高职院校开始了"长学制"实践探索。或采取高职院校"独办"方式,或采取与本科院校合作"联办"方式,解决学历、学位授予等问题。

纵观全面改革期,治理互动充分,政策社群并未采纳单一政策方案("转型"或"升格"),而是采取推行分级制、倡导新建本科院校技术应用型转型、高职试点"长学制"(专业)三种方案"齐头并进"方式,改革得以继续向前推进。

第九章 教育政策变迁中的集体行动与网络治理

本章旨在尝试思考两个问题:(1)学制政策变迁中的治理参与集体行动"何以可能",背后的动力机制是什么? (2)政策变迁反映出的治理现状如何,对教育治理现代化有何启示?

第一节 动力机制:政策变迁中的治理参与集体行动"何以可能"

前几章,以利益中介路径的政策网络分析法,结合"事件—过程"分析,力求揭示不同治理网络多元互动带来的影响。但研究展示了治理参与过程,并未说明背后是哪些机制在起作用,仍需继续深入。

集体行动研究是社会学、社会心理学、公共管理学、新制度经济学、经济社会学等共同关注的主题。单光鼐从诉求、组织化程度、持续时间、与制度关系四个维度指出,集体行动有诉求目标明确,议题单一、仅涉及局部问题,组织化程度稍高,持续时间较长,挑战既存秩序,要求修改现行制度不合理之处的特点。[①]

学制政策变迁过程中各方博弈互动也体现出上述特点。长期(持续时间较长)围绕学制表达诉求(诉求目标明确,议题单一)。在"与制度的关系"上,要求终止原政策(如分流、二年制、升格禁令)或倡导新政策。在组织化程度上,具有底层政治的特点,行为方式自发而零散。如斯科特所言,"它们几乎不需协调或计划,利用心照不宣的理解和非正式网络,通常表现为一种个体自助形式,避免直接地、象征性地与官方或精英所制定的规范对抗"[②]。

总体上,与刘燕舞依据组织化、理性、政治信仰三个维度所做的集体行

---

① 赵鹏,刘文国,王丽,周芙蓉,杨琳."集体行动"的特征[J].瞭望,2008(36).

② [美]斯科特.弱者的武器[M].郑广怀,等译.南京:译林出版社,2007:35.

动类型学划分中的第七类——弱政治信仰、弱组织化、强理性①较为吻合,属于查尔斯·梯利的"抗争政治"范畴,早期主要是"反应性抗争"——抵制某种变化出现或挽回变化导致的损失,如针对"向专科分流""推行二年制""升格禁令"等;后期则体现出"进取性抗争"特点,如要求学位授予权、层次高移等。

集体行动,本质上是为了解决单个行动者无法实现公共物品供给的合作问题。但个体理性选择的结果往往是集体非理性,如"三个和尚没水喝""囚徒困境"等。"违规""顶撞"可能遭遇"大棒"制裁,存在抗争成本。在公共物品供给(如高职层次突破)上,并不是皆有积极性,"搭便车"往往是不错的选择,上述构成集体行动的"门槛"。在面临"集体行动的困境"时,治理参与集体行动是如何发生的?为此,本节将结合"高职层次提升"案例,探讨学制政策变迁中的治理参与集体行动"何以可能"。

一、起源问题:教育政策变迁中的治理参与集体行动生成机制

在决策层反复强调"不得升格"的情况下,为什么多元行动者仍会提出"高职教育层次提升"命题并抗争不息?一种解释是:世界工厂、制造业强国定位与现实的教育结构相悖,致使人才结构严重失衡,表现在"大学生就业难"与职教缺乏吸引力、"技工荒"并存等。"大众化"阶段的高教质量观仍停留于"精英"阶段,高职教育不是在发挥自身独特功能("技术教育"),而主要是"分流教育"制度下"精英教育"人才选拔"缓冲器"——使一部分学生"头脑振奋"(读名校)的同时,使另一部分学生"头脑冷静",走向"就业教育"轨道。

另一种解释是:高职院校不满于现有政策安排——招生末批次,无学位授予权,办学资源匮乏,致使学生深造、院校发展遭遇"玻璃天花板"。在具备相应办学实力后,就有了解决社会地位及发展空间的动机。

上述解释,可分别归为结构维度、心理维度分析,下文将详细展开论述。

(一)结构维度的考察

1.理论基础

结构主义论,认为结构有着优先于行动的本体论地位,结构矛盾汇集是集体行动的动力之源。结构影响,表现在结构分化与结构变迁两方面,结构分化可能产生结构不公正,促使相关群体通过集体行动改变这种不公;结构变迁导致观念形态转变、力量对比变化,为相关群体的集体行动提供结构条件。

---

① 刘燕舞.集体行动的研究传统、类型及其争论[J].周口师范学院学报,2009(4):17.

在结构分化问题上，马克思传统强调资源占有不平等，达伦多夫关注分配不均，布劳则突出资源的不平等交换，但都指出这是集体行动的根源或原动力。刘易斯·科塞也认为，集体行动的发生，与不满疏导渠道、向优势地位流动率、附属群体的社会化自我约束与统治群体的外在约束等结构性因素密切相关。①

在不满疏导渠道上，戴维·伊斯顿的政治系统理论，可说明结构性堵塞对集体行动的引发效应。伊斯顿指出："一旦他们认为已无法影响当局并由此达到自己的目的，那么，他们就很可能感到有必要转而诉诸严厉手段，努力从根本上改变现存典则。"②简言之，当社会大系统与政治系统在"输入""输出""反馈"转换过程中不能实现动态开放平衡时，利益表达遭遇"输入性故障"（意见堵塞）的结果，便是"民怨堰塞湖"，继而是"不闹不解决"的激励效应。

2. 实践审视

以结构视角审视"高职教育层次提升"集体行动可以发现：既有体制的不平等——招生批次、学位垄断权、办学资源等结构分化"鸿沟"，致使普通高等教育、高等职业教育地位悬殊。高职教育长期被定性为"专科教育"，缺乏向优势地位流动的机会。院校"升格"利益表达，长期被决策层"压制"或"置之不理"——"输入性故障"，集体行动便成为"最后的选择"。

结构分化奠定了集体行动的基础，结构变迁则加速了集体行动的到来。首先，国家经济社会宏观结构发生了变化。金融危机之后，全球经济陷入低迷，中国经济增速放缓，低成本"世界工厂"优势开始转变。"新生代农民工"相对于父辈有更多发展需求，"城镇化"战略实施也需解决"新生代农民工"通过职业培训融入城市的问题。此外，"民工荒""技工荒"进一步倒逼产业结构转型升级。实现制造业强国战略，转变经济增长方式，最终实现向经济强国、人力资源强国转变等，皆对高职教育提出新的发展要求。上述，构成高职教育成为决策层关注重心的时代背景，或者说宏观结构背景。

其次，对"大众化阶段"高等教育的认识，开始从初期"毛入学率""数字崇拜"，转向高校类型分化、质量多元、人才结构均衡。中国的高教大众化主要走的是一条外部"政府驱动""内涵式"挖潜（普通高校扩招）之路。初期目的主要是"拉动内需"，应对 20 世纪末的"亚洲金融危机"。随着"大学生就业难""技工荒"等问题的出现，人才结构失衡问题逐渐被各界关注。解决"技

---

① 曾鹏.集体行动动力机制理论的四种取向[C].秩序与进步：社会建设、社会政策与和谐社会研究——浙江省社会学学会成立二十周年纪念暨 2007 学术年会论文集,2007:29-30.

② 戴维·伊斯顿.政治生活的系统分析[M].王浦劬,译.北京：华夏出版社,1999:278.

术型人才匮乏",应对职教"吸引力"不足构成新时期一种强大的结构性压力。特别是决策层内部主要官员表露出"完善职教体系"的倾向,并着手开展理顺管理体制,将高职高专处由高教司划转职成司等。换言之,持"完善体系"观点的人物逐渐在决策机构占据主导席位,集体行动开始获得"制度性机会"。

再者,抗争阵营的壮大是集体行动得以生发的关键因素。早期"层次提升"的呐喊呼吁还只是职教圈内部的"自说自话",随着智库、媒体、高教专家、院士、大学校长、代表委员等加入声援,集体行动阵营得到壮大。"局外人"的表态支持,一方面显示了诉求"客观性",另一方面也收获了聚集效应——强大的舆论压力,使集体行动获得"话语性机会"。

如库伯曼斯(Koopmans)[①]所言,结构塑造行动者的利益和认同,决定可用的战略库(梯利称为"抗争库")。机会结构为集体行动提供不同激励,如集体行动的资讯——获得关注/忽视、认可/排斥、支持/压制等,成为行动参与者的参照信息,提供着集体行动启动的动力。

（二）心理维度的考察

1.理论基础

心理取向集体行动研究,强调不满、挫折、相对剥夺感、怨恨等心理因素是集体行动的动力来源。如罗伯特·帕克认为集体行动是个体在集体情感冲动下的结果,戴维·波普诺也强调集体行动是受某种普遍存在的情感鼓舞下的行为。[②] 主要代表人物,包括勒庞(感染论或心智归一法则)、布鲁默(循环反应论)、特纳(突生规范论)、格尔(相对剥夺论)、斯梅尔赛(价值累加论)等。

古斯塔夫·勒庞(Gustave Le Bon)认为原本互不相识的个体聚集在一起,随着群体规模增大,彼此相互影响,思维和行为方式将因感染趋于一致。[③]

布鲁默(Herbert George Blumer)运用符号互动论指出,集体行动是群体间双向循环感染而强化的情绪引起的,群体中的循环反应历经集体磨合、集体亢奋、社会感染等阶段,[④]由观念传递到相互传染,形成共同感觉(愤

① Koopmans, Rudd. The missing link between Structure and Agency: outline of an Evolutionary Approach to Social Movement[J]. *Mobilization*,2005,10(1):19-33.

② 戴维·波普诺. 社会学(下册)[M]. 沈阳:辽宁人民出版社,1988:566—567.

③ Gustave Le Bon. *The Crowd: A Study of the Popular Mind*[M]. Marietta, Georgia: Larlin, 1982.

④ Blumer, Herbert G. "The field of collective behavior" in an outline of the principles of sociology[C]//R. E. Park and E. B. Reuter. New York: Barners & Noble, 1939:221-232.

怒),以至爆发集体行动。

特纳(Ralph H. Turne)的突生规范论,提出集体行动产生需某种共同心理,包括共同意识形态与思想或共同愤怒。① 群体互动会产生"突生规范",规范一旦产生就会对群体产生执行新规范的紧张压力,迫使成员相互模仿,遵从集体行为。

格尔(Ted Robert Gurr)的相对剥夺论,认为当"所得"与"应得"存在巨大差距时,就会产生心理失衡的负面情绪,一种被他人或社会"剥夺"了的主观感受。"期望—收益比"无法弥合,不满、积怨就会遵循"挫折—攻击"心理学解释,采取集体行动去"纠正"剥夺。相对剥夺感由此成为集体行动的函数,或者说相对剥夺感、挫折、进攻便构成一个动因组合。②

斯梅尔塞(Neil Smelser)的"价值累加理论",列举了集体行动发生的六大因素:结构性诱因、结构性怨恨、一般化信念、触发性事件、有效动员、社会控制力下降。该理论认为单因素或许不足以产生集体行动,但当多因素出现时,各因素的价值被放大,发生可能性就会增大,即"价值累加"。其中,结构性怨恨即"情绪"性因素,在"从众性感染"下持续扩大,终将使"干柴"变为"烈火"。

2. 实践审视

以心理/情感取向审视"高职教育层次提升"集体行动,可以发现:高职群体所产生的"相对剥夺感"——招生批次、经费拨付、学位授予等与参照群体(普通本科院校)比较后,高职群体就会有被"剥夺"了公平发展权的主观感受,认为高校地位不应被政策安排"钦定",而应通过公平竞争获得,现有政策安排是不公平的,是以特殊优惠政策在保护传统高校的"垄断得利"。

在职教学术共同体的符号互动下——著书立说或学术研讨会交流,不满情绪被相互感染,人们的思维方式、情感态度渐趋一致。这可从职教刊物所刊载文章的主题内容及数量反映出来,"批判"不公平制度安排、倡导"层次提升"的文章长期以来一直占据较大篇幅。一方面说明这是一个经久不衰的热门话题,另一方面也反映出职教刊物已经成为凝聚在"我们感"大旗下的一个"阵地"、一个情感"倾诉平台"、一个利益诉求"表达窗口"。

随着部分成员提出"独立体系"(区别于"职教体系",侧重"独立"①),这一观念渐成"突生规范"。经过循环反应中的"磨合"(milling),参与者变得敏感,对此意见的响应性提高。相关个体的亢奋行为被职教群体注意到后,通过"社会感染",转换为"集体亢奋",并情绪化快速传播,同时吸引了旁观者(如院士)参与,成为倡导"内生发展"(以高职院校为主体)集体行动的基础。

这一过程,同样可用社会心理学中的"群体极化"来解释。即当涉及群体决策时,为了保持舌战优势、名誉感,在阐述论点、逻辑论战时,态度和倾向会比正常情况下更趋于激进,②采取一种偏见辩论方式,使群体中原已存在的倾向性(高职院校升格),因群体讨论而强化并趋于极端(如建成高职教育独立体系)。一方面利于旗帜鲜明地树立观点,另一方面也利于招募观点跟随者。

无论是冲突还是团结需要,集体行动均需情感唤起。集体情感程度与社会控制程度负相关,而与触犯人们利益需要程度、触犯人们核心价值观程度正相关,③这构成"高职教育层次提升"集体行动之所以发生的情感动力。

事实上,具备上述两种取向所关注的行动条件,集体行动也未必发生。资源占有/分配上的不均并不必然导致反抗,经验世界的情况是"压迫/不满常见,反抗却不常见"。同样有"相对剥夺感",有人会选择做集体行动中的积极分子,有人则选择不参与。如迈耶尔·N.扎尔德(Mayer N. Zald)所言,"不满情绪或剥夺感并不能自动或轻易地转化为社会运动,尤其是高风险的社会运动。"④此外,是否会感觉受到压迫,即会否产生"相对剥夺感"或许也是个问题。

概括而言,目前讨论只涉及利益和情感,主要分析了集体行动的源

---

① "独立体系"属于"职教体系"的一种方式,采用"独立"轨道方式,以台湾技职教育体系为参考。关于"独立体系"的倡导、争论,可参见孟广平、杨金土、严雪怡在"三人两地书"中的争论,以潘懋元为代表的学术团队倡导,以及张衡、张继明、方泽强等对"独立体系"倡导的反思批判。从2011年12月15日鲁昕副部长在第二期高职院校领导干部专修班的讲话中也可发现,她在梳理各地职业教育体系的特征时,分类指出了4种职教体系:以美国为代表的"普职融合的单轨制教育体系",以英国、澳大利亚为代表的"国家统一资格框架下的职业教育体系",以德国为代表的"双元制职业教育体系",以我国台湾地区为代表的"完全双轨制职业教育体系"。上述说明,"独立体系"并不是唯一选择,这从教育部倡导地方新建本科院校"转型"也可看出,即官方不倾向于完全由高职院校通过"内生发展"方式,来独办高职本科、研究生教育。

② 趋于激进,称为"冒险偏移",反之,趋于保守则是"谨慎偏移",一般是前者居多。

③ 郭景萍.集体行动的情感逻辑[J].河北学刊,2006(2):84—85.

④ Zald,Mayer N. and John D. McCarthy Ash. Social movement industries:Co-operation and conflict among social movement organizations[J]. *Research in Social Movement:Conflicts and Change*,1980(3):1-20.

起——"生成机制"。集体行动"可能性"转化为现实,仍需进一步探讨"成长机制"。它涉及机会、动员、资源等因素,解决集体行动是否会"待机""休克",回答集体行动的参与、发展、进化等问题。

二、发展、进化问题:政策变迁中的治理集体行动成长机制

(一)理性维度的考察

1. 理论基础

古典集体行动理论倾向于将行动者视为非理性的,而功利主义则秉持工具理性观点,从行动收益与成本的得失计算出发解释集体行动的动力机制。

霍曼斯(George C. Homans)的行为主义交换论,一改宏观结构分析传统,在成功命题、刺激命题、价值命题、剥夺/满足命题、攻击/赞同命题和理性命题基础上,提出"行动可能性=价值×概率"公式,即行动选择依据报酬价值及获得可能性做出。这就开始涉及成本—收益计算、资源等因素的影响。

此后,在奥尔森将经济学理性选择范式引入集体行为分析的基础上,麦卡锡、扎尔德、梯利等人提出"资源动员理论"。该理论试图解决奥尔森集体行动的困境——"搭便车"机会主义行为,通过引入组织干预力量(如激励机制等)来解决志愿失灵导致的集体行动"待机"问题。该理论认为集体行动是理性的、有目的、有组织的行动,强调集体行动受资源总量约束,是组织动员的结果,从而将注意力从"动机层面"转向"成本层面"。核心假设是:集体行动是理性行为,涉及成本—收益权衡,资源是成功的保障,组织、动员是关键,资源组织化程度越高,成功可能性越大。

之前的集体行动理论多关注"why",即为什么会发生集体行动(社会条件),资源动员理论则转向关注"how",即行为选择是怎样做出的(动态过程)、组织运作机制和过程,如成员资格确定、领袖产生、招(募)新(成员)网络建构、行动策略等。[①]

通过资源动员,特别是经过议题企业家(政策企业家)的倡导、动员,可以将多元分散的资源(包括内外部资源)整合为一体化资源,并借此实现利益聚合与表达,扩大联盟以壮大声势,动员潜在行动者转换为正式行动者,为实现目标积累基础。资源包括人力资源与物力资源、内部资源与外部资源等;动员包括共意动员(论证集体目标,激励潜在行动者认同行动纲领)和

[①] 冯仕政.西方社会运动研究:现状与范式[J].国外社会科学,2003(5).

行动动员(塑造参与效能感,满足潜在行动者利益要求),[①]可通过科层组织,也可通过社会网络。

对于社会网络的作用,麦克亚当(D. McAdam)指出了两点功能——沟通、团结。梯利指出,要将群体利益转化为集体行动的动员能力,组织力量是关键。群体组织程度取决于两个影响因子——群体具有的共同特征和群内人际网络强度,成员共性越明显,成员间关系越紧密,群体组织能力就越强。[②] 麦克亚当指出了集体行动组织资源的决定因素:集体行动的组织强度及潜在行动者的组织化程度、行动组织内部的认同感/凝聚力及激励机制、集体行动组织的联系网络广度、积极分子和领导成员等。[③]

当然,组织对集体行动也有"瓦解"功效。皮文(Piven)与科罗沃德(Cloward)强调组织对集体行动的阻抑作用,如果领导对个人前程和权力的关心超过对集体行动目标和成员利益的关心,则集体行动将被国家制度化而消融,有力量的往往是来自下层自发性很强的集体行动。[④]

资源动员理论强调了领导者、组织与资源的互动关系,但不能解释当资源总量未变,出现机会空间时集体行动也会发生的情况。此后,结构取向的"政治过程理论"做了纠偏,引入国家因素,强调"政治机会结构"对集体行动的影响。政治机会结构,指促进或阻碍集体行动的政治环境,塔罗(Tarrow)将之操作化为:政治参与管道的拓展、政体内部联盟的不稳定、有影响盟友的出现、政治精英的分裂、国家控制能力或决心的减弱等。[⑤]

梯利提出了"政体模型",认为政治体系由控权者与竞争者组成,竞争者包括政体内成员,也包括外部成员。外部成员的策略选择是:或设法进入政体,或打破此政体。一般来讲,与内部成员结成联盟,寻求制度容纳、扩张权力地位是比较合理的选择。这样,集体行动就由单纯关注内部组织(资源动员,解决行动能力问题)到兼顾外部联系(寻找政治机会,解决行动激励问题),才有可能挑战权力格局,影响资源分配。之后,麦克亚当提出"政治过程模型",强调集体行动不是单纯资源动员的结果,而是政治机会扩大的表现,同时也强调了由成员互动形成的内生组织网络的作用。

2. 实践审视

以理性视角审视"高职教育层次提升"的集体行动,可以发现"成本—收

① Klandermans Bert. Mobilization and participation: Social psychological expansions of resource mobilization theory[J]. *American Sociological Reviews*, 1984(49):586.

② 冯建华,周林刚.西方集体行动理论的四种取向[J].国外社会科学,2008(4):50.

③ 王生博.作为政治社会学议题的集体行动——从结构主义到资源动员和政治过程理论[J].内蒙古农业大学学报(社会科学版),2009(2):16.

④ 冯建华,周林刚.西方集体行动理论的四种取向[J].国外社会科学,2008(4):50.

⑤ 西德尼·塔罗.运动中的力量[M].吴庆宏,译.南京:译林出版社,2005.

益"的理性计算、"搭便车"机会主义、资源动员等皆有不同程度反映。

当层次提升诉求遭遇"升格禁令"后,霍曼斯"行动可能性＝价值×概率"公式就体现出一定说服力。尽管集体行动的报酬价值较高,但缺乏"获得可能性",集体行动就陷入"搭便车"困境,处于"待机"状态。

同时,康豪瑟、皮文与科罗沃德所言之"组织"对集体行动的阻碍作用也是"绕不过去的一道坎"。单位制下的高职院校校长们面临"安全性困境",行为选择多趋于"理性",不会贸然"出格"抗争,这会影响个人权力地位及发展前途。此外,在"层次提升"的路径选择上,与本科院校合并或合办的道路也并不被高职院校校长看好,同样是基于理性选择。这样做,只是"拿自己的地种了别人的田",自己独办,为"升格"积累基础更符合"组织"利益。

为阻隔高职院校的"升格"冲动,示范建设计划(即"高职211工程")中提出"不升格承诺"要求,并成立了"国家示范性高等职业院校建设工作协作委员会"。这是教育主管部门对"组织对集体行动阻碍作用"的成功运用,当高职院校中的"先进""典型"已被国家制度化而使抗争行动得以消融后,其他院校自然"掀不起风浪"。

不过,个别下层自发性很强的抗争行动多少也显示出一定力量。如西安翻译学院(此时该校为专科层次)的"五年制无学历独立本科翻译研修班"教育,被认为走出了国家自学考试制度"文凭"导向对教学、学生成长的负面影响。湖南民族职业学院延长一年学制,自授"能力学士",被认为是在朱清时改革(南方科技大学招考改革)陷入尴尬之时,接过了改革大旗,开展了办学自主权探索。

后来,"建设现代职教体系"在《国家中长期教育改革和发展规划纲要(2010—2020年)》中被具体明确,并通过国家教育体制改革试点推动,以鲁昕副部长为代表的政策制定者们积极倡导,相继推动高职高专处划归职教司管理以理顺管理体制,推动现代职业教育体系列入国家专项规划,开展产教结合行业对话会、"院士行"活动,依托智库开展研究,召开代表委员座谈会、职业教育"新闻眼"——新闻媒体与高职教育论坛等,内部"科层动员"(府际网络互动)与外部"社会网络动员"(建立联盟)结合推进,将多元分散资源整合为一体化资源,实现了利益聚合与表达,并将潜在行动者动员起来。

上述,同时体现出决策体系趋于开放,参与管道得到拓展,精英联盟开始出现,决策精英开始分裂(部分教育部官员,如张尧学、鲁昕等认为高职教育不是低层次教育),控制决心已经减弱(虽然"升格"规制禁令并未废除,但开始鼓励试点探索"长学制")的特点,为集体行动提供了政治机会结构。

例如,决策层对议题网络中高职高专处划归职教司的提议做出了"政策回应",这已经是在解决隶属管理关系分散对改革的阻隔影响——在高教司管辖下,高职教育类型特征被忽略,而低层次特征可能被放大。再如,教育部会同国家发改委、财政部、人力资源和社会保障部、工业和信息化部等部门编制"现代职业教育体系建设规划(2012—2020)"国家专项规划,也是在试图理顺府际关系,解决国家与地方、部门之间资源利益之争,并为改革推进创造条件。俞仲文针对《国家中长期教育改革和发展规划纲要》征求修改意见的建言献策,提及"调整教育部门与劳动就业保障部门的业务范围;教育部领导来源,不能仅从精英大学中去选拔,否则会有意无意地使职业教育变成普通教育的附属物;建立国家职业技术教育管理委员会,由……知名职教机构代表……组成,作为职教行政管理部门的补充"①。实际上,也是在实践着打破梯利所谓"政体"阻隔,使外部成员进入政体,为改革创造"政治机会结构"。

治理互动过程是增进了解,强化信任、团结,形成社会资本的过程,有助于形成激励,克服"搭便车"困境。关系网络的存在,或能解释为什么同样面临政治机会结构,有的地区获得了长学制改革"先行试点权"。

理性取向研究强调理性算计在动员行为、参与行为中的作用,但却滑向了另一极端。如奥尔森的研究主要适用于经济性集团,对利他主义行为缺乏考虑。比较而言,斯梅尔塞的"价值累加理论"则特别强调了"一般化信念"(对特定问题症结、解决途径的共同认识)的影响。麦克亚当的"政治过程模型"将集体行动视为扩展政治机会(政治权力因素)、内生组织强度(社会组织因素)、认知解放(心理文化因素)合力作用的结果。特别是前两者只是"结构潜能",只有行动者实现"认知解放",集体行动方会发生。这就在结构、策略、工具主义之外,融入了"文化心理"因素。或者说,在结构主义、理性主义路径之外提出了文化主义模式,开始思考意识形态、话语、情感、集体认同等因素对集体行动的影响。

(二)文化维度的考察

1.理论基础

文化取向试图跳出结构分析的被动性,并超越利益政治,在结构主义、理性主义之外,考虑"意义建构"变量与集体行动间的关系。其倾向于认为行动者社会性地镶嵌在集体认同感中,能根据现实需要动用可资利用的文化资源;特别关注共同信念、集体认同的生成,以及解释框架、符号互动、情感在集体行动中的作用。代表人物有科恩(文化建构论)、斯诺(框架分析论)等。

---

① 俞仲文.职业教育管理体制须动大手术[N].中国青年报,2009-01-12.

科恩(Cohen)强调集体行动采取的是两重策略:底层沟通行动建立共识,培养批判认同;以集体力量向决策层施压。行动不但是策略性资源动员,更是集体认同建构过程。① 改造文化,而非单纯争取权力、资源也是一种集体行动。

戈夫曼的"框架",指人们理解社会情境所采取的一套解读方式。其后,斯诺(David A. Snow)将之运用于集体行动微观动员过程的分析。核心思想是:集体行动背后的目标或意识形态,由于各种原因可能不被目标群体所理解或接受,行动组织者就会有意识地、策略性地创造出更易接受的话语,形成关于情境的共同理解,达到合法化(正当化)和动员的目的。② 麦克亚当进一步指出框架构建的意义不仅在于建立共识,更具有营造舆论、鼓励参与、减小阻力等策略性作用。越是背离社会主流认识的集体行动,越需要策略性框架,使行动组织者的真实意图隐藏起来,呈现的是修饰过的版本。③

克兰德尔曼斯(Bert Klandermans)更直接地点出了社会问题的建构本质,"社会问题本身并不必然引起集体行动,只有当问题被人们感知并被赋予意义时才成为问题""是人们对现实的解释,而非现实本身,引发了集体行动"④。在某种程度上,正是意义建构为资源动员奠定着基础。此后,两个转化过程——从现实到共同意识(意义建构),从共同意识再到集体行动(行动动员)逐渐成为关注重心。

意义建构过程涉及不同阵营行动者围绕情境定义的斗争,背后是资源争夺。克兰德尔曼斯将共同意识形成过程分为三阶段——共意形成、共意动员和共意提升;三层次——公共话语层次(集团认同感形成和转型)、动员战役(支持方与反对方)中的劝说性沟通层次、意识提升层次。⑤

单就集体认同而言,泰勒和惠蒂尔认为涉及三个要素:群体边界、群体意识、外部磋商。群体边界通过关注共同特征,使之成为"我们感"的表达符

---

① Jean. L. Cohen. Strategy or identity: New theoretical paradigms and contemprary social movements[J]. *Social Research*, 1985,52(4):52.

② David A. Snow, E. Burke Rochford Jr, Steven K. Worden and Robert D. Benford. Frame alignment processes, micromobilization and movement participation [J]. *American Sociological Review*,1986(51):464-481.

③ McAdam, Doug. Culture and social movement[C]//New Social Enrique Larana, Hank Johnston and Joseph R. Gusfied. *Movements, from Ideology to Identity*. Philadephia: Temple University Press,1994:36-57.

④ 曾鹏.集体行动动力机制的四种取向[C]//秩序与进步:社会建设、社会政策与和谐社会研究——浙江省社会学学会成立二十周年纪念暨 2007 学术年会论文集,2007:31.

⑤ 曾鹏,罗观翠.集体行动何以可能?——关于集体行动动力机制的文献综述[J].开放时代,2006(1):111—123.

号,形成了维持区分的心理、物理结构;群体意识是一套集体行动的认知框架,包括目的、手段等;外部磋商通过符号和行动将相关认同推向外界,磋商此认同。① 梅洛希(Melucci)也指出,对"我们"的界定,既是一个反身过程——回答"我们是谁",也是一个协商过程——回答"他们是谁"。②

集体行动的过程,可视为"认同企业家"围绕"共同身份认同"的创业过程,可用来界定集体认同边界、代表群体、纲领。通过集体认同,维持着参与的忠诚和承诺,使个体心理层面发生变化,认为现存体制丧失合法性,并产生新的功效观——由无助到相信有能力改变命运,并开始富有挑战性。③

首先,培育了积极分子,使他们形成态度、责任和义务。对他们来说,在行动中获得的公众身份所带来的社会声望与地位,远比私人损益更重要。这就以"利他主义"克服了搭便车困境,解决了集体行动的"领头"问题。其次,远景描述、情感工具支持等,加强了团结,为成员提供了共享观念。高度共意性的意义建构,对潜在参与者(同情者、旁观者)产生强大动员潜能,使之获得一种"归家感",解决了集体行动的"参与"问题。同时,集体动员也不再只是在个体层面发展成员,而是通过社会网络、组织。

与建立团结相对的是排斥他人,边界维持的过程,进一步使群内成员的积极情感和针对反对方的消极情感,通过网络传播得到强化,提升了集体行动的凝聚力、内驱力。但同时,也可能导致原子化群体的出现,形成群体隔离,强调群内交往,忽视群际交流,进而产生"群体极化"现象。

从共同意识到集体行动的转化过程(行动动员过程),除涉及人际网络、动员技术、政治机遇等,集体认同感的包容性、集体行动目标的共意性也是关键因素。集体认同感,具有促进参与的选择性激励作用,包容性越大,则控制难度越大。目标的共意性,指行动目标受群体内外成员、潜在参与者支持的程度。共意性越高,资源动员能力越强,就越可能占用社会或政府更多资源。④

2.实践审视

以文化取向审视"高职教育层次提升"集体行动,可发现行动缘起即在

① Taylor, Verta & Nacy E. Whittier. Collective identity in social movement communities [C]//C. M. Mueller and A. D. Morris. *Frontiers in Social Movement Theory*. New Haven: Yale University Press,1992:104-129.

② Alberto Melucci, et al. *Nomads of the Present: Social Movements and Individual Needs in Contemporary Society*[M]. Philadelphia: Temple University Press,1989.

③ 夏传玲.权杖和权势:组织的权力运作机制[M].北京:中国社会科学出版社,2008:68—69.

④ 曾鹏,罗观翠.集体行动何以可能?——关于集体行动动力机制的文献综述[J].开放时代,2006(1):111—123.

于高职群体的集体认同——高职教育是高等教育的一种类型，而不是一个层次。

集体行动过程，遵循科恩"文化建构论"逻辑，采取双重策略，先建立共识，培养批判认同，再以集体力量施压。首先，这是一个文化改造过程，涉及不同知识形态的较量。职教群体提出"技术不是科学的应用"（技术并不低科学一等）、"高职教育是技术教育"（不等于就业教育）、"高职教育是类型不是层次"（不限于专科教育）等口号。同时，这也是"印象控制"①的过程，通过反身过程（"我们是谁"）与协商过程（"他们是谁"），界定群体边界（与普通高等教育/院校的区别），塑造"我们感"，并寻求"承认"——高职教育不限于专科层次。

共意动员与边界维持的过程，产生了强大的动员潜能，使相关个体心理层面发生变化，开始质疑现存政策安排（招生批次、学位授予等），同时吸引了同情者、旁观者（代表委员、院士、媒体等）的"参与"，并产生新的功效观——职教层次提升终究要突破。如早在2001年，孟广平就撰文指出目前的教育是一种不平等的双轨制教育。②此后，随着传统高校农村学生比例逐渐降低，农村生源学生多数进入高职院校，获得的是只到专科的"断头教育"，教育公平问题，阶层固化、社会排斥、"读书无用论"等逐渐被职教学界强化并批判。低阶层家庭子女发展困境，成为高职层次提升诉求可资利用的"弱者的武器"，以道德资源动员，获得了社会合法性，并为实现政策突破奠定基础。

在集体行动成功从差异政治过渡到承认政治，并提上决策层议事日程之后，选择何种政策方案——普通高校"转型"（外生发展）与高职院校"升格"或试办"长学制"（内生发展），成为新的问题。

此时期，策略性框架开始"大显身手"。"技工荒""大学生就业难""上海大火""动车事故"③等，被策略性运用到相关政策倡导的"故事叙事"中，以论证现存教育结构的问题、职教层次提升的必要性等。

换言之，意义建构过程，是一个巧妙的"问题化技术"过程。如将职教体

---

① 翁定军依据移民在新居住地为了建构自身不容欺负的形象，而采取过激行为以影响他人的对待方式，提出了"印象控制"概念。参见：翁定军.冲突的策略：以S市三峡移民的生活适应为例[J].社会,2005(2).

② 孟广平.三级分流与双轨制教育[J].职教通讯,2001(1).

③ 用"动车事故"与飞机相对安全（因飞机从业人员起点就是本科）进行对比，以说明高铁时代铁路管理人员不能仍是"绿皮车"水平，职教层次提升有必要性。参见：2011年10月13日鲁昕在现代职教体系建设国家专项规划编制座谈会上的讲话。"上海大火"则被解读为就业准入标准低、工人缺乏正规职教培训、无资格证书。

系完善(涵盖层次完善),建构为国家真正重视或目前高度重视的问题,涉及社会秩序问题(大学生就业难)、国家战略(制造业强国、人力资源强国)、国家各项规划目标(教育、人才、科技、产业规划等)的落实支撑问题等。如此,目标的共意性大大提高,"现代职业教育体系建设"历史上少有地被列为国家专项规划,这就利于获取更多政府资源,大幅度增强资源动员能力。如可以统一各部门认识,解决府际竞争中的掣肘问题,同时也为职教相关改革探索上升为国家制度、获得保障奠定了基础。以鲁昕副部长的话来说:"有了国家专项规划……文件层次就高了……自然会给职业教育这个'弱势群体'一次强壮体魄的机会。"①

在层次提升路径上,"转型"(外生发展)与"升格"或试办"长学制"(内生发展)展开两种政策方案间的博弈、情境定义争夺,同样反映出两个"倡导联盟"不同知识形态的碰撞。外生发展"倡导联盟"代表,多从高校结构比例均衡、生态位出发,鼓励新建本科院校"转型",反对高职院校"升格";内生发展"倡导联盟"代表,则多从现有地方本科院校人才培养方案是否体现"实践性",是否有意愿、有能力开展高职本科层次教育等展开分析,担心简单"拉郎配"(通过地方本科院校转型实施高职本科教育)可能导致"血型不匹配下的排异反应"。边界维持的过程,使群内成员的积极情感与针对反对方的消极情感进一步强化,造成群体隔离,产生了"群体极化"现象,即认为只能"转型"或只能"升格"。

总体上,结构、心理、理性、文化四种取向,或关注集体行动起源,或关注过程,在动力机制分析上各有利弊,构成互补关系。作为分析性概念,它们呈现了集体行动不同层面的特征,但在经验世界中很难完全分开,故而不能顾此失彼。综合起来,有助于理解学制政策变迁中的治理参与集体行动究竟"何以可能"。

第二节 教育网络治理的现实境遇与未来路向

学制政策变迁体现出多元互动特点,改革遵循从单一技术理性到兼顾政治理性的变革逻辑,背后反映的是国家与社会边界的重构。本节将选择治理路径,解析国家与社会治理互动的现状及路向。

一、网络治理:作为现实"突破口"的政策多元参与

长期以来,如何制定出科学、合理的政策一直是各方关注的重心,至于

---

① 鲁昕.在现代职教体系建设国家专项规划编制座谈会上的讲话[R].2011-10-13.

某种政策方案如何脱颖而出，以及相关政策执行何以会梗阻失灵则缺乏足够研究。政策分析与政策研究代表两种不同取向：前者是"为政策的研究"（"study for policy"，设计出好的选择），采取问题导向，关注政策内容，侧重技术层面；后者是"对政策的研究"（"study of policy"，如何做出好的政策选择），采取互动导向，关注政策过程，侧重制度层面。后一种多少已经涉及政策生成背后的治理结构。

有研究者将中国传统政府治理模式概括为"全能主义"，政府扮演着"监护者＋管理者＋保障者＋造福者＋教导者"的角色。在催生"中国奇迹"的同时，也引发了诸如短期行为、贫富悬殊、公共服务滞后等一系列问题。特别是造成了对政府的全面高度依赖，政府自身陷入成本攀升、力不从心、引火烧身等困境，而社会始终处于被动员、被导演、被整治状态。①

反映在决策上，具有"管理主义"特征②：理念上，党政机关被看作公共利益代表，处于治理主体地位，群众和个体被视为具体和个别利益代表，位于治理客体地位；决策组织结构是金字塔官僚科层制，目标源自上级，缺乏对自下而上需求的回应动力；议程设置上，党政机关及智库主导议程设置，公众尽管有某些非程序化方式，如上书、通过舆论施压等，但被限制在很小范围；信息获得与流通上，决策者一般通过自主调查及咨询获取决策信息，公众处于被咨询地位，信息流通限于决策层内部，很少或有选择地公开；政策执行上，多通过动员方式塑造政策偏好，以降低执行成本，很少根据公众偏好意愿修改决策；政策反馈与纠错机制薄弱。由此，治理简化为决策者的单向、封闭管理。然而，公共利益确认存在争议，政策的正当性可能随现实中的规制俘获而瓦解，随着公众判断能力、对政策可接受性要求的提高，相关政策便可能遭遇失灵风险。

中国缺乏"公民不服从"传统，但"抗争"行为并不仅限于社会底层民众的群体性事件，教育领域中相关组织的抗争行为也时有发生，如南方科技大学招生事件、湖南民族职业学院自授"能力学士"学位等。同时也反映出现有治理模式的体制框架"消化吸收"能力有限，从而将矛盾"溢出体制"，成为体制外行动。

面对"不服从"，决策层惯常应对举措是"维稳"式规制。但"维稳"与"维权"（高校办学自主权）矛盾背后，实质反映出的是治理模式问题。从政策议程角度审视，公众议程由于结构制度限制无法进入政府议程，或在政府议程

① 燕继荣.变化中的中国政府治理[J].经济社会体制比较,2011(6).
② 王锡锌,章永乐.从"管理主义模式"到"参与式治理模式":两种公共决策的经验模型、理论框架及制度分析[C]//江必新.行政规制论丛:第1卷.北京:法律出版社,2009.

中处于弱势,不能引起关注,长期被"选择性忽略"。矛盾积累的结果,"非体制化行动"便成为最后选择。换句话说,"抗争"行为恰恰是对压力型体制下利益表达和协商机制匮乏导致议程偏离的回应。

面对观念变革、利益分殊的社会变迁对体制结构的冲击,体制有两种反应:"体制压制型"反应——对冲击结构或"溢出"体制的行为予以压制,使其符合结构要求;"体制调整型"反应——分析溢出行为产生的社会因素和需求,调整或变革体制结构,将溢出行为"吸收"到新的体制框架中。①

后一条路径,扣合参与治理、合作治理、公共治理等思想,意图搭建利益诉求"公共平台",谋求"公共事务公共管理",以参与民主纠正管理主义、全能主义以"替民做主"思想制定"自以为是"政策的弊病,同时增强国家的"制度化能力"。

作为治理模式的政策网络,以网络治理方式实现了多中心治理,恰提供了政策民主这样一个"突破口"。现阶段,其运作情况如何,存在哪些问题,在政府权力下放、高校"去行政化"、教育治理现代化时代背景下,便成为极具现实意义的研究命题。

二、网络治理的现实境遇与未来路向

对网络治理现状的考察,可从多角度分析,下文重点从行动者(主体)、结构、网络管理三层面展开,重点探讨阶段亮点、问题困境及对策思路。

(一)行动者

学制政策变迁中的行动者类型众多,可分为个人、组织,官方行动者与非官方行动者等。各类行动者以其独特属性、资源禀赋、行动能力在治理网络结构中占据一定位置,承担着网络治理的某种功能角色。

1.亮点

从长时段学制政策变迁历程看,网络治理呈现出一些亮点。首先,在非官方行动者方面。从"沉默""失语"状态到积极表达诉求,政策参与;从"个体"式呐喊抗争,到重视"外联",扩充队伍,营造舆论;从政策出台后的被动"反应性抗争"(梯利),到"进取性抗争"积极政策倡导;非官方行动者在参与意识、诉求表达、行动能力等方面进步明显,在参与规模、网络治理质量上的表现"可圈可点"。其次,在官方行动者方面。水平层面,从早期"碎片化"政府下的部门决策,到重视府际沟通,政策协同能力得到提升;垂直层面,从"关门"封闭决策、动员执行的"单向度"行政直线式治理,到积极与行业、智

---

① 王锡锌.通过参与式治理促进根本政治制度的生活化——"一体多元"与国家微观民主的建设[EB/OL].http://www.sinoss.net/2011/1201/38199.html.

库、媒体、院士、学会协会、代表委员等沟通交流,政策过程开放度大大提高,提升了相关政策民意基础。

如早期职业大学向专科"分流"的政策出台后,尽管相关院校表达出异议,但基本处于"边缘化"状态,直到利益集团代表——高职教育研究会发出声音,才结束"原子式"个体表达的发声困境,最终使"分流"政策退出历史舞台。

随着"禁止升格"规制政策的出台,积极寻找结盟伙伴,壮大声势便成为非官方行动者的最佳策略选择。表现在:利用"两会""政策之窗",寻求代表委员提案代言;借助媒体论证、扩散高职教育"是类型不是层次"(不限于专科教育)、"是技术教育"(不等于就业教育)等观点,营造舆论,获取支持;推动院士、专家职校行,借助名人效应,为高职"独立体系"积极倡导;依托地方政府,以教改政绩、地方经济发展、技术人才支撑等,鼓动地方政府扮演"次级行动团体"角色,向上级部门"要政策",为"试点先行"争得先机;等等。

如果说针对"分流""升格规制"的治理行动是政策出台后的被动反应,多少具有"反应性抗争"意蕴,那么"独立体系""专业学士学位"的倡导则无疑具有"进取性抗争"色彩,反映了行动者"权利意识"的觉醒。

至于官方行动者,在前期"分流"政策出台上主要采用"封闭式"部门决策方式;到深圳职业技术学院试办"四年制"时,府际互动在纵向层面展开;"升格规制"政策出台时,已开始注重府际合作,成立了部际联席会议,并以七部委联合方式下发决定。不过,此时合作主要限于横向府际部门,到政策出台招致质疑、抵制后,才与社会展开互动。

而到"现代职教体系建设"时,无论是部门协同(包括纵向不同层级部门、横向同级机构不同部门),还是与社会互动(内外协同)皆达到了空前高度。就政府部门内部的协同而言,互动体现在三个层面,参见表 9-1。[①]

表 9-1 政策协同的三个层面

协同的层面	关注的焦点	协同的目标或产出
宏观层面	政府战略	具体领域政策与国家宏观战略的一致性 具体领域政策制定的依据或指南
中观层面	跨部门政策	跨界特性突出的政策领域的决策体制 跨领域政策议题上的相关政策
微观层面	部门政策	具体政策之间的内在一致性 实现内在一致性的工作程序和机制

① 周志忍,蒋敏娟.整体政府下的政策协同:理论与发达国家的当代实践[J].国家行政学院学报,2010(6):30.

其中,微观层面互动,涉及同部门内不同业务单位间的政策协同,目标在于实现工作的内在一致性,理顺工作机制。以高职高专处由高教司划转职教司为代表,意图捋顺管理体制,使中职与高职纵向连贯,为职教体系贯通奠定基础。

中观层面互动,涉及跨部门政策,目标在于对一些跨界特征突出的政策领域或议题做出统筹安排。以高层次职教办学主体选择为例,外生发展(新建本科院校"转型")是跨界特征突出的政策议题——新建本科院校的教育可否归入职业教育。最终的政策产出是,教育部"应用科技大学改革试点战略研究"项目启动,旨在促进地方本科高校转型发展,探索构建我国应用型高等教育体系。

宏观层面互动,关注焦点在政府总体战略,而非具体政策内在一致性,协同目标是保障具体政策与国家宏观战略一致。以"现代职业教育体系建设规划(2012—2020)"被列入2012年国务院审批计划为代表,它通过将现代职教体系建构为国家重视的国家战略(制造业强国、人力资源强国),缓解社会秩序问题(如大学生就业难)、国家各项规划目标(教育、人才、科技、产业规划等)的支撑落实问题等,提升了具体政策("现代职教体系建设")的目标共意性,也使其获得了国家专项规划,成为新的国家战略。

与社会互动(内外协同),则是通过开展产教结合行业对话会、"院士行"活动、依托智库开展研究、召开代表委员座谈会、新闻媒体与高职教育论坛等活动,以"社会网络动员"(建立联盟)方式,将多元分散资源整合为一体化资源,为现代职教体系营造舆论氛围,增强行动潜能。

2.问题困境及对策建议

由于网络治理的体制性背景总体尚未成熟,特别是作为"合作"前提的"分化"尚显不足,旧规则的路径依赖,必然将相关弊病一并带入,多少会影响网络治理的成效。网络治理并不只是一个结果,更是一个过程。体制性因素作为宏观结构背景,在目前中国"一元主导型"的治理格局下,可能会以渐进方式演化。此处,仅从主体性因素切入,简要考察几个不同类型行动者[①]在治理参与中反映出的问题,或许能为治理完善找到较易打开的突破口。

(1)媒体

被视为行政、立法、司法以外"第四种权力"的媒体,在网络治理中发挥着重要作用。就对政策过程影响而言,涉及议题确认、议程设置、政策制定、

---

① 下文将分别探讨媒体、协会、智库三类机构,旨在"跳出教育看教育",思考作为高校声音"代言者"的"合作伙伴"起到了何种作用、存在哪些问题、该如何完善,可能更有益于外部治理的完善。

执行及评估等环节。"孙志刚事件""厦门 PX 事件"等,媒体作为利益表达与聚合平台,引导着公众讨论,加强了交流沟通,促成了问题解决。在学制政策变迁过程中,媒体同样发挥了关键作用,但也暴露出一些问题。

首先,"偏见报道"下的平衡器失衡问题。媒介框架上,无论是宏观主题构造(事件社会意义的框定)还是在微观叙事/修辞构造(事件要素处理,语言表达风格)上,与作为弱势群体的职教相伴的多是一些"负面消息",诸如"职校生跳槽频繁""学校以顶岗实习贩卖'廉价劳动力'""生源危机让学校濒临倒闭"等,这与针对普通高等教育的报道形成了鲜明对比。2012 年 8 月 27 日的《中国青年报》专门以"根植'正能量',给点阳光就灿烂"为题,对此"偏见报道"做了反思。涉及学制政策变迁,媒体"偏见报道",如污名化标签处理——"不安心定位""冒进"等,可能也部分掩盖了真实问题——教育结构及人才结构失衡。

其次,新闻专业主义阙如,"舆论竞技场"平台缺失。哈贝马斯双轨制审议民主理论,强调将"强公共领域"(政治公共领域)的意志形成(制度化决策)建基于"弱公共领域"(市民公共领域)的公共舆论审议过程之上,以提升参与品质和决策质量。现实情况是,媒体独立性、客观性不足,自觉不自觉地扮演着强势利益群体的"代言人"或充当了政府政策意向的"传声筒"。因不能平衡不同利益主体的诉求,致使弱势群体的正当诉求被湮没而处于"失语"状态。

例如 2011 年 1 月 26 日《光明日报》题为"高职该不该升本科?'转型'比'升格'更重要"的文章,媒体尽管多少扮演了舆论争辩"设场者"的角色,却不同程度存在"偏见报道"的嫌疑。媒体聚合了学界、高职办学者、学会管理者三方观点,潘懋元先生指出,专升本并非去职教化,可坚持方向(高职教育)、控制节奏(不一哄而上),但文章标题直接标明"转型"比"升格"更重要,呈现出"一边倒"的报道倾向。

由于未将利益相关方态度倾向、不同方案利弊以论战方式全面展现,致使媒体报道缺失"论辩"功能,徒具"说教"色彩,各方思想认识长时期不能统一。后期实践上,普通本科高校"转型"路径不同程度"遇冷",并遭到各界质疑批驳。

上述表明,目前媒体治理能力尚存缺陷。除加强新闻专业主义建设,走出自由表达之困外,增强对问题的感知领悟能力,促进交流论辩、公共审议,避免信息扭曲失真,实现强、弱公共领域的顺畅沟通,将是今后的努力重点。

(2)专家

中国的决策是典型的精英决策模式,政治精英为增强政策合法性,较注重吸纳知识精英参与政策过程。不过,单纯的技术专家分析,可能恰恰会构成问题来源。因为在试图增加政策选择"客观性"的同时,可能忽略了政策过程的"政治化"。

为说明技术分析的适用性,罗杰·皮尔克引入"龙卷风政治"与"堕胎政治"代表不同的政策情景。前者指龙卷风要来时,技术分析(是否真的要来)对决策(是否撤离)的影响;后者指具有不确定性、低价值共识特征的决策情景。此时,技术分析作用甚微,因其远非科学问题,只能通过政治过程(如辩论)来解决。① 上述说明,专家尽管在知识分析上具有优势,但并无价值判断上的权威性,不具备替公众价值判断的合法性。一定程度上,也指出了专家知识的适用范围。

推行"两年制"过程中,教育决策部门曾依托职教专家组成课题组研究学制调整是否可行,专家们虽列出了若干不利因素,但最终还是给出了"可行"结论。最终,政策在院校层面遭遇执行梗阻而失灵。从一个侧面说明,以技术论范式排斥民主论范式,可能会走向误区。

此外,现实问题的复杂性,往往非单一领域专家所能解决。不同专家角色定位不同,背后的资源主张不同,往往带来政策问题定义、方案建构上的千差万别。

源于角色定位不同,技术专家与公共知识分子往往会有不同政策建议,前者多从技术理性角度考虑问题,后者则更具价值立场、超越眼光。如职教层次突破命题,结构功能主义,聚焦院校组织定位(高校分类分层)是一种眼光;从教育公平、社会排斥、阶层固化、人才结构类型出发,考虑更多读职校的底层家庭子女的可持续发展则是另一种视角。只不过,前者聚焦"组织"功能定位,后者强调"人本"关怀;前者侧重分流教育功能,后者突出人的自由选择。反映在专家政策倡导上,前者可能倾向于认为职业教育就是"就业教育""低层次教育",是分流教育下精英教育的"缓冲器";后者则认为各类教育都涉及就业,职业教育不是"饭碗教育",是"技术教育",可以有更高办学层次。

在角色定位上,罗杰·皮尔克区分了四种专家角色(见表9-2②):纯粹的专家、仲裁者、观点的辩护者、诚实的代理人。皮尔克指出,前两者表面上似乎不关心特定决策,但事实上经常滑向"秘密的观点辩护",这就可能操纵特

① [美]罗杰·皮尔克.诚实的代理人——科学在政策与政治中的意义[M].李正风,缪航,译.上海:上海交通大学出版社,2010:41—46.
② 本表结合罗杰·皮尔克《诚实的代理人——科学在政策与政治中的意义》第14页"科学家在决策中的四种理想化角色图"、第49页"龙卷风政治与堕胎政治的理想化范畴图"改编而来。

定决策,而"诚实的代理人"则赋予决策者选择的自由。①

表9-2　专家在决策中的四种理想化角色

决策情景特征:价值共识、低不确定性	
是	否
线性模式(龙卷风政治)	利益相关者模式(堕胎政治)
纯粹的专家(不联系政策)	观点的辩护者(缩小范围)
仲裁者(联系政策)	诚实的代理人(拓展选择)

　　在高层次职教实施主体的政策方案遴选上,外生发展(新建本科院校转型职教)与内生发展(高职院校为主体)代表着两种路径。事实上,两种方案皆非完美——前者短期有排异反应,但从长远看利于地方高校准确定位,整个高教生态逐步完善;后者从短期看,在一种教育体系下,利于不同层次职教人才培养的衔接沟通。但认为地方本科院校教育与职业教育有"不可逾越的鸿沟",就排斥了地方本科院校"转型"发展的可能,等于默认并置之不理其办学定位偏失问题。同时新设大批高职本科院校,也确实可能会对整个国家高教生态带来严重影响。事实上,两种方案博弈聚讼不息,背后暗含"站位决定方位"的资源主张。以皮尔克的专家角色定位考量,皆不同程度滑向了"秘密的观点辩护",而未能理性、客观、全面地直陈不同方案的利弊得失,以拓展决策者选择。

　　如果说领域专家或技术专家以其专业知识优势更倾向于事实分析、政策方案倡导,扮演政策分析师角色的话,那么,智库专家则偏重经世致用的实用性对策研究,可将晦涩的学术话语"转译"为政治话语,沟通学术与政治两种文化,担负起"政策企业家"的角色。这种定位,"调研"功能已弱化,利益博弈平台搭建者、资源组织者、信息协调者应是主体角色。偏重价值分析,在"组织"(利益表达)、"观察"(利益、价值冲突)、"评估"(矛盾焦点)的基础上,寻求利益协调与综合。事实上,这不但是在为决策者提供政策咨询,更是为利益相关者的利益表达和博弈提供支持。②

　　考量学制政策变迁中智库的治理表现,远未达到理想状态。部分智库的咨政伙伴关系多被依附关系稀释,在凭借产品质量赢得声誉与借助行政权威合法化自身之间,更倾向于后者。以政府态度为"晴雨表",多"跟风式"政策阐释、倡导,少相左异见,致使研究丧失独立性,将研究返还给决策部门。

----

① [美]罗杰·皮尔克.诚实的代理人——科学在政策与政治中的意义[M].李正风,缪航,译.上海:上海交通大学出版社,2010:115—116.
② 李亚.一种面向利益分析的政策研究方法[J].中国行政管理,2011(4).

多以服务政府既定态度倾向为己任,少有综合各方利益诉求、大胆创新方案的努力,造成了社会对智库专家的信任危机。如在一次会议上,有人指出,"现在,我们的专家一天到晚'灰来灰去'(飞来飞去)赶场式地做报告,哪有时间做研究,研究质量大家可想而知"①。事实上,某些专家在高职院校中有市场,并非报告质量"受欢迎",院校更看重的是专家的符号资源。专家部分地充当了高层领导的"眼睛",院校可通过专家将"办学成绩"传递至高层;院校可从与专家的交往中获得高层最新的政策动向,以"抢占先机";院校可在项目/成果评定、课题/论文评审上获得专家"支持一票"。

简言之,网络治理过程中的专家参与,并不天然具有"正当性",也不理想。后期,需在下面几个方面着力完善:首先,区分专家可发挥作用的政策情景;其次,专家应全面、客观地展现各种政策方案的优劣,拓展决策层的政策选择,而非简单进行政策倡导;最重要的是,在技术论范式上融合民主论范式,从对专家专业知识的强调(直接给出解决方案)转向利益相关者知识的运用;更多扮演利益博弈平台搭建者、信息协调者等角色,通过促进民主协商,寻求问题的解决。

(3)协会

相关学者基于资源依赖理论所提出的"权能互授"②概念,形象地描绘出政府与社会组织间的关系形态。政府需要体制外的资源提高公共服务能力,社会组织则希望从政府那里获得权威,以增强自身合法性。在教育领域,相关政策文件也不同程度强调要发挥各类社会组织在教育决策和管理(教育公共治理)中的作用。但现实情况是,由于政府主导色彩浓厚,相关学会、协会自身主体条件不足,治理参与中不同程度出现代表缺失、职能窄化、中介失灵等问题。

由于外包、授权所导致的风险不能随之分离出去,作为最终公共责任代理人的政府,自然不会选择放松管制这一前馈控制手段。控制,体现在会长产生,日常活动告知、审批等方面。会长产生,需与政府部门——一般为政府信得过的前政府部门官员——反复商议。这样,政府就可提高对受托人的信任度,保证社会组织的活动在符合"政府要求",起码是在"不反对"的范围内。

社会组织在试图与政府分离以保持独立的同时,为弥补自身能力不足导致的社会合法性缺失问题,往往通过加强与政府权威的结合来模糊界限。于是,在行为策略上,往往避开有争议的敏感问题,依附于政府,以服务政府

① 参与观察材料,2012 年笔者在杭州高职教育研究协作会议上所闻。
② 赵秀梅. 中国 NGO 对政府的策略:一个初步考察[J]. 开放时代,2004(6).

为己任,而忽略首先最应代表的会员利益,由此导致"中介失灵",甚至被戏称为"二政府"。

以高职高专校长联席会为例,该组织在历史上曾以利益集团政策倡议方式,成功推动了"国家示范性高职院校建设计划"(号称"高职 211 工程"项目)的出台,发挥了重大积极作用,但也暴露出一些问题。首先,在联席会主席产生上,一个吊诡的现象是主席不是来自高职院校,而来自本科院校。当然,该主席同时作为一所应用型本科院校(由原专科升格而来)校长,在职教圈中有一定影响,并不妨碍其为高职院校代言、"发声"。但不能排除的是,基层高职院校的发展困境、真实诉求往往可能难以被有效感知。"第三方"的"超脱"身份,就排除了由高职院校长来"领头"可能产生的强烈"升格"诉求的表达问题。如此,某种程度上来说,就排除了政府所"反对"事项被提上社会组织倡导议程的可能性,从而将协会活动控制在政府所期望的范围内。

再以"两年制"政策推行为例,尽管该政策招致院校各方不同反对意见,但最后决策部门还是通过高职高专校长联席会的组织动员来加以实施。以校长联席会主席牵头的项目组为决策层委托项目——"两年制可行性调研"给出"可行"结论,最终政策遭遇执行梗阻而失灵。

此外,从该组织会费缴纳、成员组成也可窥见一些端倪。有人在博客中评论道:"(年度会费)主席团单位 10000 元每年,一般成员 5000 元每年。说明话语权是值钱的东东(东西),主席团的一般'话多',一般成员'话少',或根本没有发言的机会。从年费来看,这是个高度'市侩'的组织。……会员单位总数在 2010 年 9 月底……只有 270 所,10 月 13 日开完会以后就增加到了 309 所……全部收齐的话,共 175 万元。搞多少次活动,有多少精神和财富的收益,这是个很有意思的研究课题。①再看联席会主席团成员,遍布祖国……算是分布合理,但是都是国家示范建设院校,非示范院校几乎没有发言权,的确也是做得不如人怎么能做'主席'呢,如何服众呢?从规模来看,全国高职高专校长联席会只是个小范围的碰头会,大部分的高职院校主要是校长们被'驱逐'在外,还有点资源特权者内部讨论会的味道……成立于 2002 年……本来就是教育部支持和指导下的自发形成的不具备法人资格的民间组织……还真不适合所有院校参加,否则发起人不就变成教育部了。"②

---

①　全国高职高专校长联席会议成员单位 2010 年度会费的思考[EB/OL]. http://blog. sina. com. cn/s/blog_64b756ec0100mnnh. html,2010-10-28.

②　全国高职高专校长联席会议与会成员考[EB/OL]. http://blog. sina. com. cn/s/blog_64b756ec0100m8kb. html,2010-10-10.

从会费缴纳通知看,基本是下一年催缴上一年,会员单位拖欠会费现象比较严重,包括主席团单位。这说明,相关院校对会费额度与参与回报价值还是很有想法的,也从侧面反映了对协会服务质量的认同度。此外,届时省域会员单位数量分布上,江苏高达 29 所,有的省份只有 1 到 2 所。结合博文中所指出的示范校与非示范校分配问题,代表性不足问题也就暴露出来。

简言之,目前的协会教育治理并不乐观,由于依附过强、代表不足、能力缺陷等,往往难以独立、客观、科学地开展活动,发挥政府所期望的作用却忽略了会员单位的利益。后期应从拾遗补阙、服务替代,逐步向协同增效过渡,①当然,这需要进一步完善相关制度,而社会组织自身代表性、主体能力建设不妨先行完善,如增强协调能力,发挥政策过程中的利益聚合、表达、制衡功能等。

(二)结构

在教育治理过程中,不同行动者通过对话、协商、谈判、讨价还价、妥协等,形成共同解决公共问题的纵、横交错的结构网络。以正式化或者非正式化的互动关系,建立起资源共享、互赖互利的治理结构,作为科层权威命令等级治理结构、市场合同契约治理结构之外的第三种选择,或者说是两者间的一种糅合体。

由于关注议题、产生方式及途径等不同,不同政策网络在网络规模(行动者数量)、网络边界(封闭、垄断或开放、流动)、成员组成(持有资源)、关系强度(互动频率、持续时间)、关系密度、联结模式等方面具有差异,网络治理结构呈现出不同的形式。同时,其并非处于静止状态,在不同时期,在政策过程不同阶段往往表现出变动调整的一面。

1.亮点

结合学制政策变迁历程,网络治理结构体现出以下亮点:网内互动渐趋频繁,行动者治理参与逐渐多元,网络联盟现象日显。

如“分流”政策出台后,治理行动者大致限于政策社群、议题网络、府际网络之间。此后,专业网络内部互动趋于活跃,全程参与了各项学制政策变迁,通过专业论辩,启迪思想。到推行“分级制”“长学制”试点时,生产者网络也加入进来,多元网络互动渐成规模。而且,与前期“被动反应式”互动(在政策颁布之后)不同,后期诉求表达日益活跃,开始转向“主动倡导”,互动体现在包括议程设置、方案遴选、政策执行、政策评价等政策过程的各个阶段。

---

① 汪锦军.走向合作治理:政府与非营利组织合作的条件、模式和路径[M].杭州:浙江大学出版社,2012:157—158.

第九章 教育政策变迁中的集体行动与网络治理

199

这与社会变迁引发的变革密不可分,包括职教群体的壮大,研究人员规模的扩大及水平的提高,媒体期刊逐渐关注,政策过程日益开放,社会各界对职教认识水平的加深,等等。

在网络治理效果上,治理互动或推动了相关政策的终结,如"分流""两年制"政策;或促进了思想观念大讨论,如围绕高层次职教实施路径的内生发展("升格"、办"长学制"专业)与外生发展("转型")政策方案倡导;或为试点改革营造了积极的社会氛围,如"分级制"等。

在决策层角度,一方面,决策者认识到政策权威首先来自下层认同、服从,开始注重"政策民主",从而在决策模式上,从单一决策圈模式转向复合决策圈模式;另一方面,通过政策议题、方案的公众审议,为改革营造了氛围,奠定了民意基础,也利于相关政策执行。如早期"分流""两年制"政策推行上,决策模式具有政策社群内部封闭决策的特点,导致政策因遭遇执行梗阻而失灵。到后期"分级制""转型""长学制"政策推行上,网络边界保持开放,广泛吸纳了各治理网络类型的参与,政策在启动前经过了多元参与讨论,从而为执行赢得了一定民意基础。

在影响层角度,网内互动与网间互动强化了利益聚合表达,整合了相关资源。一方面,壮大了动员力量,使相关诉求表达进一步"显性化";另一方面,使矛盾争议充分暴露,并为协商、妥协、达成共识奠定了基础。

例如,在高职教育层次突破上,议题网络、专业网络通过长期的网内互动,逐渐凝聚共识——"高职是类型,不是层次"。为进一步壮大声势,院校行动者通过与媒体、代表委员、院士、行业协会、地方政府等网络结盟,扩充了集体行动力量。再如在层次高移实现路径上,"转型"与"升格"代表两种不同的政策方案倡导,各方存在分歧。经过协商、妥协,最终开辟了"第三条道路"(高职院校相关专业试点"长学制",院校不升格),并采取"转型"(外生发展)与试点"长学制"(内生发展)并行推进思路,各方意见皆得到参考,减小了改革阻力。

2. 问题困境及对策建议

在网络治理过程中,不同治理网络的行动者的资源优势、行动策略迥异,导致网络机会、权力的不平等,对政策过程影响力也存在较大差异。总体看,主要以政府主导方式推进,呈现出"金字塔"形的治理结构。

尽管随着"政策民主化"的推行,已经有了积极变化,开始向多元参与、复合决策圈模式拓展,但由于政策网络应用类型单一(大多采取权威主导方式),也产生了一些问题。

大部分治理互动限于结构松散、边界开放、制度化程度较低的议题网络之内,对政策结果影响力有限。特别是政府处于强势地位,造成其他治理主体作用难以发挥。如网络边界（开放度）、网络规模（参与人数）、互动情况（阶段、频率、持续时间）等，皆赖于网络主节点意愿。在参与主体的选择上，政府可以决定"谁可参与""谁被排除"；在参与阶段上，政府可以选择是在政策制定前（问题确定、议程启动、方案遴选）还是在政策制定后；在回应态度上，政府可以选择回应，也可以不回应，还可以随时关闭政策议程；等等。上述，总体限制了相关主体参与主动性、参与深度及对政策的作用力。更深远的影响是，相关主体参与能力由于长期得不到锻炼提升，进一步影响到治理结构优化、政策质量提高。

例如，在"分流""两年制""升格规制"政策上，政策社群（决策层）主要选用规制性政策工具，以科层行政命令"一刀切"强制推行。强压之下，其他治理网络的行动空间便被压缩。如在"两年制"政策推行上，尽管专业网络中相关专家持有异议，但最终还是迫于官方意志给出了"可行"的结论。再如"升格规制"，在遭遇长时期抵制时，通过控制议程（现阶段不争论、不动摇）、项目合同约束（承诺××年以前不升本），政府就以比较隐蔽的手段，关闭了多元治理主体博弈互动的"大门"，相关问题由此被化解（掩盖），而非得到解决。

以《国家中长期教育改革和发展规划纲要（2010—2020年）》制定为例，从参与者所属单位来看，来自教育部的专家、学者占126人；两个官方智库——中央教科所23人、上海教科院39人；高校代表中参与人数更是多寡不均，在38个高教机构中，北京师范大学高达39人，高职院校数、代表人数均屈指可数，相较普通本科院校严重不成比例。更具体来说，参与制定第14子课题"职业教育发展研究"的专家、学者共计9位。其中，教育部官员4位（教育部职业教育与成人教育司2位、高等教育司高职高专处1位、教育部财务司专项资金管理处1位）、官方智库专家3位（上海市教科院职业与成人教育研究所2位、中央教育科学研究所教育理论研究部1位）、大学研究机构专家2位（北京师范大学职业教育研究所1位、华东师范大学职业教育与成人教育研究所1位）。①

在成员组成上，教育部官员明显居多，高职院校代表严重不足，从某种程度说明高职院校"话语权"的丧失；从成员来源来看，基本来自教育领域，缺乏行业企业代表，这与高职教育的职业属性明显背离，高度同质的结果可能易达成一致，却难以反映复杂的社会需求。上述说明，不应忽视参与主体选择上的比例失调、代表不足等。

① 谷贤林.智库如何才能对教育实践产生影响——以卡内基教学促进基金会为例[J].清华大学教育研究,2012(6):43.

这可能导致治理结构内部权力不平衡,决策为强势集团规制俘获,趋向短期利益。因为有效的决策往往赖于掌握足够信息和资源的各行动主体协商互动,在保障本群体利益的同时,兼顾其他群体利益,并找到交叉点——共同利益。而现实情况是,信息、资源不对称,特别是参与制度设计上的问题,使弱势利益团体在治理互动中不足以发挥利益代表、制衡的影响力。

治理结构失衡不单体现在决策过程中,在日常活动中也同样存在。如高职高专校长联席会,被视为"示范院校"代表会,从一个侧面也说明强势利益团体垄断发声,而弱势团体逐渐被边缘化的"失语"困境。

再以"现代职教体系建设"为例,正是有相关"政策企业家"的积极活动,才有效推动了政策变迁。换句话说,目前治理互动主要还是靠行政驱动,如若领导人注意力、意志转移,职位调整,而其他行动者治理能力不足,无疑会影响政策生成。这从一个侧面也反映出偏重科层治理,回避网络治理结构能力建设的倾向。后果不只体现在短期政策推进上,从长远看,必将抑制非权威模式发展,使伙伴关系被依附关系所稀释。①

鉴于我国国情,一主多元可能会是较长时期的制度安排。突出政府主导之外,处理好决策层与其他治理网络关系,增强各种治理网络的治理能力——代表性、参与能力、协调能力等,保持结构类型的动态平衡,将是长期而艰巨的任务。

(三)网络管理

在传统科层治理、市场治理外,网络治理开拓了第三种模式,弥补了单一"国家中心"或"社会中心"的不足。但其也并非完美无瑕,存在过分强调自我约束、自我治理,忽视正式制度、程序,易产生组织结构"碎片化"、国家"空洞化",从而影响行政权威的问题。特别是封闭的网络结构,在缺乏外部强制权威和监督时,易出现强势利益联盟垄断得利局面,与民主、公共利益相悖。

简言之,政策网络虽搭建了资源交换架构的网络治理模式,但并不等同于治理问题的最终解决。政府、市场会失灵,社会一样会。政策网络内在具有的动态与稳定、互倚与自主、排他与包容等双重属性,决定了必须对其进行管理。②

从中国阶段现实看,随着总体性社会逐渐瓦解,公私伙伴关系得到突出强调,政策过程日益开放,公共服务"外包"提供,在缓解政府治世压力的同时,也暴露出社会羸弱的一面,产生了诸如网络互动范围不平衡、代表性不

① 敬乂嘉.治理的中国品格和版图[C]//敬乂嘉.网络时代的公共管理.上海:上海人民出版社,2011:42.
② 鄞益奋.政策网络的研究边界探析[J].公共管理学报,2005(4):39—40.

足、参与表层化、效能欠佳等问题,特别是只有公共参与之"发散",而无利益协调,达到共赢之"收敛"。[①] 这也反映出,目前的网络管理无论是在博弈互动平台搭建还是相关激励、约束机制配套上皆存在严重不足。

1. 网络管理模式

网络管理涉及组织间关系调适,不同于一般的组织内管理。网络管理者定位于过程组织者角色,创造、保障网络沟通渠道,促进一致行动,提供互动合作机会,而非引导组织方向。克利金从政策过程、管理者行为和管理者作用三个维度出发,对传统管理模式与网络管理模式做了区分(见表 9-3[②])。

表 9-3 网络管理与传统管理的区别

区分内容	传统管理观点	网络管理观点
政策过程	政策过程按秩序进行;问题是政策过程基础且具明显权威结构特征	政策过程是不同行动者间的复杂过程;无明显权威结构;问题与解决办法随政策过程而变化
管理者作用	系统控制、保证工作执行与有效组织	中介或过程的组织者;形成或改变行动者良性互动的条件
管理者行为	计划、组织、领导	追求行动者间的一致性;选择其他行动者;构造或维持行动者间的沟通渠道

随着政府越来越倚重网络组织,涉及网络建构、维护、控制,以及协商、契约管理等能力要求,将是保障网络实现预期效果的必要手段。普罗旺(Keith G. Provan)和凯尼斯(Kenis)依据网络是否有中介、是否有外部参与,将网络治理分为三类(见表 9-4[③]):共享型、主导组织型、网络行政组织型。其中,共享型治理,网络高度分权,无明确管理主体,是一种松散的联络沟通机制;主导组织型治理,具有网络高度集权的特点,政府通过与某个影响力较强的组织建立合作关系,确立其在网络中的主导地位,再通过它与更多小规模、较为分散的网络主体建立联系;网络行政组织型治理,通过建立一个独立的行政实体,如各组织派代表组成"董事会"性质的管理机构来管理网络。

表 9-4 网络治理模式的选择

治理模式	中介	非中介
参与治理	共享型	主导组织型
外部治理	非适用	网络行政组织型

① 李亚.利益博弈政策实验方法:理论与应用[M].北京:北京大学出版社,2011:30.
② 匡霞,陈敬良.公共政策网络管理:机制、模式与绩效测度[J].公共管理学报,2009(2):62.
③ 匡霞,陈敬良.公共政策网络管理:机制、模式与绩效测度[J].公共管理学报,2009(2):63.

从目前高职网络治理看,教育部主要通过高职高专校长联席会开展各项活动,该组织实质上发挥着"主导组织"角色的作用。事实上,模式选择依据情景而定,受不同变量影响。普罗旺和凯尼斯从信任程度、网络规模(参与者数量)、目标一致程度、网络能力四个权变因素切入,指出了不同模式的适用情景(见表 9-5[①])。

表 9-5 网络治理的调适模型

治理形式	信任程度	参与者数量	目标一致程度	对网络能力的需求
共享治理	高	很少	高	低
主导组织	低,高度集权	中等数量	略低	中
网络行政组织	中,由成员监督	很多	略高	高

前文已指出,高职高专校长联席会不同程度存在一些问题,且主要适用于信任度较低、参与人数中等、目标一致程度较低,对网络管理能力需求中等的情景。当网络规模较大、目标一致程度要求较高时,网络管理形式就需相应调整。简言之,网络规模、网络主体利益冲突、网络开放程度、网络管理者能力等,皆是影响网络管理有效性的重要因素,网络管理模式选择需充分考虑网络特征。

在管理策略上,克利金从三个维度(行动者,认知、理解和制度)、三个层面(政策管理、过程管理和"网络宪政")做出架构(见表 2-7),使网络管理细化。其中,政策管理是在既定博弈中寻求影响其他行动者的行为;过程管理,通过改变博弈条件(变动博弈环境),影响互动过程;"网络宪政",则侧重网络水平改变,影响博弈顺序。这为在不同层面进行网络管理提供了有益启示。

2.政策工具选择

工具视角,目标在解决具体问题,提高"掌舵者"(政府)影响力。布鲁金(J. A. de Bruijn)和霍威尔豪夫(E. F. ten Heuvelhof)区分了第一代工具(规制性/强制性工具)、第二代工具(激励、沟通工具与契约)。迈克尔·豪利特(Michael Howlett)与 M. 拉米什(M. Ramesh)做出了自愿性、混合型和强制性的政策工具分类。此外,萨拉蒙(Lester M. Salamon)、布雷塞尔斯(J. Th. A. Bressers)分别从强制性程度、直接性程度、自治性程度、可见性程度和强/弱连贯性和强/弱相互关联性网络,提出了政策工具的选择性框架。有研究者总结指出,工具分类大体取决于工具强制性高低与市场化程

---

① 匡霞,陈敬良.公共政策网络管理:机制、模式与绩效测度[J].公共管理学报,2009(2):63.

度,而工具选择则取决于政策网络治理模型(见表9-6[①])。

表9-6 政策网络治理模型与工具选择

政策网络治理模型	市场化程度	强制性程度	常用政策工具
志愿组织自治型	低	低/中	公共信息与规劝、志愿服务
志愿组织协作型	中	低/中	公共信息与规劝、凭单制、补助
私营部门协作型	中/高	中/高	使用者付费、放松管制、产权交易
公私部门协作型	低/中	低/中	特许经营、合同外包、凭单制
单一政府主导型	低	高	管制、制定规则、直接提供服务
多重政府协作型	低	中/高	政府间协议、制定规则、管制

现阶段,政府总体上还是倾向于采用行政效率高的强制性政策工具。不过,"分流""二年制""升格规制"等政策案例皆说明,简单以规制"一刀切"方式,型构的是封闭网络,不利于多元共治。当然,治理演化中,政策工具运用开始趋向多元。如通过示范建设项目的"承诺不升格",以契约合同工具实现了隐蔽调控目的,也获得了政策规制方(高职院校)的认可。但是像"转型"与"升格"政策方案倡导,激励、沟通工具运用则不够充分,致使后期受到质疑和批判。

政策工具研究,已历经工具主义(古典途径)、过程主义、权变主义(工具—背景途径)、建构主义四大范式。对其的认识,越来越关注工具特性与工具所发挥作用的环境因素(如政策网络特性)。因此,今后网络管理需结合不同政策网络类型,考虑适切的政策工具。

3.制度规则

制度视角,不太关注特定目标的实现,而强调网络组织化安排,侧重制度对网络行为体间互动行为的影响与制度框架运作方式,通过探寻有效的网络规则和机制,优化网络结构安排,提高网络结构效能,影响治理产出。

例如,奥斯特罗姆的制度分析与发展框架,认为规则在行动中处于核心地位。她区分了7种规则:地位规则(规定地位)、边界规则(行动情景,准入及退出)、整合规则(行动趋于一致)、权威规则(决策权、控制力)、范围规则(可能结果)、信息规则(信息沟通渠道、获取情况)、偿付规则(结果收益)。在此基础上,汉森结合罗兹政策网络类型分类,构建了新制度主义的政策网

---

① 杨丹华.政策网络治理及其研究述论[J].理论导刊,2010(7):90.

络模型(见表 9-7①)。

表 9-7 作为制度性的政策网络

规 则	政策社群	议题网络
地位规则	成员	利益相关者
边界规则	相互认知	自由进出
范围规则	政策	政策
权威规则	共同合作	介入
整合规则	无敌对	主要行动者的单边决策
信息规则	意见和决策的交换	表达观点
偿付规则	对政策有切实影响力	传递观点(对政策无切实影响)

2010 年《国家中长期教育改革和发展规划纲要(2010—2020 年)》制定上的代表性缺失问题,暴露出的正是"信息规则"方面的问题。而在高层次职教实施路径上,外生发展("转型")与内生发展("升格")两种政策方案的博弈长达多年,反映出"整合规则"的缺失,只有公共参与之"发散",而无利益协调,达到共赢之"收敛",②导致改革长时期停滞不前,由此酿成严重代价——大学生就业难、高职吸引力不足、技工荒等。

总之,现阶段的网络治理在取得一定成就的同时,也因规则制度缺失造成了治理无序的困境。政府作为"同辈中的长者",需在网络规则构建上发挥主导作用,促进多元参与,实现利益表达制度化,保障协商管道通畅,使各方充分交流,并有效管理冲突,协调各方利益诉求。

---

① Jens Blom-Hansen. A New institutional perspective on policy networks [J]. *Public Administration*,1998,75(4):676. 转引自:杨丹华. 政策网络治理及其研究述论[J]. 理论导刊,2010 (7):90.

② 李亚. 利益博弈政策实验方法:理论与应用[M]. 北京:北京大学出版社,2011:30.

第十章　教育政策变迁背后的秩序生成逻辑

梳理完政策变迁进程,分析了网络治理行动成因及现状后,一个问题仍悬而未解,即希冀达成一定秩序的教育政策,在变迁过程中体现出"跌宕曲折""循环往复"的特点,有何经验教训值得省思。跳出历史上的"放乱收死"循环,实现政府治理(governing by government)与院校创新的张力平衡,有待深刻剖析高校组织身份认识、政策规制,特别是教育秩序生成逻辑等。唯此,教育治理现代化方能建基于坚实的根基之上。

第一节　高校组织身份的认识误区

通过学制政策变迁分析,可以发现对职教身份的认定(体现为政策)在某个阶段会以某种方式存在,在另一个阶段则呈现出截然不同的形式。如职业大学向专科"分流",到专科划归高职教育;再如高职教育被定位为专科教育,到完善职教体系(可上达研究生层次)。

换言之,政策变迁与对组织的身份认识有密切联系。为此,必须将组织研究与政策过程研究融合起来,借此把握组织是如何解构并建构所属身份的社会分类,实现身份变革,推动政策变迁的。

一、层次提升与"变性"

无论是早期"分流"政策,还是后来涉及职教层次提升的政策探索、观念认识误区,似乎都可以解释前后政策规定的反转,但不能解释为何随着"分流"政策终结、高职教育被明确为高等教育的一种类型后,高职专科层次定位依然长期难以逾越,且层次突破往往与"不安心定位""冒进"挂钩。

对"升格规制"政策难以终结,政策终结研究给出了终结困境的政策学解释,诸如路径依赖、原政策制定者的阻碍等。以往的高教分类分层研究,其关注重心在分层尺度、比例结构均衡等方面,相对而言,都缺乏组织自身"主位"角度的思考。从组织身份切入,或许能提供新的观察视角。

在一个民族志研究中，人类学者流心观察到：人因社会变迁所产生的"突如其来"的性格转变——"个体对自身是什么样的人或该成为什么样的人，产生了与以前截然不同的理解"，导致产生"自我的他性"，原来的"自我"不知去向，从而成为"他者"。①

教育部对高职的忧虑与此类似，担心层次提升会导致"改弦易辙"，影响整个高教生态平衡。故而"层次突破"往往与"不安心定位""冒进"联系在了一起。

但也有研究者指出，所谓"自我的他性"并非"自我的迷失"，主体性并没有被消解，而是自我寻求主体性的重构。② 对于高职教育，需深究"我群"与"他群"（普通本科教育与高职教育）间的符号边界、社会类别（高职教育就是"就业教育""专科教育"）是如何被建构并最终被解构的。

戈夫曼提出"虚拟社会身份"（virtual social identify）与"真实社会身份"（actual social identify）两个概念来解释污名。其中，"虚拟社会身份"指我们赋予别人的意义，是从我们的角度、生活经历出发，从我们的生活世界中去构想出别人的特点和意义，是我们从我们自己的角度去构建出来的一个"他者"。③

审视高职教育，经过系列类别化制度安排（末批次招生、就业导向），认知、比较和自我类别化等心理机制作用，包括相关话语系统的强化，群体符号边界——相对于普通高等教育，高职教育就是分流教育中的就业教育、"低层次专科教育"——逐渐被"固化"。然而，在高职群体的集体记忆中，历史上的中专教育一度是"高人一等"（比高中录取分数线还要高）的精英教育。只是到了"大众化"阶段，随着高校扩招政策的实施，职教才沦为"差生集中营"。

类别化的过程，是群际交往互动中自我防御的一种方法，通过空间上的区隔、界限，以实现自我安全感需要的满足。同时，区隔意味着拒绝将他人纳入界限内，并通过制度（政策）安排予以合法化保障。杰克·奈特指出了社会制度的分配效应，认为规则的形成是分配冲突的一个副产品，即为了解决分配冲突问题，社会中不对等的力量导致了各种制度解决方案。④ 通过制定安排，"我们会把他对自身处境的自卫反应，视为其缺点的直接表现，把这

---

① ［美］流心. 自我的他性——当代中国的自我系谱［M］. 常姝，译. 上海：上海人民出版社，2005.

② 方明. "自我的他性"抑或"自我的重构"？——《自我的他性》读后［J］. 重庆文理学院学报（社会科学版），2012(4).

③ 欧文·戈夫曼. 污名——受损身份管理札记［M］. 宋立宏，译. 北京：商务印书馆，2009：导言 2.

④ 杰克·奈特. 制度与社会冲突［M］. 周伟林，译. 上海：上海人民出版社，2009.

种缺点和反应看作对他人、他父母或他所属集团的某些作为的正当惩罚,以此来为我们对待他的方式辩护"①。

先赋性的制度安排——一张试卷"一把尺子量天下"、末批次招生、就业导向,受其约制的后致性获得,如高考成绩、院校资源占有及地位,以及族群差异、高教质量观等,使"高职就是低质量教育,从事专科教育"被建构为一种实在。

从逻辑上说,高职教育是高等教育的一种类型,在此种类型下,高职教育从专科层次到本科层次,无所谓"不安心定位"的问题,因为"层次突破≠转变类型"。持"不安心定位"观者,有停留于精英教育质量观的嫌疑。认为本科教育只有一种类型,实际上与大众化阶段的教育类型多元、质量观多元趋势日益不符,如费依屈克(H. A. Foechek)早在1965年就对本科层次教育做了多类型划分。

以已升格院校为例,齐齐哈尔工程学院(原齐齐哈尔职业学院)喊出"本科新衣穿在身,我心依然职教心""坚定不移地走职业技术教育之路"的口号。② 教育部职教中心研究所的姜大源给曹勇安院长送去一副短信对联——升本不忘本,本本(不同类型的本科教育)出特色;跨界(高职本科)不越界(不干清华、北大的事),界界(学术型、应用型)出新风。横批:我是高职。③ 上述说明,职教圈内对于高职院校"升本"似乎也很清醒,未尝有放弃职教特色的打算。

历史上,职业教育从中等教育(中专)过渡到高等教育(大专)并未使其成为"他者"。高职教育从专科层次向更高层次过渡,就会误入歧途,迷失自我,可能就很成问题。从相关领导讲话——"别拿自己的地种了别人的田"可以看出:担心成为"他者",可能是管理部门出于分割的部门利益考虑——担心院校升格,被划入教育部其他司处管辖,导致自身管理权限缩小,"为他人(部门)作嫁衣"。

事实上,认为高职教育不等同于专科教育,也并非是近两年的想法。早在高职创办初期,已有人提出飞行学院所开展的本科教育实质上就是高职教育。此后,独立体系倡导,某种程度上也是为层次完善倡导呼吁。简言之,层次提升,并非因时代变迁诱导的观念变革,高职群体在身份认同上一直有自己独特的理解——不认同"低层次教育"定位。最重要的是,层次提升不等于转变类型,由"自我"变为"他者"。

---

① 欧文·戈夫曼.污名——受损身份管理札记[M].宋立宏,译.北京:商务印书馆,2009:7.
② 黄达人.高职的前程[M].北京:商务印书馆,2012:160,163.
③ 姜大源.关于构建现代职教体系的哲学思考[R].杭州,2011-10-18.

二、高校组织身份的认识误区

现实世界中的人往往具有多重身份,如一个人可以兼具三组看似矛盾,实则并不冲突的身份——儿子与父亲、教师与学生(如在职读博)、异性恋者与同性恋权利支持者。物品,如房车、地效飞行器(介于飞机和船之间)同样具有跨界特性。互联网企业跨界电视行业等,更是"跨界超越"实现"身份再造"的创新之举。对高校组织而言,是否就仅具有单一身份?

(一)单一身份认识误区

在现实中,身份中的各种特征被人们关注的程度往往大不相同,休斯(Everett C. Hughes)的主特征与附属特征区分法揭示了特征与地位的某种关联。一个人可能完全满足获得一种地位身份的客观资格,但会因为缺少一些必需的附属特征而不能获得相应地位。[①]

如作为主特征的医生身份,往往也被期望具有一些附属特征。一个刚从中医学院科班出身的高才生,与一个招摇撞骗的满头白发的江湖游医之间,可能的情况是"毛发"更具魅力——花白的头发和胡须象征着老中医的"资历"。类似的,性别、肤色、种族往往在人们的观念中具有一些地位特征而不具有另外一些,所以人们才会惊讶于黑人/女人/少数族裔竟然是大学教授或医生,甚或是总统。

休斯对身份特征首要地位与附属地位的区分,进一步指出了某些身份相对于另一些身份的重要性或优先权。如医生、中产阶级特征永远次于黑人身份这个首要的地位特征。[②]

上述身份指称对象皆指向人,但对组织身份的理解不无启发意义。组织身份是单一抑或多元,关涉高职教育是否可兼具"层次"与"类型"双重身份。现实中,也正是高职教育的"类型"特征,使人们产生它具有一些地位特征(专科层次)而不具有另一些(本科及以上层次)、"层次"特征永远次于"类型"这个首要地位特征的观念。"类型"特征,也被建构为就业教育、低层次教育的代名词,"层次"与"类型"被视为矛盾、对立的身份,不可兼具。

事实上,即便在对立类别上,人们也可拥有多重身份,如双重国籍。在非双重国籍情况下,一种国籍身份也并不影响其对另一国的情感忠诚,如美籍华人对中国的热爱。大学人的院校忠诚与学科忠诚,也是如此。

---

① 霍华德·S.贝克尔.局外人:越轨的社会学研究[M].张默雪,译.南京:南京大学出版社,2011:27.

② 霍华德·S.贝克尔.局外人:越轨的社会学研究[M].张默雪,译.南京:南京大学出版社,2011:28.

森指出单一身份的还原主义色彩,理论上的简化主义往往不经意地助长了现实的暴力。大部分重要内容消失无形了,没有了丰富性,通过狭隘的公式把人塞进一个个"小盒子"之中。[①] 事实上,分类可随意为之,但身份认同往往很难。

森指出,分类尽管缺乏理论根据,但由于社会安排,一旦它们以有鲜明界限的形式明确表示出来,被人们认可,划分出来的群体就获得了一种派生意义上的重要性,并足以同时为界限两边的群体提供身份认同的充足理由。[②]

高考遵循同样的逻辑,"线上线下,分数说话"决定着"谁读本科、谁读专科",似乎在为普通高等教育与高等职业教育的办学层次定位提供"合理"论证,但职教群体却一直对这种"一把尺子量天下"(不是技能考试)导致的教育类型地位差异缺乏认同。例如有人就指出,艺术类招生分数低不是问题——不影响读本科,承认多元智能——何以职教技术类招生分数低就只能读专科,背后可能无关分数,或许是"艺术高雅、技术卑微"的缘故。

防止高职教育层次突破而"变性",背后的支撑理念是高教办学类型应多样化。前文已论证层次提升并不等于类型转变,仅就类型多样化的保障方式而言,森提出的"多元单一文化主义"概念,同样可提供一些启示。

森总结了对待多元文化的两种方式:(1)把多样性本身作为一种价值加以鼓励;(2)把重点放在思考与决策的自由上,尽量在确保人们享有自由选择权利的前提下,弘扬多元主义文化。[③] 简言之,前者关注多样性,后者重心在自由。也正是对前者的过分单一强调,使人们滑向了"多元单一文化主义"——强调不同风格或传统的并存而不融合交流。典型例子是,为尊重传统文化,保守移民家庭阻止女儿与英国小伙约会,导致姑娘本人的自由变得无关紧要,不同的文化被保存在隔离的盒子里。[④]

近年来,职教、普教越来越呈融合趋势,即"职教普教化、普教职教化"——传统大学越来越重视应用型教学,高职院校也开始注重拓宽知识口径。当然,不能不现实地声称两者是一样的。从现实运作看,两种类型教育

① [印]阿马蒂亚·森.身份与暴力——命运的幻象[M].李风华,等译.北京:中国人民大学出版社,2009:1—18.

② [印]阿马蒂亚·森.身份与暴力——命运的幻象[M].李风华,等译.北京:中国人民大学出版社,2009:24.

③ [印]阿马蒂亚·森.身份与暴力——命运的幻象[M].李风华,等译.北京:中国人民大学出版社,2009:130.

④ [印]阿马蒂亚·森.身份与暴力——命运的幻象[M].李风华,等译.北京:中国人民大学出版社,2009:136—137.

实际在走的是一条"交往路径",但政策安排走的却是一条"孤立路径"。

正是对身份的单一主义认识,导致两种类型教育的冲突,以及管理者与被管理者间围绕(层次规制)政策的冲突。反思高职教育,当起点公平、过程公平等皆存在缺失的情况下,更多来自底层家庭的子女便成为高职教育单一身份(专科教育)下的"牺牲品"——失去了深造空间。其解决之道,恐怕还在于承认身份的多重性、有相互交叉的不同身份,而不是一味采取"多元单一文化主义"的做法。

总之,"身份发现论"有把人们塞进严格划分的社群樊笼的专制意味,遭到了森的严厉批判。属于某种社群,但不必然抹杀或压倒其他的联系与归属。无论先前的社会联系是什么,不足以推断这些社会联系必然是不容挑战、无法拒绝、永远有效的。拒绝身份认同的"发现观",并不必然是在毫无身份"连累"的情况下进行选择。相反,在有身份"连累"的情况下,选择仍然存在。① 那么,高职教育向高层次发展的选择(身份界定途径)如何开启,又是一个新的问题。

(二)作为行动者的组织

从共时态的角度看,组织可能同时兼具多重身份。从历时态的角度看,组织的身份是固定的还是变动的,同样值得探讨。

与英美组织研究方式不同,法国学派的研究对象并非特定组织,而是"有组织的行动"。即采取行动者哲学立场,不以组织而以行动者为出发点。或者说,将组织视为行动领域,关注组织中的行动过程是如何展开的,从而提供另一种看待组织现象的方式。新路径融合了两大分割领域——组织研究、集体行动研究。

组织理论强调一种蓄意的强制秩序,建立在边界清晰、僵滞、稳定不变、正式化结构基础之上,代表不变、永恒。其认为行动是纯粹工具理性的产物,对组织功能的研究专注于一种共时性视角、技术—经济逻辑:只关心现存秩序,强调以最佳方式去掌管组织,却并不对其合法性提出质疑,不去寻求改变组织。② 在集体行动研究领域,突出边界模糊、流动、非正式结构等特征。其质疑现存秩序,力促新秩序的生成;遵循情感逻辑而非工具逻辑,强调一种历时性、参照政治领域的观察视角。关注焦点是变革、新秩序的创

---

① [印]阿马蒂亚·森.身份与暴力——命运的幻象[M].李风华,等译.北京:中国人民大学出版社,2009:31,32,137.

② 事实上,这主要反映了早期理性系统视角,自然系统视角、开放系统视角持有不同的认识。参见:W. 理查德·斯科特,杰拉尔德·F. 戴维斯.组织理论——理性、自然与开放系统的视角[M].高俊山,译.北京:中国人民大学出版社,2011.

造,质疑合法性是其关注的中心。①

以往涉及高职层次定位的认识,体现出的便是前一种视角,其采用结构功能主义,将组织视为"螺丝钉",强调现存秩序(高校分类分层)的维护。但因过于偏重秩序稳定,忽略冲突的积极意义,而招致广泛的批评。职教群体的集体行动,所体现出的正是对现存秩序——涉及相关政策安排,如未分类高考、末批次招生、缺少生均拨款、专科层次定位等的质疑,代表着后一种视角。但现实中的集体行动研究(如社会运动研究、底层抗争等)主要聚焦于"人",总体上缺失了对作为行动者的"组织"的研究。

作为行动者的"组织",实现了一种转换,即从静态组织到"行动中的组织",颠覆了旧有推论,认为由组织的存在提出的最为紧迫的问题,不是组织之中存在什么类型的形式规则与结构规则,②而是将组织现象视为行动者不断建构规则、修改规则的动态过程。组织现象的发生,是构建局部秩序过程中的一种权变性、暂时性结果。组织既是载体,又是容物;既是结构,又是过程;既是对行动的制约力量,又是行动的结果。③ 换言之,认为组织是演化的,不存在建构组织的最佳途径,不能对组织进行单一、固定观念的解读。

法国学派的研究认为,组织现象的本质不是正式的组织结构,严格的规章制度、功能职责,而是行动者间的权力关系,组织运作过程是行动者在一定规则条件下争夺权力的过程。④ 特别是费埃德伯格指出了理性的相对化,通过对工具性组织与有组织的无序现象的考察,对组织的凝聚力提出质疑,继而指出组织边界的模糊,完成了组织观念的解构,⑤提出组织研究需回到行动领域层面,对组织行动、规则的实质及两者间的关系进行了反思。

从行动与规则相互作用的角度来考察"有组织的行动",强调行动者行动的积极性、策略性及规则的局部、暂时性特征,行动者与规则间不是简单顺从与约束的关系,两者间的相互作用使得仅仅强调任何一方的分析都会

---

① [法]费埃德伯格.权力与规则——组织行动的动力[M].张月,等译.上海:格致出版社、上海人民出版社,2008:5.

② [法]克罗齐耶.费埃德伯格.行动者与系统:集体行动的政治学[M].张月,等译.上海:世纪出版集团、上海人民出版社,2007:英文版序4.

③ [法]费埃德伯格.权力与规则——组织行动的动力[M].张月,等译.上海:格致出版社、上海人民出版社,2008:译者序4—5.

④ 杨甜甜.作为行动领域组织中的权力与规则——评费埃德伯格《权力与规则》[J].社会学研究,2007(4).

⑤ [法]费埃德伯格.权力与规则——组织行动的动力[M].张月,等译.上海:格致出版社、上海人民出版社,2008:27—107.

失去意义。①

当把组织视为一种行动领域,就更有助于把握组织与规则的本质。以克罗齐耶的观点总结就是,从来都不存在建构组织的最佳途径,"我们过于频繁地拒绝按照社会本来的面貌来理解它;相反地,我们过于热衷于描绘诸种'社会蓝图',这类蓝图不会给人提供一丝一毫成功的机遇,因为它们完全无视各种复杂的人类系统的生命活力,无视真实社会的游戏规则"②。

除法国学派的研究外,美国学者汤普森同样视组织为"行动者",以对不确定性和理性、行政和权力的分析为基础,探讨了组织是如何建立适应性的组织结构、组织设计和组织行为模式的。③ 这些皆为理解高职院校这一"行动中的组织",在层次规制政策下建构新的身份(可以从事更高层次教育)提供了有益启示。

综上,无论是共时态的多重身份,还是历时态的变动身份,皆在说明单一身份只不过是一种幻想,且是组织间(如普通高校与高职院校)冲突、组织与决策层冲突的来源。冲突的表面是规则的争夺(如高职教育的层次),背后则暗含着权力的角力。在组织间是话语权的争夺,而在组织与决策层之间则表现为围绕政策的规制与抵制,对于后者的探讨,也是不能回避的一个重要话题。

第二节　对规制型教育政策的反思

推进国家治理体系与治理能力现代化,最终是要形成政府治理与社会自我调节良性互动关系格局,这对政府治理能力提出了很高要求。通过梳理学制政策变迁可发现,从职业大学向专科"分流",到推行"两年制",再到颁布"升格禁令",上述规制政策不同程度遭遇失灵。该如何理解规制型教育政策的失灵,对规制型教育政策运用误区的研究无疑能为治理能力提升奠定分析基础,也有利于在政府治理与院校自治(创新)之间实现张力平衡,以走出"放乱收死"的历史循环。

---

① 杨甜甜.作为行动领域组织中的权力与规则——评费德伯格《权力与规则》[J].社会学研究,2007(4).

② [法]克罗齐耶.法令不能改变社会[M].张月,译.上海:格致出版集团、上海人民出版社,2008:1.

③ 汤普森.行动中的组织:行政理论的社会科学基础[M].敬乂嘉,译.上海:世纪出版集团、上海人民出版社,2007.

一、怕乱约束与预防原则

规制型政策工具，是管理层希冀达成教育秩序的一种控制手段。采用规制政策，一方面是因为它具有高效、快捷的工具特性，更有管理层"怕乱"的预防心理。"因噎废食"同样是基于恐惧做出的预防举措，但常被人诟病。为何决策层倾向于选择规制型政策，其在运用中存在哪些问题呢？

（一）风险分配失败与怕乱约束

对高职教育办学层次采取规制政策，原因之一是教育管理者对高等教育乱象的担心。担心"升格"只是学制延长，并不必然促进人才培养质量提升。若放开规制，允许高职院校"升格"，则可能因院校的机会主义行为——不致力于提升类型教育质量，只是利用本科层次的符号资源解决发展困境，出现哈丁所言之"公地悲剧"，即"本科层次教育公地悲剧"。更怕"升格"会诱导高职院校向传统本科院校"趋同"发展，导致整个高教生态乱象。简言之，管理层面临一种"怕乱约束"，正是该约束，促使决策层长期采取层次规制政策。

深层次的原因更在于，悲剧承担者往往是学生/家长或用人单位，而责任代理者则主要是教育主管部门。换言之，在"公地悲剧"的风险分配当中，教育管理部门、升格院校、学生/家长或用人单位之间是不均衡的。

如果将放松规制政策喻为教育管理部门与高职院校之间的"契约合同"，则教育管理部门兼具合同签约人和责任代理人双重身份，而高职院校主要是合同签约人身份。教育管理部门与高校之间，前者更具监护人特征，但对于机会主义行为，其预判、制度设计等防范能力总体欠缺；后者可能只对合同负责，以完成本科文凭授予"合同履行"标准，并不直接对作为最终使用者的学生/家长或用人单位负责。当处于弱势地位的边缘利益相关者——学生/家长或用人单位感觉本科教育质量"缩水"、利益受损时，批判矛头往往直指教育管理部门。从而，导致因部分高校机会主义行为所产生的问题风险无法实现转移，作为监护人的教育管理部门始终是最终的责任承担者。[①]

综上，"怕乱约束"，特别是风险转移失败，使作为风险厌恶者的决策层对放松规制持有更多顾虑与担忧，故而倾向于选择预防。

---

① 此处借鉴了陈玎公私部门合作的相关分析，但对理解教育管理部门与高校间关系同样适用。参见：陈玎.公私部门合作中的风险分配失败：一个基于网络治理的分析框架[C]//敬乂嘉.网络时代的公共管理.上海：上海人民出版社，2011：57—62.

（二）超越预防原则

对乱象、危害的恐惧，促使决策层选择预防，即采取前馈控制手段——规制。但作为预防前提的恐惧或许就是有问题的。心理学研究表明，相较于外在事物的可怕性（外因），恐惧主要在内因——人的心理感知。如有人会怕高，不是高度本身令人恐惧，而是人心中的害怕令自己恐惧。

创造性地将恐惧心理形成与政策制定联系起来的当推凯斯·R.桑斯坦（Cass R. Sunstein）教授，他直接挑战预防性原则，指出不是因为它走向错误的方向，而是因为它根本就没有方向。其问题在于，错误地建议国家可以而且应当采取厌恶风险的普遍方式。[①]

桑斯坦分析了恐惧的形成机制，指出对恐惧的注意是选择性的，这种选择是获取性启发、概率忽视、损失厌恶、系统性忽视等因素综合作用的结果。

其中，获取性启发仅强调了某些风险，因为它们具有认知上的可获得性，赢得了关注，被说成应当采用预防原则，而其他的风险，包括与管制相关的风险，则不会被认知。[②] 在这一点上，媒体的"强烈关注"往往使一些并不存在或概率很小的风险因"成见"而变得很"流行"。

概率忽视、损失厌恶主要指大多数人在面临获得时，是风险规避的——小心翼翼，不愿冒险，即便是小概率风险；在面临损失时，是风险偏爱的——对损失不甘心，容易冒险。对损失比对获得更敏感——损失时的痛苦感远超过获得时的快乐感。换句话说，概率忽视反映了人们往往根据"安全与否"考虑问题，而未看到真正的问题——危害的可能性，经常害怕微小的或不存在的风险，而忽视真正的危险。损失厌恶则说明人们真正憎恨的不是风险，而是损失，是损失厌恶而不是风险厌恶。特别是当强烈情绪介入时，人们倾向于关注负面效应，而不是可能性。[③]

系统性忽视指人们经常忽视一次性干预（规制）的系统性风险，因为主要专注于孤立的问题（某种风险损失），未能看到特定干预行为可能造成的更为复杂的系统范围影响。[④]

高职教育层次规制政策，多少说明了恐惧的选择性。其中，获取性启发

---

① 凯斯·R.桑斯坦.恐惧的规则：超越预防原则[M].王爱民，译.北京：北京大学出版社，2011：12,31.

② 凯斯·R.桑斯坦.恐惧的规则：超越预防原则[M].王爱民，译.北京：北京大学出版社，2011：34.

③ 凯斯·R.桑斯坦.恐惧的规则：超越预防原则[M].王爱民，译.北京：北京大学出版社，2011：59.

④ 凯斯·R.桑斯坦.恐惧的规则：超越预防原则[M].王爱民，译.北京：北京大学出版社，2011：425.

表现在与层次规制相关的风险——如教育结构、人才结构失衡,职教缺乏吸引力,技工荒等——被"选择性忽视",而相关方(官方、媒体、普通高校代表等)却"一边倒"地强调了"升格"可能带来的"同质化"效应。换言之,"群体极化"现象——厌恶高职层次提升,加剧了这种风险感知。概率忽视主要指"升格"院校的机会主义行为究竟有多强烈、是否可控皆被忽略了;损失厌恶反映为怕本科教育质量"缩水",影响学历文凭"含金量",弱化学历文凭的"识别"功能,特别是给教育主管部门带来声誉损害;系统性忽视体现在因过于孤立地关注院校"类型"引导,从而忽视了层次规制的系统性风险,如政策受众(高职院校)的抵制、职教缺乏吸引力、大学生就业难、技工荒等。

对于因恐惧而采取预防原则有何问题,美国军方的"先发制人"思想可谓绝佳例证。桑斯坦指出严格管制本身即已经与预防原则对立,因为管制可能同意剥夺社会重大福利,取消了相关行为或活动的"机会收益",导致本可避免的严重危害。如此,管制很难说是预防性的。同时,管制引入或提高替代风险还带来了高昂成本。因为恐惧是一种真实的社会成本,可能导致其他社会成本。通过管制来减少恐惧,仅通过暗示这一活动值得管制,完全可能强化恐惧。此外,就管制收益而言,常提供给了一部分人(群体),当政府限制的负担由可识别的少数人而不是多数人承担时,不正当行为的风险大大增加。①

鉴于此,桑斯坦虽不主张预防是一种错误,但认为预防原则是以粗糙的,甚至是荒谬的方式实现理想目标。出于其价值使用它的话,它是瘫痪性的,没有任何益处。预防比无知的错误更糟,它们可能既残暴又不公正。最恐惧、最有决心避免危险的人们,常常正是通过消除危险的措施,增加其风险的。②

从高职层次规制的实际政策效果看,由于本科层次教育的"准入门槛"管制,"鲶鱼效应"可能产生的"机会效益"也丧失了,传统普通高校坐享"非竞争市场"的学历垄断收益,某种程度也致使其丧失改革动力。高教层次结构调整(教育结构均衡)由此被搁置,所可能产生的收益(人才结构均衡)丧失殆尽,致使高等教育的两种类型"一条腿长,一条腿短"(涉及层级体系)、"一条腿粗,一条腿细"(涉及资源、实力、社会认可度等)。无论是教育生态,还是人才规格皆出现了灾难,影响着产业结构转型升级、创新国家、制造业

---

① 凯斯·R.桑斯坦.恐惧的规则:超越预防原则[M].王爱民,译.北京:北京大学出版社,2011:26,30,117,118,209.

② 凯斯·R.桑斯坦.恐惧的规则:超越预防原则[M].王爱民,译.北京:北京大学出版社,2011:31,209,210。

强国建设等,且层次规制政策因被认为缺乏正当性而屡遭职教圈诟病、抵制。

在解决之道上,桑斯坦区分了大小概率危险,认为两者分别适合采用"禁止性预防原则"和"信息披露原则"。特别是后一个原则,常常比政府不采取行动或命令—控制型管制更好,因为它不是那种干涉性的。① 换言之,从最强形式的预防原则到灾难预防原则,是其改良建议。

鉴于预防不可或缺,桑斯坦同时指出教条式地反对家长式作风也存在问题。家长式作风并不总是强制性的,因为某些组织性决定不可避免。应放弃是否是家长式作风这个"不那么有意思"的问题,而转向更有建设性的问题,即如何在影响选择的可能选项中进行抉择。为此,他提出"自由主义家长式作风"概念——形式的家长式作风,在精神上是自由主义的(保留选择),代表较弱的非侵入型家长式作风。②

这就为理解中国现阶段教育管理者/决策者角色定位提供了有益启示:事实上预防不可避免,但问题是该如何预防。"信息披露原则"是对付机会主义行为的一条可行路径,可避免最强形式的预防——"禁止性预防原则"所可能产生的"在泼掉脏水的同时也倒掉了孩子"的后果,通过有针对性地专注于"灾难预防",从而控制机会主义行为,引导过程向良性方向发展。

政府与高校一度围绕大学自主权陷入"放乱收死"(一放就乱,一收就死)两难困境,始终走不出循环怪圈。背后暗含长期争论的"不能下水,怎会游泳;不会游泳,怎能下水""先有自律才能自主,先有自主才能自律"的"鸡生蛋,蛋生鸡"问题。撇开高校不谈,单就政府而言,治理能力不足,特别是风险控制能力缺失,一有恐惧心理就采取强式预防原则进行规制——缺乏乱象治理自信,也确实值得反思。

总之,预防原则仅看到账本的一面,看到风险的可能性而未考虑降低风险的举措所可能产生的问题。特别是对小概率或不可能发生的危险采取主动管制,忽略了管制自身也可能产生风险。③

二、规制迷思

规制作为约束性制度安排,是政府对相关事项直接干预,对人或组织的

① 凯斯·R.桑斯坦.恐惧的规则:超越预防原则[M].王爱民,译.北京:北京大学出版社,2011:109,113.

② 凯斯·R.桑斯坦.恐惧的规则:超越预防原则[M].王爱民,译.北京:北京大学出版社,2011:169,165,166.

③ 凯斯·R.桑斯坦.恐惧的规则:超越预防原则[M].王爱民,译.北京:北京大学出版社,2011:44,210.

相关自主性行为进行权威性限制的一种政策工具,包括行政审批、禁止特定行为等政策手段。规制源于公益与私益间的矛盾,矛盾为规制提供了存在基础,或者说,维护公益的实现,使规制获得合法性、正当性。此外,在规制主体选择上,无论是在积极性还是在能力上,单一个人或组织远逊于政府。因此,像中国这样的转型国家,政府主导的发展模式往往强化着对规制的依赖。

但现实情况往往与规制经济学(聚焦规制技术合理性和效率)的线性逻辑相悖,规制并未消除弊病。经常出现的情况是——以解决问题面目出现的规制,恰成为问题本身,即规制失灵。反映在规制目的失落、规制成本攀高、规制权力腐败、导致发展阻抑等方面。规制失灵究竟是意外失误还是有其内在逻辑?

(一)有限理性与自负

西蒙有限理性决策模式说明,政府受自身认知、态度(内部因素),以及信息、时间、财力、技术等(外部因素)影响,规制上面临知识理性的有限性。詹姆斯·C.斯科特在此基础上更进一步,他援引巴斯卡所言——"理性主义的最大失败,不在于它对技术知识的认知,而在于不能认知其他",指出真正威胁来自对认识论知识普遍主义自负与独裁主义社会过程的组合,[①]并基于国家的"简单化"和极端现代化意识形态等因素,解答了一些用意良好的项目是如何失败的。

国家的简单化,指将无限具体的内容简化为几种类型,以描述概况、比较和汇总,从而获得清晰的认知。"简单化"主要用以服务管理者的概括性观察,只关注官方感兴趣的内容、成文的文件事实、静态事实等。越静止、越是标准化和统一,也就越清晰,越易适应官方技术。也因此造成事实失去独特性,失去相关特征,被转变为封闭系统,里面没有意外,便于观察和控制。[②]简单化有地图的特点,关注一些,忽略其他,在概括反映事实的同时也在改变事实。但改变的权力不在地图,而在那些左右地图观察视角的力量中。管理者根据简单化图表,选择将何种事例放入适合的文件夹进行归类,并给出事先准备好的应对方案,被管理者即使反对被视为某一类情况对待,但往往是徒劳的。[③]

① [美]詹姆斯·C.斯科特.国家的视角——那些试图改善人类状况的项目是如何失败的[M].王晓毅,译.北京:社会科学文献出版社,2011:437.
② [美]詹姆斯·C.斯科特.国家的视角——那些试图改善人类状况的项目是如何失败的[M].王晓毅,译.北京:社会科学文献出版社,2011:95—102.
③ [美]詹姆斯·C.斯科特.国家的视角——那些试图改善人类状况的项目是如何失败的[M].王晓毅,译.杭州:社会科学文献出版社,2011:107—108.

简单化只是表面行为,背后动力是政府的极端现代主义意识形态。可怕之处在于,它持绝对真理观,追求直线进步,将所谓现代的、先进的某种观念变为美学、宗教。当以视觉美学观点看待理性秩序,树立起建立社会管理秩序的雄心,就习惯于将看起来是现代的(整齐的、直线的、同一的、集中的、简单化的)与看起来是原始的(不规则的、散乱的、复杂的)区别对立,①将与规划相左的尝试视为相对于进步的蒙昧、相对于理性的迷信,是缺乏效率、落后和该摈弃的。由于对理性秩序的自信与狂热,往往忽视不确定性,特别是极易无节制地滥用规制权力,对组织进行极度简单化的功能框定,视组织为没有"生命"的"零件","大脑"在他处(决策者那里),或对相关行为进行"污名化"的标签处理,从而孕育失败的风险,尽管初衷往往是真诚的。

高职层次规制政策,背后似乎也存在此种"地图",涉及高校分类分层,具有"金字塔"式的结构区隔。地图之外的观察视角是"科学高于技术""普教高于职教",随之"简单化"的处理方式就是,高职教育这种"类型"等于"低层次"。尽管高职群体反对被视为低层次教育,提出层次提升诉求,但在视觉美学的理性秩序下,升格就被视为相对于进步(科学定位)的蒙昧,相对于理性(层次不代表质量)的迷信,是该被规制的。

(二)权力结构与利益

规制涉及利益调整分配,由此带来各方博弈互动,表现在规制者与被规制者、利益群体之间。换言之,貌似公正的规制背后实则存在着权力角力。规制政策的存在,造就了"越轨者"或潜在"越轨者"。多数研究的关注重心在违规者,但全面了解越轨,须同时考虑违反规范与制定/执行规范两个方面。须将规制或越轨视为群体互动的结果,其中一个群体成功将规范强加于其他群体之上,而另一个群体的行动则被标签为越轨。②

霍华德·S.贝克尔指出,越轨是被社会创造出来的,社会群体通过制定规范使那些不符合此规范的行为成为"越轨"。即越轨不取决于行动本身的性质,而是执行规范和判断的结果。就规范的产生过程而言,须有人发现并指责,须有人将公众的注意力吸引到这些事件上,须让公众认为急需采取行动去避免危害。换言之,规范不是自然产生的,而是上述改革动力驱使的产物。谁能成功地使他人接受某种规范,显然是权力多寡的问题。权力的多

---

① [美]詹姆斯·C.斯科特.国家的视角——那些试图改善人类状况的项目是如何失败的[M].王晓毅,译.北京:社会科学文献出版社,2011:324.

② [美]霍华德·S.贝克尔.局外人:越轨的社会学研究[M].张默雪,译.南京:南京大学出版社,2011:14,136.

寡导致制定规范及对他人实施规范的能力方面的差异。①

杰克·奈特强调的社会制度的分配效应也说明,作为制度平台、具有利益再分配性质的政府规制,往往引起各方的激烈争夺。期望获益的,努力争取规制;受到负面影响的,竭力抵制规制。不对等的力量导致各种不同的解决方案,从而使规制显现出强烈的利益倾向性,而绝非客观中立。②

从利益群体博弈的角度审视,结构密致型组织有特殊的影响力——组织目标单一集中,能有效积聚力量,比结构松散的组织有更强的政治动员动机及获取政治支持能力,可以有效地影响决策层及其决策。③

特别是在规制体制自身存在问题的情况下,如多头管制、政企合一型规制。④基层的视角或实践经常会被国家的视角或实践淹没,主要原因不仅仅是忽视,更多时候是因为权力结构。⑤如此,规制过程往往被俘获,成为提供偏私性服务的平台,为部分群体提供垄断利润,成为一部分群体压迫另一部分群体的手段。

就规制者而言,利益也是绕不开的一个因素。负面的利益,如职业地位安全、声望形象良好,在怕乱约束、风险厌恶心理下,他们往往趋于保守,"多一事不如少一事",倾向于选择管制控制;正面的利益,则表现为因规制的存在,规制者的存在就有了理由,并可能使职权、预算增加,地位声望提高,特别是在规制受众中获得敬意,建立威信,甚至可能为寻租留下创租和抽租的空间,因为总是有个别"机会主义分子"试图躲避规制选择"避租"行为。⑥

规制政策的出台,代表着利益分配结构达成了暂时的力量平衡。妥协与平衡,体现在受政策影响的利益群体之间、规制者与规制对象之间、规制主体(部门利益,多头规制)之间。而规制政策变迁则意味着平衡被打破,规制政策和规制程度发生变化。新的利益分配结构对原有利益分配结构的改良或取代,绝非是它更科学、更合理,完全是因为利益分配结构背后的力量对比结构变化的结果。⑦

以高职层次规制政策为例,以往研究多关注违反规范的越轨行为——"升格",并将之污名为"冒进""不安心定位",但欠缺了对制定/执行规范的

①　[美]霍华德·S.贝克尔.局外人:越轨的社会学研究[M].张默雪,译.南京:南京大学出版社,2011:8,14,135.

②　徐邦友.自负的制度——政府管制的政治学研究[M].上海:学林出版社,2008:34.

③　徐邦友.自负的制度——政府管制的政治学研究[M].上海:学林出版社,2008:202,203,207.

④　徐邦友.自负的制度——政府管制的政治学研究[M].上海:学林出版社,2008:291.

⑤　王晓毅.国家的视角与人民的视角[EB/OL].http://www.aisixiang.comdata4849.html,2004-12-06.

⑥　徐邦友.自负的制度——政府管制的政治学研究[M].上海:学林出版社,2008:289,321.

⑦　徐邦友.自负的制度——政府管制的政治学研究[M].上海:学林出版社,2008:189.

研究,即规制政策是如何出台并顺利执行的。后一个命题,引出了规制政策制定/执行背后传统普通高等教育与高职教育间的权力多寡问题。

规范——"不安心定位",被成功地强加于高职群体。这其中的原因,既有传统普通高校的本科层次学历学位资源垄断收益,也有决策层怕乱约束、风险厌恶,以及管理合法性、声望、地位、利益等。更有权力结构原因和规制体制上的问题,如政企(事业单位)合一型规制。

职教圈戏言部属院校基本就是教育部的"养子",多少反映了对政企(事业单位)合一型规制下教育部"既当裁判,又当运动员"(借指教育部给普通高校大量优惠政策和办学资源,致使普职不公平竞争)现象的不满。教育部中官员,多来自传统本科院校(俞仲文为此专门建言),参与制定2010年教育规划纲要第14子课题"职业教育发展研究"的9位(相较于普通高等教育,规模明显偏小)专家中,高职院校校长竟无一人。高职"话语权"的丧失,正是权力结构的映照。

随着现代职教体系建设被提上议程,力量均衡被打破,规制政策和程度随即发生变化——地方本科院校面临转型发展,高职院校开始试办长学制专业。但这绝非意味新的利益分配结构更科学、更合理,内生发展与外生发展的博弈竞争仍在持续,这取决于对立各方力量的平衡及对规制的争夺与控制。

(三)抵抗与执行梗阻

弗里德曼给出了规制失败的社会心理原因:规制的缺陷是政府通过迫使人民(组织)遵循某种被设想的普遍利益,而采取违反他们自己直接利益的行动。其解决办法不是消除结构冲突或改变利益观点,而是把参与者的价值判断替换为局外人的价值判断,迫使人们去做违反他们自己利益的事情。一个办法是由一些人(群体)告诉另一些人(群体)什么是对他们有好处的,另一个办法是政府从某些人(群体)那里取走一些东西以便使其他人(群体)得到好处。由此,这种可能遭到强大力量反对的制度焉能不归于失败。①

当不是去完善高教结构体系(类型、层次),而是以局外人的价值判断——职教要安心定位,替换参与者(高职群体)的价值判断,告诉他们"归好队、定好位"是好的,而同时又将学历学位垄断收益交给传统普通高校使用,迫使高职群体去做违反他们自己利益的事情,高职群体的抵制、抗争也就不难理解了。

在这一点上,科斯指出外部性问题具有相互性同样具有启示意义。只

---

① 徐邦友.自负的制度——政府管制的政治学研究[M].上海:学林出版社,2008:296.

是因为高职层次提升,会因个别机会主义行为导致"劣币驱逐良币",破坏本科学历学位的符号识别功能,就做出"一刀切"的层次规制政策。该命题可喻为"甲可能给乙以损害"因而应被制止,逆命题就是"为了避免损害乙就应加害甲"。[①] 备受诟病的美国军方"先发制人"思想,也是此种理路。

规制失败还体现在更深层次,如对组织理性、自主发展能力、政府与社会良性关系的影响等,其负面效果远比直接规制危害更为严重。因为规制作为自由裁量权的使用,使未来更具不确定性,社会主体越难有自我行为负责意识,越倾向于采取短期机会主义行为等。由此,使规制者与被规制者始终跳不出"怪圈"——政府越不放松规制,被规制者越不具备做出负责任行为的意识及能力;被规制者越缺乏自律意识、自我约束能力,政府越不敢放松规制。

哈耶克在《通往奴役之路》中指出,试图像控制自然一样控制社会的努力,不仅是一条通往极权主义之路,还是一条通向文明的毁灭之路,一条必然阻碍未来进步之路。事实上,自主性是事物得以发展的秘密,自主探索越多,发展的可能性空间越大,发展前景越广阔,[②]而规制往往在扼杀新知识(跨界创新)出现的可能性时,也一并葬送了机会收益。

当然,规制作为一种政策工具本身并非问题,成问题的是其被用来干预的频率和密度。在有着政府全能主义传统的中国,破除对其的迷信和崇拜,给其合理的作用范围,并对其风险保持警惕,就显得尤为必要和重要。[③] 这对高等教育外部行政化问题的解决,对政府、高校关系的重构,同样具有启示意义。

第三节　秩序生成的逻辑

政策的颁布、变迁,目的皆在达成一种秩序。相关政策失灵,在某种程度上说明在秩序生成上出了问题。走出失灵困境,需跳出"就事论事"的政策表象,分析、探究政策变迁背后的秩序生成逻辑。

一、从计划秩序、自生秩序到协商治理秩序

(一)秩序何以实现

在制度生成机制上有两种认识进路:演化生成论传统、制度设计论传

① 徐邦友.自负的制度——政府管制的政治学研究[M].上海:学林出版社,2008:298.
② 徐邦友.自负的制度——政府管制的政治学研究[M].上海:学林出版社,2008:362.
③ 徐邦友.自负的制度——政府管制的政治学研究[M].上海:学林出版社,2008:363,256.

统。这与计划秩序、自生秩序有类似含义。前文对规制失灵的分析,在某种程度上已展现了单一计划秩序的缺陷。如果说计划秩序展示的是一种国家视角,那么理解政策失灵原因,就需从反面即底层视角切入,斯科特的研究即是此种进路。

斯科特着力反对一种极端现代主义的、人工设计社会秩序的"帝国主义"。因为在此思路下,所有地方知识或实用技术完全被排除在外。他指出,被设计或规划出来的社会秩序是一种简单图解,经常忽略真实的和活生生的社会秩序的基本特征,往往造成严格服从规则地工作(work-to-rule)的失败。①

为此,他借用"米提斯"(Metis,古希腊语)概念表示那些只能从实践经验中得来的知识。以语言为例,他指出米提斯就像实际说话,讲话并不从语法中推演出来,米提斯也并不由一般规律推演而来。在此基础上,他提出"米提斯援救"以概括那些表面看起来不规则,但却是正式秩序有机组成部分的现象。②

斯科特指出,不规范的实践是正式制度不可或缺的存在条件,很大程度上正式制度总是寄生于非正规过程,正式制度虽并不承认(甚或压抑)非正规过程的存在,但无它们又不能存在。③ 片面地强调正式制度,不仅损害目标群体利益,最终也会导致设计者的失败。

组织研究的法国学派聚焦"有组织的行动",认为有组织的行动具有游戏特性。游戏强调秩序,强调游戏者的被构造性,游戏者往往又可以自主活动,使游戏始终呈现开放状态,得以重组、更新,并使游戏规则发生系统性变化,游戏的具体形态得以重塑,游戏者依照新规则从事游戏活动,组织变革随之发生。④

换言之,法国学派同样强调了秩序的生成性、组织的流动性。通过对组织环境含混性的确认,对组织整合由组织目标来保证、组织中的行为具有意向性的本质提出了质疑。行动者的行为永远不可能被简化为统一的结构,

---

① [美]詹姆斯·C.斯科特.国家的视角——那些试图改善人类状况的项目是如何失败的[M].王晓毅,译.北京:社会科学文献出版社,2011:导言4—6.

② [美]詹姆斯·C.斯科特.国家的视角——那些试图改善人类状况的项目是如何失败的[M].王晓毅,译.社会科学文献出版社,2011:407,451.

③ [美]詹姆斯·C.斯科特.国家的视角——那些试图改善人类状况的项目是如何失败的[M].王晓毅,译.北京:社会科学文献出版社,2011:396,451.

④ [法]克罗齐耶,费埃德伯格.行动者与系统:集体行动的政治学[M].张月,等译.上海:世纪出版集团、上海人民出版社,2007:译者序6.

也不可能从统一的结构中推演出来。① 规则永远不可能消除不确定性,与"有限理性"相伴的是有限的规则。组织的正式特征如明确目标、严格规则对行动领域的影响是微弱的,真正重要的是行动者的策略行动和一种局部、暂时的、由规则搭建起来的秩序。② 从而,降低了组织目的的合理性,放松了规则对行动者的约束力,将秩序与成员间的社会互动及社会交换过程连接在一起,视为社会意义上建构起来的产物,组织也实现了静态的组织结构向永不停歇的组织化过程的转变。

(二)学制政策演化启示

严雪怡以"有效学时""衔接效率"③总结了高职学制政策变迁中"中专办大专"(五年制中专,"四五套办")的办学优势,即连续性的职业技术教育可以避免衔接损耗。因为高职招收高中毕业生,尽管此种生源文化基础较好,但意味着教育类型转轨,在技术教育上仍需"零起点"教学;而高职招收中职毕业生,则可能出现课程方向不完全一致、重复学习的问题。尽管此项改革探索一度发挥了积极作用,深受好评,但涉及职业教育是就业教育还是升学教育、"戴帽"办学问题(涉及管理归属,算中等教育还是高等教育)、证书发放问题(招收中职毕业生,发放"相当高等专科"证书,意味着低于招收普通高中毕业生的高专,似乎不妥)等,最终此项探索被高层"叫停"。

该探索即体现了"米提斯援救"功效,代表着一种"局部秩序",解决了社会急需的高级技术员的培养问题。但由于人们思想观念中以文化程度(涉及招生对象,生源成绩,即"入口质量")来划分职教的"规范"认识比较根深蒂固(招初中毕业生者就是中等教育,招高中毕业生者就是高等教育),总体上难以接受按"职业技术教育本身的程度"(毕业生的人才规格——中级工或高级工,即"出口质量")来区分职教层次,此项探索最终夭折。

高职办本科遭到排斥,多少也是基于此种观念认识:认为基于高考成绩的生源层次("入口质量")已论证了此种教育类型的办学层次("出口质量")。事实上,针对高职的层次规制也不过是一种暂时秩序,相关行动者并未丧失自由,而是通过治理行动变更着游戏规则——如获得长学制专业试办权,并意图最终实现组织结构形态的动态演化(成为高职本科,获得学历

① [法]费埃德伯格.权力与规则——组织行动的动力[M].张月,等译.上海:格致出版社、上海人民出版社,2008:序言8.

② 杨甜甜.作为行动领域组织中的权力与规则——评费埃德伯格《权力与规则》[J].社会学研究,2007(4).

③ 严雪怡.办高职必须重视"有效学时"[J].职教通讯,1998(11):17—19.

学位授予权①)。

(三)协商治理秩序

前述分析在计划秩序与自发秩序间似有贬前褒后嫌疑,实际上两者并不排斥而是互补关系。斯科特也非一般地反对科层制规划,而是反对霸权式计划思维。法国学派研究也表明,组织与其他形式集体行动总是同时包含正式构成要素和随意结合成分,既有自发、松散的社会关系,又有人为设定、结构化的行动秩序。②

换言之,计划秩序或自发秩序在国家与社会间持二元对立立场,就陷入以一种简单化否定另一种简单化的窠臼。"自上而下"与"自下而上"的思维方式总体还只是在"垂直"维度进行考察,欠缺了"水平"维度的关怀。网络治理行动表明,秩序变迁是多元行动主体共同推动的结果。就现实而言,国家与社会间并不存在严格的界限,经常是相互影响,不仅有对立,更有合作。公私伙伴关系、服务外包等皆说明了这一点。

西方学界在 20 世纪 80 年代就已提出"协商民主"概念,③意在反思弥补代议制民主的不足。此后,研究议题从论证协商民主之于聚合民主观的优越性,转向理论与实践的张力,从理论陈述转入操作化阶段。

中国历史上也有协商治理的传统资源,特别是党的十八届三中全会后,围绕国家治理体系和治理能力现代化,提出要加强协商民主体系建设,实现协商民主的广泛、多层、制度化发展。作为协商民主实现形式的协商治理,融合了现代国家建构与治理两大主题,④一方面回应了公共事务的多元共治,另一方面也利于应对权威流失、保障乏力、共识不足等"治理过度"的负面效应。换言之,它提供了一种化解计划秩序与自发秩序矛盾的可行路径选择——协商治理秩序。

就教育而言,以院校办学自主权为口号,完全强调自发秩序,似乎并不符合目前阶段的现实。仅从"未来合理性"的应然逻辑框架出发,忽略"现实嵌入性"等实然因素对院校价值选择和行动选择的约制,只会造成政府与高校的激烈对抗和冲突,无助于解决问题,南方科技大学招生事件即是例证。当行动试图超越时代镶嵌的结构背景,往往会因"早孕"而"流产"。因此,超

---

① 2015 年 11 月教育部复函天津市政府同意建立天津中德应用技术大学(原天津中德职业技术学院),强调要办出中国特色的职业教育特色。

② 杨甜甜.作为行动领域组织中的权力与规则——评费埃德伯格《权力与规则》[J].社会学研究,2007(4).

③ 由约瑟夫·毕塞特在《协商民主:共和政府中的多数原则》一文中提出,参见陈家刚.协商民主与国家治理:中国深化改革的新路向新解读[M].北京:中央编译出版社,2014:4.

④ 郁建兴.治理与国家建构的张力[J].马克思主义与现实,2008(1).

越单一秩序的幻想,结合问题情景,放弃可能导致冲突的非此即彼式的秩序生成路径,转向更有建设性的问题——如何实现协商治理,或许更有价值和意义。

21世纪初深圳职业技术学院的四年制探索困境可带来的启示是,教育问题绝非"就教育论教育"即能解决。涉及证书发放、学生落户、职称待遇等,仅靠院校的自发秩序逻辑——延长学制,难以有所建树。在涉及高教体系结构重大调整问题上,单一院校的自发秩序作为空间更是有限,这就提出了协商治理要求。

事实上,现代职教体系建设政策实践正是这样一种探索。在职教群体的长期呼吁下,媒体、专家、院士、代表委员、行业协会逐渐参与进来,特别是获得了政策企业家的支持。议题网络、专业网络、生产者网络、府际网络、政策社群积极互动、协商共治,最终使"完善职业教育体系"这个"老生常谈"的议题——在2002年《国务院关于大力推进职业教育改革与发展的决定》、2005年《关于大力发展职业教育的决定》中均有提及,从仅具象征宣誓意义的"口号"变为要落到实处的"国家级专项规划",并最终在2014年《现代职业教育体系建设规划(2014—2020年)》中得到明确——规划中提出发展应用技术类型高校,加强专业学位研究生培养。

二、秩序的演变逻辑

学制政策变迁代表着教育秩序重构,教育秩序演变遵循什么逻辑,这仍然是一个悬而未决的问题,下文将尝试做些探索。

(一)三种视角的考察

1. 知识理性视角

从职业大学向专科分流,到专科学校与高职院校合并归类(统称"高职高专"),确立高职教育的独特教育类型定位;从认为高职教育是高等教育的一个"层次"(专科),到在政策文本中明确它的"类型"属性(教高〔2006〕14号文),再到建设现代职教体系中的具体举措,如试点长学制,将应用型技术院校归入职教体系等,政策变迁可视为对事物属性特征——"高职教育是一种类型,富含丰富层次"认识逐步深化的结果。

上述代表一种"知识理性视角"的观察,即新知识的发现、传播改变了人们对事物的认识。反映在政策上,即对政策问题及方案的重新理解推动了政策变迁。此种视角展现了先进观点对政策合理性的论辩功能,同时也说明了政策变迁是一个政府决策"有限理性"经历"试错""纠错",不断完善的过程。

但此种视角实际上只适合具有议题简单、低不确定性、高价值共识的政策环境,即罗杰·皮尔克所提出的"龙卷风政治"政策情景。[①] 在此视角下,利益、权力的因素被淡化,政策制定成为一个科学技术问题,似乎只要掌握足够的知识、信息,即能走出困境,推动政策变迁。而现实的情况则更多表现为不同群体间的利益博弈,甚至包括价值竞争,即罗杰·皮尔克的"堕胎政治"情景。换言之,单一的"知识理性视角"已不足以解释政策变迁或秩序演变。

2. 权力/利益视角

"权力/利益视角"认为政策均衡、变迁背后的秘密在于权力/利益,是利益的竞争、谈判、讨价还价,是权力分布状况的反映。例如,尽管 2006 年的教高〔2006〕14 号文早已明确高职教育是高等教育的一种类型,但高职教育层次始终难以突破,背后反映出的正是普通高等教育与高职教育等群体在权力/利益上的争夺。这也再次说明,仅靠"知识理性"不足以推动政策变迁。而今天层次提升之所以被付诸实践,恰恰反映了权力结构的调整。再如高职层次提升路径选择上的内生发展(高职院校升格或办长学制专业)与外生发展(地方本科转型)争夺,背后也有权力/利益的因素。

简言之,"权力/利益视角"认为秩序演变不只是"知识/技术"单维度,更是涉及"权力/利益"的政治过程,是各方政治博弈均衡的结果。"科学知识"的"胜利"解决思路(一种观点驳倒另一种)在部分政策过程中往往行不通,政治是一种与科学截然不同的社会活动。例如,肯尼斯·阿罗用"不可能定理"[②]来说明政治中没有任何东西类似真理。但政治建立"道路规则"的"妥协"思路,可将具有不同利益倾向的群体导向不同目标,从而避免激烈冲突。[③] 换言之,以协商、折中方式为代表的共识模式,因超越了目标理性(突出强调目标的科学性),以"可接受性"代替"可欲性",在现实中往往更具效力。

"权力/利益视角"尽管关注到政治理性——或可称为"过程理性",关注政策背后的权力/利益博弈,但在纠偏的同时也滑向了另一个极端,如因忽略知识理性因素,而不能解释何以某些强势利益群体在相关政策过程中会失利,同时无法回答何以面临相似问题情景的不同国家或地区决策层会有

---

① [美]罗杰·皮尔克.诚实的代理人——科学在政策与政治中的意义[M].李正风,缪航,译.上海:上海交通大学出版社,2010:41—46.

② 阿罗发现了群体决策可能遭遇的社会选择不一致问题,如甲、乙、丙三位选民面对 A、B、C 三位候选人,甲的偏好顺序是 A>B>C,乙的偏好顺序是 B>C>A,丙的偏好顺序是 C>A>B,多数决策情况下,会出现 A>B、B>C、C>A 的循环投票之谜。阿罗的不可能性定理说明,依靠简单多数的投票原则,在各种个人偏好中达成协调一致(令所有的人都满意)的集体选择结果是不可能的。

③ 徐邦友.自负的制度——政府管制的政治学研究[M].上海:学林出版社,2008:189—190.

不同政策安排。① 如大陆与台湾同样面临"普教"与"职教"权力、利益之争，何以台湾会形成技职教育连贯体系，这实际上已涉及不同地域决策层的决策理念问题。

3.理念视角

在麦克亚当政治过程模型中"理念视角"体现为"认知解放"。他认为集体行动是扩张的政治机会(政治权力因素)、内生组织强度(社会组织因素)、认知解放(心理文化因素)共同作用的结果。前两者只是"结构潜能"，只有行动者实现"认知解放"，集体行动才会发生。斯梅尔塞的"价值累加理论"也特别强调了对特定问题症结、解决途径的共同认识("一般化信念")的影响。

这表明，客观因素变化并不必然导致某种社会秩序变化，变化的根本动力是人而不是物。② 即使外界环境变革，如新知识产生、权力/利益格局调整等，倘若缺乏一种共同意识(信念)，变革都不会发生。

以开出职业教育"奇葩"的是德国而不是作为工业革命起源地的英国为例，"知识理性视角"似乎难以解释个中原委，而从决策层"理念视角"出发，该现象却不难理解。对英国政府来说，依托技术工人培养所带来的收益，远次于"日不落帝国"的海外殖民收益，则职业教育在英国遇冷也就说得通了。

同样，以产业结构转型升级必将推动就业岗位人才规格要求提升，来论证高职院校应该"升格"，也是在"知识理性视角"下"应然取向"的政策论证。其在给政府开出行为清单的同时，很可能是以一种(职教群体的)有限理性纠正另一种(政府的)有限理性。

某种政策方案能否得到决策层认同，与其和一国文化、意识形态是否吻合密不可分。深层次的理念如同"认知之锁"，从认知角度塑造着决策层的思考方式，影响着对问题与方案的框定。换句话说，是决策层"大脑"中有什么，决定着"眼睛"能看到什么。特别是当决策层内部建立了较为统一的规范性判断时，往往框定着可能的政策变迁——空间、程度、进程。由此，政策持续不仅是制度性的，也是理念性的。当然，理念同样可为政策变迁的合法性进行论辩。③

理念的影响不仅体现在决策层内部，还分布在不同利益群体之间。萨

① 薛澜，林泽梁.公共政策过程的三种视角及其对中国政策研究的启示[J].中国行政管理，2013(5).

② [瑞典]汤姆·R.伯恩斯，等.经济与社会变迁的结构化——行动者、制度与环境[M].周长城，等译.北京:社会科学文献出版社，2010:273.

③ 薛澜，林泽梁.公共政策过程的三种视角及其对中国政策研究的启示[J].中国行政管理，2013(5).

巴蒂尔(Sabatier)等人的倡导联盟框架就将决策看作持有不同信念的利益联盟竞争的结果。前文对集体行动的分析中,文化维度考察、集体认同("我们感")、目标共意性、策略性框架运用等所产生的强烈动员功能,正是理念的影响。

以学制政策变迁为例,尽管高职"类型"认识已获突破,但决策层主流理念认知由于集中在院校分类分层定位、世界一流大学建设等方面,高职教育层次完善被"边缘化"也就不难理解。

再如,为确保世界一流大学建设,集中财力支持"985""211"高校建设,分流教育自然成为决策层"深层"理念,高职教育也就作为确保传统本科高校生源质量的"缓冲器",沦为"差生集中营"的"低层次教育"。

当教育结构(重普教)与国家产业结构"相背离"导致的危机日益显露——低成本人口红利优势不再,技工荒使产业结构转型升级遭遇困境,大学生就业难凸显社会稳定问题之时,危机强化和放大了决策层采取行动改变政策的决心。"认知解放"的结果是,对职业教育因体系不完善("玻璃天花板")遭遇"吸引力"困境进行调整的"信念"愈发清晰,完善职教体系由此从"口号"变为"行动"。不过,完善现代职教体系也因此被作为推动国家相关规划落实的支撑保障,为上升为"国家专项规划"提供了合法性论辩。

此外,倡导地方本科院校转型职教而非提倡高职院校升格——换句话说,升格规制政策持续——反映的还是决策层保持高教层级比例结构均衡的"理念"认知。而内生发展与外生发展两种层次提升路径的博弈,同样反映出地方本科院校与高职院校两大群体对"何者是实施技术本科教育适合主体"的"信念"争夺。

(二)演变动力学

静力学分析仅涉及具备何类要素会导致政策变迁,但并未回答秩序演化背后的演变动力,下文将换个角度进一步探究。

1. 规则系统理论

涉及秩序调整、制度变迁,新制度主义不同流派各有侧重。理性选择制度主义,关注重心在制度的作用及维系成本,如产权理论、交易费用理论;社会学制度主义,关注制度的构建机制,特别强调文化认知;历史制度主义,更关注历史遗绪等产生的路径依赖。更具统合色彩的是瑞典"乌普萨拉学派"在"行动者—系统—动力学"基础上形成的规则—系统理论。

该理论指出,社会规则系统是人类的建构,人类行动者(个体、群体)都是社会规则系统的缔造者与传递者。不同社会行为体经常倡导相互矛盾且声称是合法的规则系统。能动主体通过创造、解释和运用规则,使规则系统充满冲突与斗争,构成围绕规则形成的特殊"政治学"。社会规则系统理论还可用来解释文化变迁和进化,文化变迁是规则在人群中频率分布的变化,规则的产生、选择、传递和再生过程影响着文化和制度秩序。①

上述研究为理解秩序生成提供了有益启示。特别是"行动者—系统—动力学"横跨微观层面(能动者)、中观层面(互动场景和过程)、宏观层面(限制因素,如制度、文化等),在行动者和结构间架起了桥梁,揭示了行动者、制度(特别是社会规则系统)和文化间的相互影响。就微观层面而言,涉及行动者的知识、价值偏好、策略行动能力;在中观层面,政策网络充当着协商互动平台;在宏观层面,制度、文化是规则变迁的背景基础,既表现为对成员的初始条件限制——规则系统作用于行动,同时也提供着机遇,促使行动者发展出新的规则系统——规则系统诞生于行动。

社会规则系统理论聚焦规则形成的"政治学",认为建立、维持和改革规则过程中常出现强有力的情景政治现象,对规则变迁分析颇有启发意义。规则的形成和权力、知识有关,权力关注确立、建构某项规则的能动者(有一定权威),知识关注建构规则过程的信息或技术。新规则成为新选项的可能性,取决于主观诉求、推行新规则的能力(包括克服反对意见)、与文化系统中核心规则的差异——导致在获取、保留和执行规则时的困难。规则重构或转型缘于:既定群体中出现了权力转移与社会控制失败,有了新的能动者或联盟(他们支持新的组织原则与体系,并拥有足够的社会权力),既有规则体系的核心技术或资源基础出现了根本改变。②

就政策创新成败而言,它与下列因素有关:有无具有创新意识的政策企业家,因为引起变迁的根本动力是人而不是物;变迁发生在既存制度情景下,它总是支持一种革新而反对其他革新;创新是一个历史过程,选择理性是"过程理性"而非"目标理性",要解决技术、经济、政治、文化等问题;创新越是"适合"现存体制和政策,对重构要求就越少,反之,改革风险就越高;创新越是激烈,冲突越厉害,即使创新有益于整个社会,也会损害现存结构中的既得利益者,会使政策企业家面临更多风险。因此,创新重构通常要求行动者联盟的支持,因为不同行动者有不同资源禀赋,起着明显不同的作用。有时,创新风险过大,很难对损益有效预估。尽管继续等待很危险,也有企业家正推动这些变迁,激烈的变迁还是会被推延。保守型的决策者往往会被捉摸不透的问题所困惑:已经知道什么,什么行得通,什么是可认识的,什

① [瑞典]汤姆·R.伯恩斯,等.经济与社会变迁的结构化——行动者、制度与环境[M].周长城,等译.北京:社会科学文献出版社,2010:代译序3—4.
② [瑞典]汤姆·R.伯恩斯,等.经济与社会变迁的结构化——行动者、制度与环境[M].周长城,等译.北京:社会科学文献出版社,2010:239,253.

么是可预测的。宁可等到现存政策手段明显失败,政策终结阻力不再,或革新已完成试点测试,被证明是可行或不可行的时候,才会推动创新。当然,也有创新引进过早的情况,这种情况一般不会产生多大效益。①

2. 学制政策演化实践

就学制政策变迁而言,变迁跌宕起伏、百转千回,秩序演变动力学分析可以提供一种参考。高职群体不认同关于高职教育层次的情境定义或解释,反对层次规制政策规定,为此进行了长期的底层抗争。宣称高教层次比例需严格控制,应防止"升格"致使职业院校"转型",则是另外一套被宣称合法的规则系统。既有规则——"普通高等教育高层次教育,高职教育低层次教育"的执行,是秩序的渴望,也是制裁的反映,更是相关群体,如普通高校,对自我角色和身份的理解——本科层次教育就是通识/博雅教育等。尽管现存高教体系结构带来了严重的社会问题,但习惯性、不加考虑地肯定既有规则的正当性,并坚持认为其该继续执行,一方面有历史的惯性,另一方面盲从也产生了服从规则的失败。

在政策变迁的规则重构过程中,不同力量发挥着不同作用。行动力("A-力量")体现在多元主体的网络治理行动中。强力行动者对规则有意识的行动选择、共享(制度/规则)范式或文化模式及对规则的认知能力等,影响着规则的再生产或变革。史蒂文·卢卡斯的权力三面孔,体现的正是强力行动者对规则的影响力。"决策权"——让别人做他本不会做的事情;"非决策权"——决策前采取行动,阻止某些问题进入议程;"意识形态权"——以家长制意识形态,操作相关群体的意愿和需求。当行动者在规则认识上立场对立时,制度规范的维持和再生产面临不确定性,就为改革提供了可能性。其中,决策精英,如张尧学、鲁昕等,对新制度规范——高职是类型不是层次的接受,使新规范获得新身份、新地位,②权力精英位置置换——旧精英重新定位或新旧精英斗争更替等,使替代规范逐步扩散并更具合法性。

环境选择力("E-力量")体现在环境压力所产生的决策影响上,其构成行动的机会结构及分配报酬结构,既包括物质环境,也包括社会环境。社会环境中的部分行动者拥有资源来支持或破坏既定制度安排,已知环境所提供的成功模式范例也会为制度演化提供学习机制。③ 如中国世界工厂的"人

---

① [瑞典]汤姆·R.伯恩斯,等.经济与社会变迁的结构化——行动者、制度与环境[M].周长城,等译.北京:社会科学文献出版社,2010:273—276.

② [瑞典]汤姆·R.伯恩斯,等.经济与社会变迁的结构化——行动者、制度与环境[M].周长城,等译.北京:社会科学文献出版社,2010:58.

③ [瑞典]汤姆·R.伯恩斯,等.经济与社会变迁的结构化——行动者、制度与环境[M].周长城,等译.北京:社会科学文献出版社,2010:50—51.

口红利"何以持续,产业结构如何转型升级,"技工荒"如何应对,大学生就业难如何解决等。尝试改变既有规范的倡导联盟力量的壮大,以及相关国家、地区(如我国台湾)的科技大学、职教经验所产生的示范效应等,型构为一种强大的环境选择力。

制度力("I-力量")体现在既有制度安排在普通高等教育和高等职业教育两大群体间的权力结构分配效应,历史遗绪对变革进程的路径依赖影响等。制度结构本身即作为一种权力,规定行动者的权利和义务、行动角色或方式、谁可以或应该做什么及怎么做等。一些参与者拥有支配他人的制度优势,会利用"组织偏见"不遗余力地维持、复制对己有利的制度安排。换言之,个体和集体行动者书写着历史,并不是在他们随心所欲选择的环境下。制度背景的制约往往影响着变革进程,如速度、范围。[1]

如中国存在大量工科院校,它们从事着工程技术教育,是否要"另起炉灶",再建一条体系,形成所谓职教的"独立体系"? 事实上,世界上同样存在着普职融合型体系(如美国)。此外,在地方本科院校中,一大批是新建本科,它们处于"上不着天,下不着地"的尴尬境地。对此类院校是"丢包袱"弃之不顾,以另辟蹊径的方式再发展一批(如高职院校升格),还是统筹兼顾,做好此类院校的"转型"发展(并入职教体系)? 后一种选择可能更具有可接受性。

在规则选择上,如果说早期更具有伯恩斯所言之精英决策风格(即"P选择")的话,发展到今天,基于网络互动的"S选择"——建立在共享社会规则人数和特定社会结构排列基础之上,基于物质环境影响的"M选择"已开始显露出力量。不过,职教层次提升的新规范与原规则体系差别较大,致使向新秩序转变显得比较困难、缓慢。[2]

新规则(完善职教体系)得以推行,反映了知识、权力的变革。既有规则体系产生"大学生就业难"等失败问题,新的行动者及联盟——涉及智库、院士、代表委员、媒体等,他们通过政策网络治理互动,逐步实现"认知解放",形成对问题及解决途径的"一般化信念"——改变高教结构体系,完善高职层次,并成功获得决策精英的关注和支持,便拥有了推动规则变迁的资源及权力。

尽管高职教育是一种"类型"而不仅仅是"层次"的观念早已确立,职教层次完善也逐渐由"口号"转向实质性行动,但在文化认知层面,由于对高职

① [瑞典]汤姆·R.伯恩斯,等.经济与社会变迁的结构化——行动者、制度与环境[M].周长城,等译.北京:社会科学文献出版社,2010:9,10,62.

② [瑞典]汤姆·R.伯恩斯,等.经济与社会变迁的结构化——行动者、制度与环境[M].周长城,等译.北京:社会科学文献出版社,2010:86—87.

教育"低层次教育""差生教育""就业教育"的认识一直根深蒂固,新规范的意义系统并不为所有群体所接纳,从而使改革一直处于"待机"或"休克"状态。

文化可被视为一套规则,且每一规则出现频率由知道与使用它的人群规模所决定。文化变迁是规则在人群中频率分布的改变,文化差异的程度取决于亚群体和主群体间规则频率的差异。换言之,改变文化自变更规则始。[①] 变更规则随之成为改变文化认知的首要步骤,具体行动包括提出将地方本科划入职教体系、高职院校试办长学制专业等。

同时,规则系统具有多层次特征,较高层次的规则比较低层次的规则更难以变更,但制度创新具有积极反馈环特征,可以放大起始微小的变革,导致较高层次规则渐趋模糊,使制度安排产生根本性后果,最终影响原有的文化观念。[②]

在变革路径上,改革采取"外围突破"方式,即跳过制度"硬核",不从"层次",而是从与之相关的"学制"(涉及办学主体、修业年限等)突破。通过改变较低层次的规则(学制),继而为"层次"突破奠定基础。同时,也潜移默化地影响着社会文化认知——高职教育不是"断头教育",应用技术型本科、专业学位研究生教育皆属高职教育体系。

在针对高职院校试办长学制的学历文凭发放问题上,采取了"地方认可"的做法,此做法结合了高职院校面向地方的特点,更重要的是成功将本应由国家来解决的比较棘手的高职本科学历学位权问题,即学生享受"国民待遇"转化为"市民待遇"问题。

如此,以外围改革、小范围试点方式,避开了激烈变迁所可能遭遇的否决点。无论对既得利益者,还是对政策企业家来说,利益受损、风险系数都大幅度降低,改革方案成为一种还能接受的"不坏"选择。

需要补充的是,新规范在改革时机的选择上,恰逢《国家中长期教育改革与发展规划纲要(2010—2020年)》"政策之窗"开启之时,更因政策社群中以鲁昕副部长为代表的政策企业家组建支持联盟积极倡导,"天时""人和"同样是秩序演变不能忽视的关键因素。

综观整个政策变迁进程,行动者、制度和文化相互作用,秩序演变并不总由行动者(包括决策层、抗争群体)的意图决定,总是面临无尽的"不确定

---

① [瑞典]汤姆·R.伯恩斯,等.经济与社会变迁的结构化——行动者、制度与环境[M].周长城,等译.北京:社会科学文献出版社,2010:代译序4,224.

② [瑞典]汤姆·R.伯恩斯,等.经济与社会变迁的结构化——行动者、制度与环境[M].周长城,等译.北京:社会科学文献出版社,2010:64.

性",呈现出"有意图行为的意外后果"。恰如赫尔岑对历史宿命论(历史决定论)的颠覆,"历史是一支杂乱无章的即兴曲,它没有纲领,没有预定的目标,也没有不可避免的结局"。历史不是剧本,"蕴藏着无限多的可能性,插曲和新发现"。[①]

① 赫尔岑.往事与随想(下)[M].项星耀,译.北京:人民文学出版社,1993:266.

结　语

全面深化改革时期,"教育治理现代化"命题浮出水面。作为本书研究主线的教育政策变迁,背后有一条隐线——治理行动与秩序生成。本书不只是在研究教育政策,更是在教育政策中进行研究,研究的是政策变迁背后的治理演化逻辑。通过微观案例分析,反思政策变迁,映照宏观的教育秩序生成逻辑是研究主旨。

一、研究结论

通过对长达 30 多年的教育政策变迁的梳理,本书得出以下结论:

结论一:高职学制政策变迁呈现出"循环往复"的特点。表现在:从职业大学向专科院校分流,到高等专科学校逐步统一规范为职业技术学院;从 21世纪初高职院校试办四年制,其后停办,再到今天试点长学制;从试图将三年制调整为两年制,到继续回归三年主体学制;五年制从试办到停办,再到继续倡导。

结论二:学制政策变迁中的治理参与,缘起于对既存政策安排(学位授予、招生批次等)的认同危机,背后涉及高职群体的身份认同(是类型不是层次)、高等教育秩序(高校分类分层)的生成逻辑("设计"还是"演化"),更是高职群体与普教群体、决策层"对话协商",寻求"承认"的承认政治、抗争政治。

结论三:存在困境的治理行动之所以发生,是既有政策安排失序(结构失范因素)、剥夺感下的怨恨情绪感染(心理因素)、政治机会结构出现(结构变迁因素)、成本收益计算趋好、资源动员能力提升(理性因素)、集体认同感/共同信念形成、策略框架下的意义建构(文化因素)等综合作用的结果。

结论四:政策变迁映照着治理演化,现阶段治理亮点纷呈,但问题同样不少。

亮点是:政策工具运用趋于多元。从第一代政策工具(规制型),拓展至综合运用第一代、第二代政策工具(激励、沟通工具与契约);在形式多样的网络治理中,网内互动逐渐频繁,多元网络参与增多,网络联盟现象日显;非官方行动者从"沉默""失语"到积极表达诉求,从个体呐喊到重视"结盟互动",政策参与阶段逐步拓展,参与意识、参与规模、诉求表达、行动能力等进步明显,有效影响了政策变迁;官方行动者从早期"碎片化"部门决策到重视府际沟通,从"关门"封闭决策、动员执行的"单向度"直线式行政治理,到积极与多元治理主体沟通交流,政策过程开放度大大提高,政策协同能力得到提升。

问题是:相关主体的治理能力存在欠缺,特别是代表性不足、依附性过强,导致公益损失;治理结构呈现"金字塔"形,类型单一(多权威主导式),造成其他治理主体的作用难以发挥。治理结构内部权力不平衡,决策易为强势集团独占,弱势团体不足以发挥利益代表、制衡作用;在治理管理上,模式单一,对治理规模、开放程度、主体利益冲突等缺乏考虑,影响了治理效果;规则制度缺失,造成治理无序困境,如参与代表性不够、利益聚合欠缺等问题。

总体结论:政策变迁中的循环反复,既有对高职身份的认识误区——单一身份观(以"类型"否定"层次"),也不同程度存在盲目追求理性秩序的规制滥用。为此,需反思教育秩序生成逻辑,从计划秩序、自发秩序走向协商治理秩序。综合考虑知识理性、权力/利益、理念认知、历史遗绪等因素的影响,以"过程理性"纠正"目标理性"的偏失。

二、可能的创新

(一)方法创新

(1)将政策网络方法运用于教育政策变迁研究,从规范层面转向事实层面,跳出了传统政策过程研究"功能阶段论"的窠臼。在"功能"维度外,增加"结构"维度(政策网络结构类型),为教育政策分析提供了新的、细致的分析单元——不同层面上不同主体互动所形成的治理网络。从而,在一定程度上纠正了"功能—阶段"范式将政策过程视为政府理性规划的单一中心线性活动(无法搞清不同主体的角色、作用)的偏颇。将政策过程视为多元(主体)、多维(垂直与水平)、多层(如决策层、影响层)的治理互动,有助于分析治理结构对政策过程的影响。

该方法强调政策主体间的关系,以"关系结构观"取代"地位结构观",打破了以国家为中心、科层制的传统政策分析法,强调政策主体间的协调与合作,弱化了权威和制度作用的效力。从而摆脱了"国家—社会""政治—行政"二分视野下,一方负责制定、一方负责执行的传统、静态政策认识论,更利于认识到政策是"活动"的"过程",而不再只是命令、规制与服从。如此,既关注到政策过程的不确定性,又与治理主体日益多元化、决策过程日益社会化的现实吻合,并利于理解政策过程的实质——多元共治。

(2)将组织研究、集体行动研究、微观政治研究、秩序生成演化等结合起来考察政策变迁,融合了几大彼此分裂的领域,利于认识的深化。政策之所以"变",实则因为对组织的"身份认识"在"变"。而认识的"变",是组织以"行动者"身份参与治理行动的结果。政策变迁是表象,深层面则是秩序的生成演化。

以"底层视角"、互动论传统及"微观政治"哲学立场来审视政策过程,可在传统"客位观点"之外还原被遮蔽的底层历史,明晰组织身份的动态性、规则的建构性、政策的生成性,以及治理演化背后的逻辑。

(二)研究中的创新发现

(1)涉及学制,"知识理性"的"设计规划"理路存在严重局限。对决策层来说,对理性秩序的盲目崇信可能恰恰是"规制失灵"的根源;于研究者而言,"开处方"式地列出政府行为清单(高校分类分层),可能是另一种"有限理性"。简言之,对于学制,需从"目标理性"过渡到"过程理性",综合考察知识理性、利益博弈、权力结构、理念认知、历史遗绪等多元因素影响。

(2)高职教育不是低层次教育,层次提升一度未选择院校升格路径,是"组织身份认识""权力结构""历史遗绪""决策层理念"等多种综合作用的结果。

长期将高职教育定位于专科层次,既有对组织身份认识的单一主义认识误区,以主特征(类型)否定副特征(层次),更涉及不同群体间(高职群体、普通高教群体、管理层)的"微观政治",即利益、规则的争夺。

结构变迁是规则重构、政策变迁的主要原因。在高层次职教实施主体选择上,外生发展(新建本科转型职教)、内生发展(高职院校升格或试办长学制)代表着两种不同的政策倡导。决策层倾向于倡导新建本科院校转型发展,而非高职院校升格。新的政策安排可能绝非科学合理,但恰恰说明政策是政治活动,具有与"知识理性"视角("独立体系"倡导、分级制等)完全不同的特点。政治建立"道路规则"的思路不但要解决高职"吸引力"问题,还要解决新建本科的"生死存亡"问题,有助于说明政策过程是"外交学"而非"建筑学"。

(3)初步给出了政策变迁过程中治理行动生成原因的解析。本书从结构、心理、理性、文化四个维度进行考察,给出了治理参与集体行动生成原因的解释。结构失范、心理上的"挫折—攻击"提供着行动潜能,结构变迁扩充着政治机会结构,行动者资源动员能力提升,特别是集体认同感/共享信念的形成,并通过策略框架进行意义建构,使治理参与行动最终实现了"运转"。

(4)从组织身份认识误区、规制政策工具运用误区、秩序生成逻辑出发解释,跳出了"就事论事"分析政策失灵的窠臼。在传统"自上而下"或"自下而上"路径、计划秩序或自生秩序之外,提出交互路径——协商治理秩序,有助于避免仅从应然角度出发而忽略现实结构因素约制可能产生的激烈冲突,可对政府与高校关系重构提供一定启示。对知识理性、利益博弈、权力结构、理念认知、历史遗绪等秩序变迁影响因素的分析,有助于认识政策过程的本质——有关规则形成的"政治活动"(过程理性),而非纯粹的"理性规划"(目标理性)。

(5)揭示了现阶段教育治理的亮点、问题,剖析了原因,并提出了思路和建议。通过对具体政策变迁案例的研究,一方面,将多中心治理、利益相关者理论等从价值规范过渡到实践操作——"政策民主"(政策网络治理);另一方面,利于把握阶段改革进程的亮点、问题,明晰改革深化的方向。特别是针对"治理失灵"现象,提出网络管理模式、规则制度建设、强化主体能力建设等对策建议,有助于教育治理改革不断完善。

三、几点补充

研究以高职学制政策变迁为样本,试图在此基础上管窥教育政策过程背后的秩序生成逻辑。此意图,源于笔者认为学术研究不能停留于表层现象描述,而应探究事件、现象背后的运作机制。政策变迁涉及规则调整,规则调整即秩序演变。政策过程中的多元治理参与实则是一种集体行动。换言之,上述因素是政策变迁("变了什么")背后"为什么变""如何变"的东西。故而,集体行动力机制、网络治理现状、秩序演变逻辑就成为本书研究的落脚点。从微观个案现象描述,到背后变迁逻辑分析,是笔者试图超越个案,从特殊到普遍、从微观到宏观的学术抱负。

围绕政策博弈互动反思教育治理,实际上是一种"自下而上"看历史的探索。意在跳出政策变迁具体事件的描述和表层分析,把教育治理置于社会关系网络中来研究。从事件中挖掘问题,寓分析于叙事,完成了"事件史"叙述和表层分析到"整体史""结构史"(治理演化)分析解释的转变,借此把握教育"秩序生成的逻辑",希冀能有助于明晰教育治理现代化的未来路向。

案例选择仅限于高职学制政策变迁,样本代表性可能会影响以样本结果去推断总体的质量。虽说高职教育属于高等教育,政策变迁过程分析也涉及普通高等教育与高等职业教育两大群体的博弈互动,研究落脚点在秩序生成、"去行政化"、政府与高校关系调试、网络治理等普遍性问题或共享问题上,但毕竟普通高等教育政策过程可能会有不同逻辑。因此,在两种教育类型间进行比较就显得不可或缺,这将是以后的研究重点关注的地方。

研究采用理解社会学的方法论立场,总体还是以获得对政策变迁过程背后秩序演变逻辑的解释性理解为主。相较于回答的问题,提出的问题更多。当然,诸如政府、高校间关系调试等问题绝非一部著作即可解决。理论研究的意义不只在于解决具体问题,更在于提供原因解析、趋势预测,毕竟,提出问题的意义不亚于解决问题。希望能为"管办评分离""放管服推进"时代背景下的政府、社会、高校关系重构,教育治理优化等提供启示。

参考文献

外文类

[1] Alberto Melucci, et al. *Nomads of the Present: Social Movements and Individual Needs in Contemporary Society*[M]. Philadelphia: Temple University Press, 1989.

[2] Angelar Spaulding. Micro political behavior of second grades: A qualitative study of student resistance in the classroom [J]. *The Qualitative Report*, 2000, 4(1/2).

[3] Atkinson, M. M. & Coleman W. D. Strong states and weak stats: Sectoral policy networks in advanced capitalist economies[J]. *British Journal of Political Science*, 1989(19).

[4] Ball. J. *The Micro-politics of the School: Towards A Theory of School Organization*[M]. Newyork: Methuen & Co. , 1987.

[5] Benson, K. J. A framework for policy analysis[C]//D. L. Rogers & D. Whetten. *Interorganizational Coordination: Theory, Research and Implementation Ames*. Lowa City: Lowa State University Press, 1982.

[6] Blom Hansen, Jem. A new institutional perspective on policy networks [J]. *Public Administration*, 1997, 75(4).

[7] Blumer, Herbert G. The field of collective behavior[C]//R. E. Park and E. B. Reuter. *An Outline of the Principles of Sociology*. New York: Barners & Noble, 1939.

[8] Borzel, Tanja. Organization Babylon—On the different conceptions of policy networks[J]. *Public Administration*, 1998(76).

[9] Carlsson, Lars. Policy networks as collective action [J]. *Policy Studies Journal*, 2000, 28(3).

[10] Catlaw, T, J. From representations to compositions: Governance beyond the three-sector society [J]. *Administrative Theory and*

Praxis, 2007, 29(2).

[11] David A. Snow, E. Burke Rochford Jr, Steven K. Worden and Robert D. Benford. Frame alignment processes, micromobilization and movement participation[J]. *American Sociological Review*, 1986:51.

[12] David Marsh. *Comparing Policy Networks*[M]. Buckingham: Open University Press, 1998:4.

[13] Peter Digeser. The fourth face of power[J]. *The Journal of Politics*, 1992,54(4).

[14] Dowding K. Model or metaphor? A critical review of the policy network approach[J]. *Political Studies*, 1995(43).

[15] Forrest, Joshua B. Network in the policy process: An international perspective[J]. *International Journal of Public Administration*, 2003,26(6).

[16] Gustave Le Bon. *The Crowd: A Study of the Popular Mind*[M]. Marietta, Georgia: Larlin, 1982.

[17] Hugh Heclo. Issue and the executive establishment[C]//Anthony King. *The New American Political System*. Washington, D C: American Enterprise Institute, 1978.

[18] James E, Anderson. *Public Policy-Making*[M]. New York: Holt, Rinehart and Winston, 1979.

[19] Jean. L. Cohen. Strategy or identity: New theoretical paradigms and contemprary social movements[J]. *Social Research*, 1985.

[20] Jens Blom-Hansen. A new institutional perspective on policy networks[J]. *Public Administration*, 1998,75(4).

[21] Jerry Lee Lembcke. Labor history's "synthesis debate": Sociological interventions[J]. *Science & Society*, 1995,59(2).

[22] John Peterson. Policy network, vienna institute for advanced studies [EB/OL]. http://www. ihs. ac. at/publications/pol/pw _ 90. pdf. , 2003:12-15.

[23] Jordan, A. G. Sub-governments, policy communities and networks. Refilling the old bottles[J]. *Journal of Theoretical Politics*, 1990 (2).

[24] Jordan. Policy realism versus new institutionalist ambiguity[J]. *Political Studies*, 1990 (3).

[25] Jordan, Grant, Schubert, Klaus. A preliminary ordering of policy network

labels[J]. *European Journal of Political Research*, 1992(21).

[26] Joshua B. Forrest. Networks in the policy process: An international perspective[J]. *International Journal of Public Administration*, 2003, 26(6).

[27] Katzenstein, Peter. *Between Power and Plenty* [M]. Madison: University of Wisconsin Press, 1977.

[28] Keith Dowding. Model or metaphor? A critical review of the policy network approach[J]. *Political Studies*, 1995, 43(2).

[29] Kenis P. , Schneider V. Policy Networks as an Analytical Tool for Policy Analysis[R]. Paper for Conference at Max Plank-Institute. Cologne: December, 1989.

[30] Kickert Walter, Klijn Erik Hans, Koppenjan Joop. *Managing Complex Network: Strategies for the Public Sector* [M]. London: Sage Publications, 1997.

[31] Klandermans Bert. Mobilization and participation: Social psychological expansions of resource mobilization theory[J]. *American Sociological Reviews*, 1984(49).

[32] Klijn, E. -H. Analyzing and managing policy processes in complex networks: A theoretical examination of the concept policy network and its problems[J]. *Administration & Society*, 1996, 28(1).

[33] Kohler Koch, Eising. *The Transformation of Governance in the European Union* [M]. London: Routledge, 1999.

[34] Koopmans, Rudd. The missing link between structure and agency: outline of an evolutionary approach to social movement[J]. *Mobilization*, 2005, 10 (1).

[35] Liska, Allen. E. *Perspectives on Deviance* [M]. Engliwood Cliffs, N. J. : Prentice-Hall, 1987.

[36] McAdam, Doug. Cultrue and social movement [C]//Enrique Larana, Hank Johnston and Joseph R. Gusfied. *New Social Movements, from Ideology to Identity*. Philadephia: Temple University Press, 1994.

[37] Marsh David, Rhodes R. A. W. Policy Networks in British Government [Z], 1992.

[38] Marsh David, Smith Martin. Understanding policy networks: Towards a dialectical approach[J]. *Political Studies*, 2000(48).

[39] McFarland. A interest groups and theories of power in America[J]. *British*

网络治理与秩序生成——教育政策变迁中的治理演化

Journal of Political Science, 1987, 17(1).

[40] Migdal, Joel S. , Atul Kohli, Vivienne Shue. *State Power and Social Force*, *Domination and Transformation in the Third World* [M]. Cambridge: Cambridge University Press, 1994.

[41] Perri 6, Diana Leat, Kimberly Seltzer, Gerry Stoker. *Towards Holistic Governance*: *The New Reform Agenda*[M]. New York: Palgrave, 2002.

[42] Peter Bachrach, Morton S. Baratz. Decisions and nondecisions: An analytical framework[J]. *American Political Science Review*, 1963(57).

[43] Peter Bachrach, Morton S. Baratz. Two faces of power[J]. *American Political Science Review*, 1962(56).

[44] Pralle, Sarah B. Venue shopping, political strategy, and policy change: The internationalization of Canadian forest advocacy[J]. *Journal of Public Policy*, 2003(3).

[45] Reicher, Stephen &. Nick Hopkins. *Self and Nation*: *Categorization*, *Contestation*, *and Mobilization*[M]. London: Thousand Oaks SAGE, 2001.

[46] Rhodes, R. A. W. *Understanding Governance*: *Policy Networks*, *Governance*, *Reflexivity*, *and Accountability* [M]. Maidenhead: Open University Press, 1997.

[47] Rhodes, R. A. W. , Marsh, D. Policy networks in British politics[C]// Marsh, David &. Rhodes, R. A. W. *Policy Networks in British Government*. Oxford: Clarendon Press, 1992.

[48] Rhodes, R. Governance and Public Adiministration[C]//Pierre, J. Debating Governance. New York: Oxford University Press, 2000.

[49] Richardson, Jordan A. G. *Governing under Pressure*: *The Policy Process in a Post-Parliamentary Democracy*[M]. 2nd ed. Oxford: Martin Robertson, 1979.

[50] Ripley R, Franklin G. *Congress*, *the Bureaucracy and Public Policy* [M]. Illinois: Dorsey Press, 1980.

[51] Ronald P. Dore. *The Diploma Disease*: *Education*, *Qualification*, *and Development*[M]. Berkeley: University of California Press, 1976.

[52] Robert M. Entman. Framing toward a clarification of a fractured paradigm [J]. *Journal of Communication*, 1993,43(4).

[53] Simon Marginson. Higher education in East Asia and Singapore: Rise of the confucian model [C]//Sarjit Kaur &. Erlenawati Sawir &. Simon Marginson. *Higher Education in the Asia-Pacific*: *Strategic Responses to*

Globalization. New York: Springer, 2011.

[54] Skok, J. E. Policy issue networks and the public policy cycle[J]. *Public Administration Review*, 1995(55).

[55] Smith, Martin. *Pressure, Power and Policy: State Autonomy and Policy Networks in Britain and the United States*[M]. New York: Harvester Wheatsheaf, 1993.

[56] Smith, M. J. *Policy Networks in the Policy Process: A Reader*[Z]. 2nd ed. NewYork, 1997.

[57] Stephens, G. Ross & Nelson Wikstrom. *American Intergovernmental Relations: A Fragmented Federal Polity* [M]. New York: Oxford University Press, 2007.

[58] T. R. Gurr. *Why Men Rebel*[M]. Princeton: Princeton University Press, 1970.

[59] Neil Marshall. Policy communities, issue networks and the formulation of Australian higher education policy[J]. *Higher Education*, 1995,30(3).

[60] Taylor, Verta, Nacy E. Whittier. Collective identity in social movement communities[C]//C. M. Mueller and A. D. Morris. *Frontiers in Social Movement Theory*. New Haven: Yale University Press, 1992.

[61] Useem, Bert. Breakdown theories of collective action[J]. *Annual Review of Sociology*,1998(24).

[62] Useem, Bert. Solidarity model, breakdown model and the Boston anti-busing movement[J]. *American Sociological Review*, 1980,45(3).

[63] Van Waarden, Frans. Dimensions and types of policy networks[J]. *European Journal of Political Research*, 1992(21).

[64] Wank,David L. Private business, bureaucracy, and political alliance in a chinese City[J]. *The Australian Journal of Chinese Affairs*, 1995(33).

[65] Wilks S. and Wright. *Comparative Government-Industry Relations: Western Europe, the United States and Japan* [M]. Oxford: Clarendon Press, 1987.

[66] Wilks S, Wright M. *Conclusion: Comparing Government-Industry Relation: States, Sectors, and Networks* [M]. Oxford: Clarendon Press, 1987.

[67] Zald, Mayer N, John D. McCarthy Ash. Social Movement Industries: Co-operation and Conflict among Social Movement Organizations [Z]//Research in Social Movement: Conflicts and Change, 3, 1980.

网络治理与秩序生成——教育政策变迁中的治理演化

中文类

图书

[68] 约翰·克莱顿·托马斯.公共决策中的公民参与:公共管理者的新技能与新策略[M].孙柏瑛,等译.北京:中国人民大学出版社,2005.

[69] 托马斯·戴伊.理解公共政策[M].彭勃,译.北京:北京大学出版社,2008.

[70] 迈克尔·豪利特,M.拉米什.公共政策研究:政策循环与政策子系统[M].庞诗,等译.北京:生活·读书·新知三联书店,2006.

[71] 保罗·A.萨巴蒂尔,汉克·C.詹金斯-史密斯.政策变迁与学习:一种倡议联盟途径[M].邓征,译.北京:北京大学出版社,2011.

[72] 约翰·W.金登.议程、备选方案与公共政策(第二版)[M].丁煌,等译.北京:中国人民大学出版社,2004.

[73] 大岳秀夫.政策过程[M].傅禄永,译.北京:经济日报出版社,1992.

[74] 德博拉·斯通.政策悖论:政治决策中的艺术[M].顾建光,译.北京:中国人民大学出版社,2006.

[75] 朴贞子,金炯烈,李洪霞.政策执行论[M].北京:中国社会科学出版社,2010.

[76] H.K.科尔巴奇.政策[M].张毅,韩志明,译.长春:吉林人民出版社,2005.

[77] 罗伯特·海涅曼.政策分析师的世界:理性、价值观念和政治[M].李玲玲,译.北京:北京大学出版社,2011.

[78] 威廉·N.邓恩.公共政策分析导论[M].谢明,杜子芳,译.北京:中国人民大学出版社,2011.

[79] 罗杰·J.沃恩,特里·E.巴斯.科学决策方法:从社会科学研究到政策分析[M].沈崇麟,译.重庆:重庆大学出版社,2006.

[80] 赵强.电子政务政策过程研究:政策网络和行动者网络的视角[M].上海:学林出版社,2009.

[81] 赵德余.公共政策:共同体、工具与过程[M].上海:上海人民出版社,2011.

[82] 朱春奎,等.政策网络与政策工具:理论基础与中国实践[M].上海:复旦大学出版社,2011.

[83] 丁煌.政策执行阻滞机制及其防治对策:一项基于行为和制度的分析[M].北京:人民出版社,2002.

[84] 王庭东.政策引致性扭曲:开放效益的体制因素[M].北京:经济科学出

版社,2008.

[85] 李允杰,丘昌泰.政策执行与评估[M].北京:北京大学出版社,2008.

[86] 周国雄.博弈:公共政策执行力与利益主体[M].上海:华东师范大学出版社,2008.

[87] 李由.中国转型期公共政策过程研究[M].北京:北京师范大学出版社,2008.

[88] 莫勇波.公共政策执行中的政府执行力问题研究[M].北京:中国社会科学出版社,2007.

[89] 姚华.政策执行与行动者的策略:上海居民委员会直接选举的个案研究[M].上海:上海大学出版社,2010.

[90] 金太军.公共政策执行梗阻与消解[M].广州:广东人民出版社,2005.

[91] 赵德余.政策制定的逻辑经验与解释[M].上海:上海人民出版社,2010.

[92] 谢炜.中国公共政策执行中的利益关系研究[M].上海:学林出版社,2009.

[93] 袁明旭.官僚制视野下当代中国公共政策冲突研究[M].北京:中国社会科学出版社,2009.

[94] 杨正联.公共政策语境中的话语与言说[M].北京:光明日报出版社,2010.

[95] 杨正联.话语与过程:基于八大至十四大政治报告的公共政策文本分析[M].北京:社会科学文献出版社,2011.

[96] 岳经纶,郭巍青.中国公共政策评论(第1—3卷)[M].上海:上海人民出版社,2007—2009.

[97] 杨团,葛道顺.中国社会政策研究十年·论文选(1999—2008)[M].北京:社会科学文献出版社,2009.

[98] 宓小雄,阎明.中国社会政策研究十年·研究报告选(1999—2008)[M].北京:社会科学文献出版社,2010.

[99] 保罗·A.萨巴蒂尔.政策过程理论[M].彭宗超,译.北京:生活·读书·新知三联书店,2004.

[100] 陈振明.公共政策学:政策分析的理论、方法和技术[M].北京:中国人民大学出版社,2004.

[101] 白钢,史卫民.中国公共政策分析·2010年卷[M].北京:中国社会科学出版社,2010.

[102] 陈庆云.公共政策分析[M].北京:北京大学出版社,2011.

[103] 王骚.政策原理与政策分析[M].天津:天津大学出版社,2003.

[104] 陶学荣,崔运武.公共政策分析[M].武汉:华中科技大学出版社,2008.

[105] 张金马.公共政策分析:概念·过程·方法[M].北京:人民出版社,2004.

[106] 詹姆斯·E.安德森.公共决策[M].唐亮,译.北京:华夏出版社,1990.

[107] B.盖伊·彼得斯,弗兰斯·K.M.冯尼斯潘.公共政策工具:对公共管理工具的评价[M].顾建光,译.北京:中国人民大学出版社,2007.

[108] 查尔斯·E.林布隆.政策制定过程[M].朱国斌,译.北京:华夏出版社,1988.

[109] 米切尔·黑尧.现代国家的政策过程[M].赵成根,译.北京:中国青年出版社,2004.

[110] 李钢,蓝石.公共政策内容分析方法:理论与应用[M].重庆:重庆大学出版社,2007.

[111] 李亚.利益博弈政策实验方法——理论与应用[M].北京:北京大学出版社,2011.

[112] 黄维民.新范式与新工具 公共管理视角下的公共政策[M].北京:中国社会科学出版社,2008.

[113] 陈玲.制度、精英与共识:寻求中国政策过程的解释框架[M].北京:清华大学出版社,2011.

[114] 朱旭峰.政策变迁中的专家参与[M].北京:中国人民大学出版社,2012.

[115] 陈水生.中国公共政策过程中利益集团的行动逻辑[M].上海:复旦大学出版社,2012.

[116] 徐湘林.寻求渐进政治改革的理性:理论、路径与政策过程[M].北京:中国物资出版社,2009.

[117] 陈恒钧.治理互赖与政策执行[M].台北:商鼎文化出版社,2002.

[118] 邱昌泰.公共政策[M].台北:巨流图书公司,2000.

[119] 陈振明.政府工具导论[M].北京:北京大学出版社,2009.

[120] 朱旭峰.中国思想库:政策过程中的影响力研究[M].北京:清华大学出版社,2009.

[121] 唐纳德·E.埃布尔森.智库能发挥作用吗?公共政策研究机构影响力之评估[M].扈喜林,译.上海:上海社会科学院出版社,2010.

[122] 布鲁斯·史密斯.科学顾问:政策过程中的科学家[M].温珂,李乐旋,周华东,译.上海:上海交通大学出版社,2010.

[123] 陈富良.规制政策分析:规制均衡的视角[M].北京:中国社会科学出

版社,2007.

[124] 潘伟杰.制度:制度变迁与政府规制研究[M].上海:上海三联书店,2005.

[125] 张红凤,杨慧.西方国家政府规制变迁与中国政府规制改革[M].北京:经济科学出版社,2007.

[126] 凯斯·R.桑斯坦.权利革命之后:重塑规制国[M].钟瑞华,译.北京:中国人民大学出版社,2008.

[127] 加布里埃尔·A.阿尔蒙德,小 G.宾厄姆·鲍威尔.比较政治学:体系、过程和政策[M].曹沛霖,郑世平,公婷,等译.上海:东方出版社,2007.

[128] 李友梅.组织社会学与决策分析[M].上海:上海大学出版社,2009.

[129] 迈克尔·R.达顿.中国的规制与惩罚:从父权本位到人民本位[M].郝方昉,崔洁,译.北京:清华大学出版社,2009.

[130] 弗朗西斯·C.福勒.教育政策学导论[M].许庆豫,译.南京:江苏教育出版社,2007.

[131] 张乐天.高等教育政策的回顾与反思:1977—1999[M].南京:南京师范大学出版社,2008.

[132] 孙绵涛.教育政策学[M].北京:中国人民大学出版社,2010.

[133] 魏姝.政策中的制度逻辑:美国高等教育政策的制度基础[M].南京:南京大学出版社,2007.

[134] 范国睿.教育政策的理论与实践[M].上海:上海教育出版社,2011.

[135] 闵维方,文东茅.学术研究与教育政策制定[M].北京:北京大学出版社,2010.

[136] 孙绵涛.教育政策分析:理论与实务[M].重庆:重庆大学出版社,2011.

[137] 邓旭.教育政策执行研究:一种制度分析的范式[M].北京:教育科学出版社,2010.

[138] 祁型雨.利益表达与整合:教育政策的决策模式研究[M].北京:人民出版社,2006.

[139] 斯蒂芬·鲍尔.政治与教育政策制定:政策社会学探索[M].王主秋,孙益,译.上海:华东师范大学出版社,2003.

[140] 张国兵.高等教育重点建设政策研究[M].北京:北京大学出版社,2010.

[141] 魏峰.弹性与韧性:乡土社会民办教师政策运行的民族志[M].上海:上海三联书店,2009.

[142] 翁福元.教育政策社会学:教育政策与当代社会思潮之对话[M].台北:五南图书出版股份有限公司,2007.

[143] 李钢.话语文本国家教育政策分析[M].北京:社会科学文献出版社,2009.

[144] 刘世清.教育政策伦理[M].上海:上海教育出版社,2010.

[145] 袁振国.中国教育政策评论[M].北京:教育科学出版社,2001,2006,2007,2008,2009,2010.

[146] 周光礼.公共政策与高等教育——高等教育政治学引论[M].武汉:华中科技大学出版社,2010.

[147] 范文曜,马陆亭.高等教育发展的治理政策:OECD与中国[M].北京:教育科学出版社,2010.

[148] 杨晓明.高等教育政策问题研究[M].郑州:大象出版社,2011.

[149] 陈秋苹.成长中的烦恼:中国民办教育政策评说[M].南京:南京大学出版社,2007.

[150] 林小英.教育政策变迁中的策略空间[M].北京:北京大学出版社,2012.

[151] 吴合文.高等教育政策工具分析[M].北京:北京师范大学出版社,2011.

[152] 周满生.教育宏观决策比较研究[M].北京:人民教育出版社,2009.

[153] 全国高职高专校长联席会议.高等职业教育改革与发展报告(2000—2010年)[M].北京:高等教育出版社,2010.

[154] 《中国高等职业教育改革与发展报告》年度文件资料汇编编写组.中国高等职业教育改革与发展报告:2009年度文件资料汇编[C].北京:高等教育出版社,2010.

[155] 《中国高等职业教育改革与发展报告》年度文件资料汇编编写组.中国高等职业教育改革与发展报告:2008年度文件资料汇编[C].北京:高等教育出版社,2009.

[156] 中华人民共和国教育部高等教育司.高职高专教育改革与建设(2004—2005年高职高专教育文件资料汇编)[C].北京:高等教育出版社,2007.

[157] 教育部职业教育与成人教育司,职业技术教育中心.中国职业教育年度报告(2008—2009)[R].北京:高等教育出版社,2010.

[158] 李岚清.李岚清教育访谈录[M].北京:人民教育出版社,2004.

[159] 张尧学.大木仓的记忆:十年高等教育管理与实践(上下册)[M].北京:高等教育出版社,2009.

[160] 中国高等教育学会.改革开放 30 年中国高等教育改革亲历者口述纪实 1978—2008[M].北京:教育科学出版社,2008.

[161] 李蔺田.中国职业技术教育史[M].北京:高等教育出版社,1994.

[162] 杨金土.30 年重大变革——中国 1979—2008 年职业教育要事概录[M].北京:教育科学出版社,2011.

[163] 陈英杰.中国高等职业教育发展史研究[M].郑州:中州古籍出版社,2007.

[164] 郭扬.中国高等职业教育史纲[M].北京:科学普及出版社,2010.

[165] 改革开放以来的教育发展历史性成就和基本经验研究课题组.改革开放 30 年中国教育重大历史事件[M].北京:教育科学出版社,2008.

[166] 马树超,郭扬.中国高等职业教育历史的抉择[M].北京:高等教育出版社,2009.

[167] 刘海,于志晶,陈衍.回眸中国职业教育历史报告[M].长春:东北师范大学出版社,2007.

[168] 方展画,刘辉,傅雪凌.知识与技能:中国职业教育 60 年[M].杭州:浙江大学出版社,2009.

[169] 教育部职业教育与成人教育司,中国职业技术教育学会.崛起的年代丰硕的成果:中国职业教育改革与发展的 20 年[M].北京:高等教育出版社,1999.

[170] 郝克明,顾明远,杨金土.90 年代中国教育改革大潮丛书·职业教育卷[M].北京:北京师范大学出版社,2002.

[171] 李宗尧,聂嘉恩.20 年回眸高等职业教育的探索与创新(1985—2005)[M].北京:科学出版社,2006.

[172] 马庆发,等.中国职业教育研究新进展[M].上海:华东师范大学出版社,2006,2007,2008,2009.

[173] 徐平利.职业教育的历史逻辑和哲学基础[M].桂林:广西师范大学出版社,2010.

[174] 鹿林.闯过来的岁月[M].济南:山东大学出版社,2010.

[175] 夏建国.论技术本科教育[M].上海:上海交通大学出版社,2011.

[176] 孟广平.面向 21 世纪我的教育观 职业技术教育卷[M].广州:广东教育出版社,2000.

[177] 黄启兵.中国高校设置变迁的制度分析[M].福州:福建教育出版社,2007.

[178] 许庆豫,卢乃桂.教育分流论[M].南京:江苏教育出版社,2005.

[179] 董泽芳,陶能祥,等.高等教育分流的理论与实践[M].武汉:华中师范

大学出版社,2010.

[180] 蒋国河.教育获得的城乡差异[M].北京:知识产权出版社,2007.

[181] 李文长,等.弱势群体高等教育权益研究:理念、政策与制度[M].北京:人民教育出版社,2007.

[182] 汤姆·R.伯恩斯,等.经济与社会变迁的结构化——行动者、制度与环境[M].周长城,等译.北京:社会科学文献出版社,2010.

[183] 林荣日.制度变迁中的权力博弈——以转型期中国高等教育制度为研究重点[M].上海:复旦大学出版社,2007.

[184] 汤普森.行动中的组织:行政理论的社会科学基础[M].敬乂嘉,译.上海:世纪出版集团,上海人民出版社,2007.

[185] 克罗齐耶,费埃德伯格.行动者与系统:集体行动的政治学[M].张月,等译.上海:世纪出版集团、上海人民出版社,2007.

[186] 埃哈尔·费埃德伯格.权力与规则:组织行动的动力[M].张月,等译.上海:上海人民出版社,2005.

[187] 米歇尔·克罗齐耶.法令不能改变社会[M].张月,译.上海:格致出版社,2008.

[188] 詹姆斯·C.斯科特.国家的视角——那些试图改善人类状况的项目是如何失败的[M].王晓毅,译,北京:社会科学文献出版社,2011.

[189] 徐邦友.自负的制度——政府管制的政治学研究[M].上海:学林出版社,2008.

[190] 迈克尔·波兰尼.自由的逻辑[M].冯银江,等译.吉林人民出版社,2002.

[191] F.A.哈耶克.自由秩序原理[M].邓正来,译.北京:生活·读书·新知三联书店,2003.

[192] 张旭昆.制度演化分析导论[M].杭州:浙江大学出版社,2007.

[193] 苏力.制度是如何形成的(增订版)[M].北京:北京大学出版社,2007.

[194] 刘圣中.历史制度主义:制度变迁的比较历史研究[M].上海:上海人民出版社,2010.

[195] 李松玉.制度权威研究:制度规范与社会秩序[M].北京:社会科学文献出版社,2005.

[196] 杰克·奈特.制度与社会冲突[M].周伟林,译.上海人民出版社,2009.

[197] 涂晓芳.政府利益论——从转轨时期地方政府的视角[M].北京:北京大学出版社、北京航空航天大学出版社,2008.

[198] 何显明.市场化进程中的地方政府行为逻辑[M].北京:人民出版社,2008.

[199] 朱光磊.当代中国政府过程(修订版)[M].天津:天津人民出版社,2002.

[200] 休·赫克罗,艾伦·韦尔答夫斯基.公共资金的私人政府——英国政治中的共同体和政策[M].李颖,褚彩霞,译.上海:格致出版社、上海人民出版社,2011.

[201] 赵永茂,等.府际关系:新兴研究议题与治理策略[M].北京:社会科学文献出版社,2012.

[202] 李瑞昌.政府间网络治理:垂直管理部门与地方政府间关系研究[M].上海:复旦大学出版社,2012.

[203] 汪永成,陈文.利益主体组织化、利益组织政治化趋势与政府能力建设[M].重庆:重庆出版社,2009.

[204] 马太·杜甘.国家的比较:为什么比较,如何比较,拿什么比较[M].文强,译.北京:社会科学文献出版社,2010.

[205] 戈德史密斯,等.网络化治理:公共部门的新形态[M].孙迎春,译.北京:北京大学出版社,2008.

[206] 敬乂嘉.网络时代的公共管理[M].上海:上海人民出版社,2011.

[207] 王德建.网络治理的生成机制研究[M].济南:山东大学出版社,2010.

[208] 孔繁斌.公共性的再生产:多中心治理的合作机制建构[M].南京:江苏人民出版社,2008.

[209] 汪锦军.走向合作治理:政府与非营利组织合作的条件、模式和路径[M].杭州:浙江大学出版社,2012.

[210] 莱斯特·M.萨拉蒙.公共服务中伙伴:现代福利国家中政府与非营利组织的关系[M].田凯,译.北京:商务印书馆,2008.

[211] 唐纳德·凯特尔.权力共享:公共治理与私人市场[M].孙迎春,译.北京:北京大学出版社,2009.

[212] 迈克尔·麦金尼斯.多中心治道与发展[M].毛寿龙,等译.上海:上海三联书店,2000.

[213] 菲利普·库珀.合同制治理——公共管理者面临的挑战与机遇[M].竺乾威,译.上海:复旦大学出版社,2007.

[214] 王诗宗.治理理论及其中国适用性[M].杭州:浙江大学出版社,2009.

[215] 詹姆斯·博曼.公共协商:多元主义、复杂性与民主[M].黄相怀,译.北京:中央编译出版社,2006.

[216] 埃莉诺·奥斯特罗姆.公共事物的治理之道——集体行动制度的演进[M].余逊达,陈旭东,译.上海:上海三联书店,2000.

[217] 曼瑟尔·奥尔森.集体行动的逻辑[M].陈郁,等译.上海:上海人民出

版社,1995.

[218] 翟学伟.中国人行动的逻辑[M].北京:社会科学文献出版社,2001.

[219] 詹姆斯·C.斯科特.弱者的武器[M].郑广怀,等译.南京:译林出版社,2007.

[220] 刘恩东.中美利益集团与政府决策的比较研究[M].北京:国家行政学院出版社,2011.

[221] 西德尼·塔罗.运动中的力量[M].吴庆宏,译.南京:译林出版社,2005.

[222] 赵鼎新.社会与政治运动讲义[M].北京:社会科学文献出版社,2006.

[223] 周世厚.利益集团与美国高等教育治理:联邦决策中的利益表达与整合[M].北京:中央编译出版社,2012.

[224] 熊耕.美国高等教育协会组织研究[M].北京:知识产权出版社,2010.

[225] 马克·里拉.当知识分子遇到政治[M].邓晓菁,王笑红,译.北京:新星出版社,2006.

[226] 罗杰·皮尔克.诚实的代理人——科学在政策与政治中的意义[M].李正风,缪航,译.上海:上海交通大学出版社,2010.

[227] 张民选.国际组织与教育发展[M].上海:上海教育出版社,2010.

[228] 沈蕾娜.隐形的力量:世界银行的高等教育政策及其影响[M].北京:高等教育出版社,2011.

[229] 朱永新.我在政协这五年——一个民主党派成员见证的中国民主政治进程[M].北京:人民出版社,2008.

[230] 连玉明,武建忠.人大政协领导关注什么[M].北京:中国时代经济出版社,2011.

[231] 马克斯韦尔·麦库姆斯.议程设置:大众媒介与舆论[M].郭镇之,徐培喜,译.北京:北京大学出版社,2008.

[232] 陈堂发.新闻媒体与微观政治:传媒在政府政策过程中的作用研究[M].上海:复旦大学出版社,2008.

[233] 夏雨禾.改革开放以来《人民日报》"三农"议程设置研究[M].北京:新华出版社,2008.

[234] 流心.自我的他性:当代中国的自我系谱[M].常姝,译.上海:上海人民出版社,2005.

[235] 张静.身份认同研究[M].上海:上海人民出版社,2006.

[236] 曼纽尔·卡斯特.认同的力量(第二版)[M].曹荣湘,译.北京:社会科学文献出版社,2006.

[237] 欧文·戈夫曼.污名——受损身份的管理札记[M].宋立宏,译.北京:

商务印书馆,2009.

[238] 戴维·理查兹.差异的面纱[M].如一,等译.沈阳:辽宁教育出版社,2003.

[239] 拉雷恩.意识形态与文化身份[M].戴从容,译.上海:上海教育出版社,2005.

[240] 查尔斯·泰勒.自我的根源:现代认同的形成[M].韩震,等译.南京:译林出版社,2001.

[241] 霍华德·S.贝克尔.局外人:越轨的社会学研究[M].张默雪,译,南京:南京大学出版社,2011.

[242] 凯斯·R.桑斯坦.恐惧的规则:超越预防原则[M].王爱民,译.北京:北京大学出版社,2011.

[243] 阿马蒂亚·森.身份与暴力——命运的幻象[M].李风华,等译.北京:中国人民大学出版社,2009.

[244] 戴东清.中国大陆国家与社会关系(1989—2002):以镶嵌之社会团体自主性为例[M].台北:秀威资讯科技股份有限公司,2005.

[245] 齐格蒙特·鲍曼.流动的现代性[M].欧阳景根,译.上海:上海三联书店,2002.

[246] 齐格蒙特·鲍曼.生活在碎片之中——论后现代的道德[M].郁建兴,等译.上海:学林出版社,2002.

[247] 汪晖,陈燕谷.文化与公共性[M].北京:生活·读书·新知三联书店,2005.

[248] 克利福德·格尔兹.文化的解释[M].纳日碧力戈,等译.上海:上海人民出版社,1999.

[249] W.理查德·斯科特,杰拉尔德·F.戴维斯.组织理论——理性、自然与开放系统的视角[M].高俊山,译.北京:中国人民大学出版社,2011.

[250] 夏传玲.权杖和权势:组织的权力运作机制[M].北京:中国社会科学出版社,2008.

[251] 约瑟夫·劳斯.知识与权力——走向科学的政治哲学[M].盛晓明,邱慧,孟强,译.北京:北京大学出版社,2004.

[252] 蔡春.在权力与权利之间——教育政治学导论[M].北京:北京师范大学出版社,2010.

[253] 谢立中.走向多元话语分析:后现代思潮的社会学意涵[M].北京:中国人民大学出版社,2009.

[254] 柯林·戴维斯.列维纳斯[M].李瑞华,译.南京:江苏人民出版

社,2006.

[255] 戴维·波普诺.社会学[M].李强,等译.沈阳:辽宁人民出版社,1988.

[256] 安东尼·吉登斯.社会学[M].李康,译.北京:北京大学出版社,2009.

[257] 安东尼·吉登斯.社会的构成——结构化理论大纲[M].李康,李猛,译.北京:生活·读书·新知三联书店,1998.

[258] 边燕杰.关系社会学:理论与研究[M].北京:社会科学文献出版社,2011.

[259] 徐小洲.当代欧美高教结构改革研究[M].呼和浩特:内蒙古大学出版社,1997.

[260] 伯顿·克拉克.高等教育新论——多学科的研究[M].王承绪,等译.杭州:浙江教育出版社,2001.

[261] 陈厚丰.高等教育分类的理论逻辑与制度框架研究[M].广州:广东高教出版社,2010.

[262] 匡瑛.比较高等职业教育:发展与变革[M].上海:上海教育出版社,2006.

[263] 黄达人.高职的前程[M].北京:商务印书馆,2012.

[264] 哈贝马斯.交往与社会进化[M].张博树,译.重庆:重庆出版社,1989.

[265] 亨廷顿.变革社会中的政治秩序[M].王冠华,等译,北京:生活·读书·新知三联书店,1989.

[266] 道格拉斯·凯尔纳,斯蒂文·贝斯特.后现代理论:批判性的质疑[M].张志斌,译.北京:中央编译出版社,2004.

[267] 戴维·伊斯顿.政治生活的系统分析[M].王浦劬,译.北京:华夏出版社,1999.

论文

期刊论文

[268] 石学云,祁占勇.中国职业教育改革发展的政策走向分析——1995—2008年中国职业教育政策文本的定量分析[J].职业技术教育,2010(34).

[269] 王春福.政策网络视阈的政府执行力解析[J].山东社会科学,2006(12).

[270] 石凯,胡伟.政策网络理论:政策过程的新范式[J].国外社会科学,2006(3).

[271] 任勇.政策网络:流派、类型与价值[J].行政论坛,2007(2).

[272] 胡伟,石凯.理解公共政策:"政策网络"的途径[J].上海交通大学学报(哲学社会科学版),2006(4).

[273] 李瑞昌.政策网络:经验事实还是理论创新[J].中共浙江省委党校学

报,2004(1).

[274] 林震.政策网络分析[J].中国行政管理,2005(9).

[275] 唐皇凤.政策网络与政策后果:中国的运用——对农村税费改革中利益分配关系变化的分析[J].中共浙江省委党校学报,2004(1).

[276] 张建伟,娄成武.政策网络研究——治理的视角[J].辽宁行政学院学报,2006(11).

[277] 朱亚鹏.政策网络分析:发展脉络与理论构建[J].中山大学学报(社会科学版),2008(5).

[278] 鄞益奋.利益多元抑或利益联盟——政策网络研究的核心辩解[J].公共管理学报,2007(3).

[279] 任勇.政策网络的两种分析途径及其影响[J].公共管理学报,2005(3).

[280] 郭劲光.网络治理机制的一个一般性理论分析框架[J].经济评论,2005(3).

[281] 李维安,周建.网络治理:内涵、结构、机制与价值创造[J].天津社会科学,2005(5).

[282] 孙国强.网络组织的治理边界——基本内涵、制约因素与主要功能[J].山西财经大学学报,2006(4).

[283] 朱德米.网络状公共治理:合作与共治[J].华中师范大学学报(人文社会科学版),2004(2).

[284] 王瑞华.合作网络治理理论的困境与启示[J].西南政法大学学报,2005(4).

[285] 全裕吉.从科层治理到网络治理:治理理论完整框架探寻[J].现代财经,2004(8)

[286] 胡赤弟.地方政府在高等教育发展中的利益与作用[J].高等工程教育研究,2011(2).

[287] 熊庆年,张珊珊.一个教育 NGO 的组织生态——21 世纪教育研究院观察[J].现代大学教育,2011(4).

[288] 朱旭峰.中国社会政策变迁中的专家参与模式研究[J].社会学研究,2011(2).

[289] 江华,张建民,周莹.利益契合:转型期中国国家与社会关系的一个分析框架——以行业组织政策参与为案例[J].社会学研究,2011(3).

[290] 涂端午.教育政策文本分析及其应用[J].复旦教育论坛,2009(5).

[291] 阙斌.高职:如何重塑自我——关于高等职教学历教育特色的思考[J].职业技术教育,1994(8).

[292] 杨仲雄.发展高等职教的三个问题[J].职业技术教育,1995(9).

[293] 杨金土.以人为本的职业教育价值观[J].教育发展研究,2006(1).

[294] 张衡.抗争与彷徨:高职教育层次命题的时代境遇[J].现代教育管理,2013(1).

[295] 王绍光.中国公共政策议程设置的模式[J].中国社会科学,2006(5).

[296] 于常有.政策网络:概念、类型及发展前景[J].行政论坛,2008(1).

[297] 任勇.多元主义、法团主义、网络主义——政策过程研究中的三个理论范式[J].哈尔滨市委党校学报,2007(1).

[298] 郭巍青,涂锋.重新建构政策过程:基于政策网络的视角[J].中山大学学报,2009(3).

[299] 谭英俊.走向一种有效的公共政策执行模式——基于政策网络理论的启示[J].内蒙古社会科学,2008(4).

[300] 刘波,王力立,姚引良.整体性治理与网络治理的比较研究[J].经济社会体制比较,2011(5).

[301] 匡霞,陈敬良.公共政策网络管理:机制、模式与绩效测度[J].公共管理学报,2009(2).

[302] 李盖虎,阳桂兰.改革开放三十年来我国高等职业教育政策的历史进程分析[J].湖南工业职业技术学院学报,2010(2):93—97.

[303] 王文礼.政策网络理论应用于我国公共治理的适用性分析[J].行政论坛,2010(1).

[304] 杨代福.政策网络理论途径的缺失与修正[J].理论月刊,2008(3).

[305] 王光旭.政策网络在公共行政领域中的核心地位与方法错位[J].政策研究学报,2005(5).

[306] B.杰索普.国家理论的新进展(续)——各种讨论、争论点和议程[J].艾彦,译.世界哲学,2002(2).

[307] 董海军.作为武器的弱者身份:农民维权抗争的底层政治[J].社会,2008(4).

[308] 张卓林,张海柱.政治机会结构视角中的公共政策民主化分析[J].长春大学学报,2011(1).

[309] 孙志建.政策过程中的议程设置阻力学——"隐蔽议程"现象分析框架[J].甘肃行政学院学报,2009(3).

[310] 吴木銮.美国政府间委任研究的发展——一个研究央地关系的新视角[J].经济社会体制比较,2010(5).

[311] 杨团.探索"第四域"[J].学海,2004(4).

[312] 董小玉,胡杨.风险社会视域下媒介污名化探析[J].当代传播,2011(3).

[313] 范明林.非政府组织与政府的互动关系——基于法团主义和市民社会

视角的比较个案研究[J].社会学研究,2010(3).

[314] 康晓光,韩恒.分类控制:当前中国大陆国家与社会关系再研究[J].社会学研究,2005(6).

[315] 张衡.联合国教科文组织对世界高等教育发展的影响机制刍议[J].教育学术月刊,2013(6).

[316] 赵婷婷,汪乐乐.高等学校为什么要分类以及怎样分类?——加州高等教育规划分类体系与卡内基高等教育机构分类的比较[J].北京大学教育评论,2008(4).

[317] 潘懋元,陈厚丰.高等教育分类的方法论问题[J].高等教育研究,2006(3).

[318] 李静蓉.高等教育秩序的逻辑:自发秩序理论的视角[J].教育发展研究,2007(7—8A).

[319] 李江源.论教育制度认同[J].嘉应大学学报(哲学社会科学),2003(1).

[320] 孙存之.学历贬值:能力主义的社会危机[J].中国图书评论,2010(3).

[321] 赵长林.教育与社会秩序——结构功能主义的观点[J].教育理论与实践,2003(8).

[322] 李素艳.从宏观政治转向微观政治——解构主义政治哲学的主题维度[J].理论探讨,2009(4).

[323] 张耀杰.抗争性政治的化解之道——评于建嵘《抗争性政治:中国政治社会学基本问题》[J].社会科学论坛,2010(22).

[324] 高洪源.欧美学校微观政治研究的进展[J].比较教育研究,2003(6).

[325] 练玉春.开启可能性——米歇尔·德塞都的日常生活实践理论[J].浙江大学学报(人文社会科学版),2003(6).

[326] 王明达.在中华职教社七届三次理事会上的报告[J].职业技术教育,1997(3).

[327] 严雪怡.关于如何区分职业技术教育层次的探讨[J].职业技术教育,1992(1).

[328] 孟广平.关于建立职业技术教育体系的若干原则和依据[J].职业技术教育,1991(3).

[329] 郭扬.关于我国发展技术本科的策略研究[J].职业技术教育,2002(1).

[330] 刘春生.走出高职发展的误区[J].职业技术教育,1995(8).

[331] 孟广平,杨金土,严雪怡.三人两地书[J].职业技术教育,2005(24).

[332] 黎荷芳.高职教育两年制改革的实践及反思[J].机械职业教育,2007(7).

[333] 董炯华.高职院校学制改革政策执行分析[J].江南大学学报(人文社会科学版),2007(3).

[334] 雷世平,姜群英.专科高职院校升格本科的"政策口子"缘何不能开

[J].河南职业技术师范学院学报(职业教育版),2005(1).

[335] 邓耀彩.从社会学历期望看四年制高职教育[J].职业技术教育,2004(4).

[336] 杨金土.在奋进中滞后:我国职教发展的教育环境分析[J].职业技术教育,2005(21).

[337] 行水.中国职业教育:怎么看,怎么办[J].职业技术教育,2006(36).

[338] 严雪怡.高等职业教育采用普通高等专科学制不是最佳选择[J].职教论坛,2007(17).

[339] 薛飞.基于教育分类与人才分类的技术本科教育探讨——兼论专科类高职院校升本后的定位问题[J].职业技术教育,2007(28).

[340] 肖化移.终身教育背景下高职教育层次提升:现实基础与理论诉求[J].职业技术教育,2007(31).

[341] 苏杨,李建德,王立东.高等职业教育应回归职教体系发展——基于江西调研的分析[J].中国发展观察,2008(1).

[342] 凡华.升格是职业院校的唯一出路吗[J].职业技术教育,2008(15).

[343] 李晓明.产业转型升级与高职本科教育发展——以地方应用型本科转型高职本科为选择[J].教育发展研究,2012(3).

[344] 《管理观察》杂志访研团.新两会 新人物 新智慧:职业教育兴国之道——访教育部副部长鲁昕[J].管理观察,2013(4).

[345] 佛朝晖,邢晖.转型期高职院校发展的政策期待——基于对120名高职院校书记、校长的调研分析[J].职业技术教育,2013(1).

[346] 赵鹏,刘文国,王丽,等."集体行动"的特征[J].瞭望新闻周刊,2008-09-08.

[347] 刘燕舞.集体行动的研究传统、类型及其争论[J].周口师范学院学报,2009(4).

[348] 郭景萍.集体行动的情感逻辑[J].河北学刊,2006(2).

[349] 冯建华,周林刚.西方集体行动理论的四种取向[J].国外社会科学,2008(4).

[350] 王生博.作为政治社会学议题的集体行动——从结构主义到资源动员和政治过程理论[J].内蒙古农业大学学报(社会科学版),2009(2).

[351] 曾鹏,罗观翠.集体行动何以可能?——关于集体行动动力机制的文献综述[J].开放时代,2006(1).

[352] 孟广平.三级分流与双轨制教育[J].职教通讯,2001(1).

[353] 燕继荣.变化中的中国政府治理[J].经济社会体制比较,2011(6).

[354] 周志忍,蒋敏娟.整体政府下的政策协同:理论与发达国家的当代实践[J].国家行政学院学报,2010(6).

[355] 李亚.一种面向利益分析的政策研究方法[J].中国行政管理,2011(4).

[356] 赵秀梅.中国NGO对政府的策略:一个初步考察[J].开放时代,2004(6).

[357] 杨甜甜.作为行动领域组织中的权力与规则——评费埃德伯格《权力与规则》[J].社会学研究,2007(4).

[358] 薛澜,林泽梁.公共政策过程的三种视角及其对中国政策研究的启示[J].中国行政管理,2013(5).

学位论文

[359] 庞丽.我国高等职业教育政策的演变及其价值取向[D].桂林:广西师范大学硕士学位论文,2008.

[360] 武杰.我国高等职业教育政策的改革举措研究[D].沈阳:东北大学硕士学位论文,2008.

[361] 乔佩科.中国高等职业教育政策发展研究[D].沈阳:东北大学博士学位论文,2009.

[362] 姚加惠.高等教育学制比较研究[D].厦门:厦门大学博士学位论文,2007.

[363] 彭志武.高等职业教育学制研究[D].厦门:厦门大学博士学位论文,2007.

[364] 傅美蓉.从反再现到承认的政治——女性身份认同研究[D].西安:陕西师范大学博士学位论文,2010.

[365] 胡全柱.拾荒者的身份建构研究[D].上海:上海大学博士学位论文,2010.

[366] 谭萍.治理维度下的政策网络理论探究[D].济南:山东大学硕士学位论文,2008.

[367] 李琦.中国转型社会的政策网络模式分析——隐喻与现实[D].长春:吉林大学硕士学位论文,2009.

[368] 姚敦隽.政策网络治理模式的研究[D].长沙:湖南大学硕士学位论文,2009.

[369] 吴长冬.政策网络中的政策工具评价与选择研究[D].重庆:重庆大学硕士学位论文,2009.

[370] 陈志青.网络分析与治理模式——论政策网络的两种分析途径[D].厦门:厦门大学硕士学位论文,2006.

[371] 唐丽敏.当前我国城市化进程中征地拆迁矛盾研究——基于政策网络视阈[D].长春:吉林大学博士学位论文,2009.

[372] 陈叶丹.非政府组织的政策网络管理模式研究[D].上海:上海交通大

学硕士学位论文,2008.

报刊

[373] 朱振国.高职该不该升本科?"转型"比"升格"更重要[N].光明日报,2011-01-26.

[374] 谢洋,林洁,黄达人.我们向高职院校学什么[N].中国青年报,2013-01-21.

[375] 李剑平.教育部定调,高职院校升本科现阶段不争论不动摇[N].中国青年报,2010-09-17.

[376] 徐亚平.湖南民院5名学生获"能力学士学位"[N].湖南日报,2011-06-17.

[377] 李挥.高职学制缘何三年变两年[N].中国教育报,2004-11-04.

[378] 翟帆.北京试水职业教育分级制[N].中国教育报,2011-09-19.

[379] 王超群.北京拟实施职业教育分级制度[N].中国教育报,2011-01-05.

[380] 李剑平.高职升格诉求难以扼制 谁来培养本科高职生[N].中国青年报,2010-04-19.

[381] 刘俊,宣柯吟,姚雪鹏.政协委员这五年"很多问题明知道难,但还是得说"[N].南方周末,2012-03-01.

[382] 时晓玲,马思援.朱高峰等四院士为职教发展建言 多方形成合力促职教发展[N].中国教育报,2005-08-18.

[383] 杨旭.教育部副部长鲁昕:职业教育发展还需院士拉一把[N].人民日报,2011-11-04.

[384] 李挥.职业院校:不升格也能创一流[N].中国教育报,2004-11-25.

[385] 时晓玲.许云昭代表:打通高职与专业学位之间通道[N].中国教育报,2002-03-11.

[386] 佚名.政协委员彭志敏:建议授予高职毕业生专门学位[N].中国教育报,2008-03-11.

[387] 田文生.教育部副部长鲁昕:中职学生有望念到硕士[N].中国青年报,2009-08-13.

[388] 陈鸿."技工年薪46万"拷问教育体系[N].人民日报,2005-07-15.

[389] 夏建国.技术人才缺失背后的教育失衡[N].文汇报,2006-12-26.

[390] 谢维和.关于职业教育模式的思考[N].中国政协报,2007-02-26.

[391] 俞仲文.职业教育管理体制须动大手术[N].中国青年报,2009-01-12.

[392] 梁国胜.高职院校招生冰火两重天 一些高职消亡将不可避免[N].中国青年报,2010-09-13.

[393] 傅天明.中国高职院校高就业率之下的招生困境[N].瞭望东方周刊, 2011-12-21.

[394] 李剑平.高职院校遭遇生源萎缩困境 教育部将在6省市试点建设职业教育"立交桥"[N].中国青年报,2011-01-31.

[395] 李润文,黄欢.武大校长称未来十年部分高校将面临破产危机[N].中国青年报,2010-03-24.

[396] 孙善学.发挥职教在教育分流中的重要作用[N].中国教育报,2010-08-30.

[397] 孙善学.现代职业教育体系顶层设计中的几个重要问题[N].光明日报,2013-04-06.

[398] 黄深钢,岳德亮.委员建议:将三本改技校解决"就业难""技工荒"[N].青岛日报,2011-03-7.

[399] 程方平.高校工科与职业学校如何实现有效联动[N].中国教育报, 2011-09-1.

[400] 夏建国,刘文华.技术本科教育:构建职教体系的有效衔接[N].中国教育报,2013-02-27.

[401] 姜大源."升级版"构建中的转型发展与内生发展[N].中国教育报, 2013-06-18.

[402] 李剑平.教育部统计显示地方本科高校就业率垫底[N].中国青年报, 2013-07-03.

[403] 邓小群,韩树林.深职院再为中国高职树立新标杆[N].深圳商报, 2011-01-18.

[404] 俞仲文.高职院校应高举技术教育大旗——关于我国高职教育未来走向的重新思考和定位[N].中国青年报,2011-04-18.

[405] 李曙明.如何增强高职教育吸引力?[N].光明日报,2012-03-24.

[406] 韩民,张健,郑蔼娴.构建现代职教体系,从何处发力[N].中国教育报,2012-03-21.

[407] 俞仲文.时代呼唤高职教育3.0版[N].中国青年报,2013-01-14.

[408] 李剑平,纪宝成.市长市委书记孩子几乎不上职业院校[N].中国青年报,2013-04-15.

[409] 李华荣.发展本科层次职业教育,是时候了[N].中国教育报,2013-05-21.

[410] 熊杰.高职生就业如何突破学历困境[N].中国教育报,2013-05-23.

[411] 梁国胜."金融黄埔"的神话该怎样延续[N].中国青年报,2013-06-17.

[412] 张国,李剑平.教育部副部长鲁昕:职业院校也可培养研究生[N].中

国青年报,2011-06-27.

[413] 郭萍.高职不能搞成本科教育"压缩饼干"[N].中国教育报,2002-07-12.

[414] 夏建国,李晓军.上海电机学院:办"技术本科"谋求错位发展[N].中国教育报,2012-03-12.

网站

[415] 张尧学.中国高等职业教育改革与可持续发展[DB/OL]. http://web2. sdp. edu. cn/chuangjian/news/onews. asp? id＝5547,2009-07-07.

[416] 汪群芳.人大代表王梅珍谈高等职业教育[DB/OL].浙江在线·教育频道. http://news. sina. com. cn/c/edu/2008-03-10/114513548983s. shtml,2008-03-10.

[417] 隆平.技术教育大可不必等到本科阶段[DB/OL]. http://news. xinhuanet. com/edu/2008-10/08/content_10165579. htm.

[418] "大学改技校"解决就业难[DB/OL]. http://www. 360doc. com/content/11/0215/11/547473_93170478. shtml.

[419] 郑永年.中国的高教改革与"文凭病"[DB/OL]. http://theory. gmw. cn/2011-04/19/content_1853581_3. htm.

[420] 我校参加教育部"现代职业教育体系建设和地方高等学校转型发展座谈会"[DB/OL]. http://www. hljit. edu. cn/Item/9504. aspx.

[421] 教育部在我校召开应用技术大学(学院)联盟、地方高校转型发展研究中心成立座谈会[DB/OL]. http://www. tute. edu. cn/info/1022/7370. htm.

[422] 佚名.人大代表宗庆后:关于改革教育结构、完善职业技术教育体系的建议[DB/OL].新华网,2013-03-05.

[423] 鲁昕.加快建设中国特色、世界水准的现代职业教育体系 服务国家发展方式转变和现代产业体系建设[DB/OL]. http://wenku. baidu. com/view/a79b99befd0a79563c1e7258. html.

[424] 王锡锌.通过参与式治理促进根本政治制度的生活化——"一体多元"与国家微观民主的建设[DB/OL]. http://www. sinoss. net/2011/1201/38199. html.

[425]全国高职高专校长联席会议与会成员考[DB/OL]. http://blog. sina. com. cn/s/blog_64b756ec0100m8kb. html,2010-10-10.

[426] 全国高职高专校长联席会议成员单位2010年度会费的思考[DB/

OL]. http：//blog. sina. com. cn/s/blog_64b756ec0100mnnh. html，
2010-10-28.

[427] 王晓毅. 国家的视角与人民的视角[DB/OL]. http：//www. aisixiang.
com/data/4849. html，2004-12-06.

[428] 联合国教科文组织姊妹大学网数据统计[DB/OL]. http：//www.
unesco. org/en/university-twinning-and-networking/resources/statistics/
Statistics as of 31 May 2011.

[429] 联合国教科文组织职教中心数据统计[DB/OL]. http：//www.
unevoc. unesco. org/netwikipub. 0. html? &tx_drwiki_pi1[keyword]
＝New＋UNEVOC＋Centres.

[430] 李斌. 职业教育列入中南海议事日程 培养百万产业大军[N/OL]. 新
华网，2006-11-26.

[431] 蒯威. 关注：高职专业学制改革会议日前召开[N/OL]. 南方网.
http：//www. southcn. com/edu/xinwenbobao/200701100326. htm，，
2007-01-10.

[432] 教育部网站[DB]. http：//www. moe. edu. cn.

[433] 中国高职高专教育网[DB]. http：//www. tech. net. cn/.

索　引

B

办学类型 3,22,121

办学层次 3,6,29

被表述 103

本质主义 102

本科压缩饼干 25,42,97

博弈 2,4,32

补偿原则 107

不决策 75,76

不确定性 2,74,79

不可能定理 228

边界维持 187,188,189

边界规则 205

避租 221

玻璃天花板 106,177,230

C

策略—关系 58,61,110

策略应对 71

策略性框架 186,188,230

策略计算 61,65

层次论 150

次优解 74

次级行动者 129

次等教育 32,119,157

次级政府 45

挫折—攻击 238

从众性感染 180

差序格局 2,61

承认政治 100,103,110

长学制 6,30,127

倡导联盟框架 60,230

初始约束 65

传统知识分子 79

诚实的代理人 79,195

沉默的大多数 68,94

差异政治 104,108,188

偿付规则 205

差生集中营 208,230

创租 221

抽租 221

出口质量 225

产权理论 230

初始条件限制 231

D

大众化 23,32,64

大职教观 148

大小概率危险 218

搭便车 89,177,182

戴帽办学 39,118

代议制民主 226

单向度 7，191，237

道德资源动员 188

道路规则 228，238

定位 6，11，25

底层史 107

第四域 85

第四种权力 193

地位结构观 2，237

地位规则 205

地效飞行器 210

底层研究 7，8

底层抗争 7，108，213

低层次教育 12，104，147

低度社会化 59

低不确定性 196，227

抵制 43，105，177

多元共治 3，6，61

多元主义 2，45，52

多元单一文化主义 211，212

多元文化 211

多元论 59

多头管制 221

对口招生 26，40

断头教育 33，102，152

动机偏好 65

动力学 75，230，232

动员战役 186

动员潜能 187，188

点火效果 86

独立体系 123，124，143

独裁主义社会过程 219

读书无用论 171，188

堕胎政治 195，196，228

E

二政府 90，198

二流教育 23，102，152

二元制度 108

二等公民 108

二级学院 23，120，127

F

法团主义 2，45，52

法律存在—规范 58

范围规则 205

反再现 103，104

反应性抗争 117，191

反身过程 187，188

反历史 8

方案遴选 4，69，88

方法论整体主义 54

方法论个体主义 54，59

非竞争市场 217

非侵入型家长式作风 218

非线性网状关系结构 54

非体制化行动 191

非决策权 232

分级制 6，30，43

分流 6，16，19

分流说 19，22，39

分析性叙述 8

分裂主义 103

分权化 2，57

分类控制 90

分类分层 32，96，98

分类管理 29，97，163

分利集团 58

分层尺度 207

分配效应 33,208,221

风险分配 215

风险转移 215

风险厌恶者 74,215

风险损失 216

封闭系统 219

府际网络 49,66,69

否定制度 108

否决点 129,234

服从的抵抗 109

副学士 120,131

符号互动 179,180,185

放乱收死 207,214,218

符号边界 208

附属特征 210

负面效应 132,138,162

符号识别 223

符号学 103

符码 107,108

G

概率忽视 216,217

橄榄式网络 57

感染论 179

高等教育 3,8,17

高等职业教育 12,16,20

高职高专 8,19,24

高校分类体系 29,166

高价值共识 227

刚性稳定 107

故事叙事 188

孤立路径 212

过程阶段模式 1

过程—事件 58

过度社会化 59

概括性观察 219

关系结构观 2,237

关系社会 2,58

关键性临界点 30

沟通行动理论 60

过度教育 100

管理主义 100,190,191

官僚科层制 190

关系强度 65,199

关系密度 65,199

规范性判断 229

规则—系统理论 230

归家感 187

规定性分类 97,99

规制 3,30,66

规制俘获 79,99,190

规制经济学 219

规制失灵 5,219,238

过程理性 228,231,238

国家论 59

国家中心论 2,46,52

国家资格体系框架 126

国民待遇 234

工具性组织 213

共时态 212,214

共同信念 185,236

共同意识 180,186,229

共意性 187,193

共意形成 186

共意动员 182,186,188

共意提升 186

共识模式 228

共荣性利益 83,129

共存庇护主义 83

工具逻辑 212

公共选择理论 66,74

公共知识分子 79,195

公共话语层次 186

公私伙伴关系 5,202,226

公地悲剧 215

公益 5,146,219

功利主义 182

工具理性 182,212

工具主义 185,205

工学结合 13,26,68

供给主导型 83,150

H

含混性 85,224

涵化理论 87

合法化机制 33,97

合作型 150

合同约束 31,36,117

互赖关系 2,52,90

互动论 4,53,238

话语权 65,198,201

话语系统 208

话语性机会 179

还原主义 211

环境选择力 232,233

混合型 150,204

伙伴关系 196,202

获取性启发 216

宏观主题构造 194

I

理解社会学 6,239

理性决策 1,88

利益相关者 55,74,81

J

极端现代化意识形态 219

机会空间 65,72,129

机会主义 182,184,215

机会收益 217,223

集体亢奋 179,181

技术理性 74,189,195

技术—经济逻辑 212

技术论范式 195,197

技术专家 77,194,195

技术本科 99,121,128

技术型人才 21,106,122

技工荒 44,73,125

技能教育 144,155

计划秩序 4,99,223

集体行动 226,229,233

集体行动的困境 177,182

激进知识分子 79

家长制 232

价值累加理论 60,180,185

建筑学 126,238

建构主义 205

简化主义 211

交往路径 212

交易费用理论 230

教育成层 79

教育政策 1,4,11

教育治理 1,4,176

阶段论 2,53,237

阶段功能论 53

阶层固化 79,107,188

阶层的再生产 107

焦点事件 75,87

结构功能主义 4,32,100

结构互动论 53
结构决定论 59
结构主义 59,177,185
结构洞 69
结构化理论 60
结构密致型组织 221
结构史 239
结构潜能 185,229
结构性因素 8,178
结构制度 32,75,190
就业教育 32 43,101
纠错器 109
进取性抗争 177,191,192
进程跟踪法 8
近因效应 8
禁止性预防原则 218
金字塔式网络 57
静力学 230
精英论 59
局外人 96,106,179
局部秩序 213,225
局内人身份 7
绝对真理观 220
决策权 114,205,232
决策圈 200
聚合民主观 226

K

抗争政治 7,105,107
抗争库 179
科层制 2,54,190
科层治理 54,202
科层动员 184
可见性程度 204
可接受性 190,228,233

可欲性 228
客位观点 3,6,238
客体主义 59
框架分析论 185
扩展个案 8
空洞化 54,202
控制议程 36,76,201

L

类别化制度安排 208
类型论 150
历时态 212,214
历史宿命论 235
历史决定论 235
历史制度主义 230
历史遗绪 230,233,237
理性秩序 220,237,238
理性选择理论 8,59
理性选择制度主义 230
理性的相对化 213,239
理解社会学 6
理想导向型 69,70,75
理性主义 185,219
理念视角 229
利益本位化 84
利益聚合 89,113,182
利益分配结构 221,222
利益联盟 56,83,202
利益中介 48,55,176
立场偏好 71,74,84
立交桥 29,41,119
利他主义 185,187
联结模式 199
联办 18,115,121
联系网络广度 183

两年制 6,26,37
两会 93,140,165
劣币驱逐良币 223
六路大军 23,86,161
落榜生教育 23
路径依赖 150,193,207
龙卷风政治 195,196,228
垄断得利 180,202

M

矛盾性身份 101
媒介框架理论 87
媒介议程 87
媒介忽略 87
媒介污名 87
秘密的观点辩护 195,196
米提斯援救 224,225
民族志 6,208
民主论范式 195
描述性分类 97
目的论 100
目标共意性 193,230
目标理性 228,231,237
抹胶水 83
末批次教育 102
磨合 179,181

N

内群体偏向 103
内卷化 106
内生组织强度 185,229
内生发展 166,167,181
内输入 69,75,88
能力本科 42
能力学士 5,184,190

能力序列 147
能力建设 27,92,199
拟态真实 87
鲶鱼效应 217

P

怕乱约束 215,221,222
派生意义 211
偏见动员 76
偏见报道 194
偏见辩论 181
平衡器失衡问题 194
普遍知识分子 79
普教中心主义 102
普教职教化 103,211

Q

启发装置 6
启发性 57,58
契机—轨迹 30
契约治理结构 199
契约管理 203
前馈控制 197,216
强制性 97,150,204
强理性 177
强制秩序 212
强公共领域 194
强/弱相互关联性网络 204
情感逻辑 212
去行政化 5,191,239
全能主义 190,223
劝说性沟通层次 186
权能互授 90,197
权力的委婉化 102,103
权变主义 205

权威规则 205,206
权力关系 62,68,72
权力结构 83,102,105
权力/利益视角 228
权力分布状况 228
权力转移 231
权能互授 90,197
群体意识 186,187
群体极化 181,187,217
群体边界 186,188
群内人际网络强度 183

R

人格化特征 2
人际互动 69
人才培养规格 64,68,127
人际网络 183,187
认知解放 185,229,230
认同企业家 187
认同感 103,183,186
认知之锁 229
儒家发展模式 64
入口质量 225
弱者的武器 188
弱政治信仰 177
弱组织化 177
弱公共领域 194

S

三改一补 18,22,24
三教统筹 19,116,119
三不一高 23,25,38
三维权力观 36
三二分段制 38,40
三本 28,162

私益 219
四年制 34,37,41
四五套办 39,225
碎片化 57,83,191
损失厌恶 216,217
损失嵌入性 81,82
实质正义 107
筛选器 106
善治 1,55
上书 70,81,149
社会期待 97
社会中心论 2,46,52
社会资本 55,185
社会学制度主义 230
社会规则系统 230,231
社会控制失败 231
社会感染 179,181
社会网络动员 184,193
社会网络分析 57,60
社会流动 79
社会排斥 79,107,188
身份观 102,237
身份政治学 103
身份再造 210
身份发现论 212
身份认同 5,36,100
升格 3,8,30
升格规制 3,8,30
升本 33,34,36
生产者网络 49,66,68
试错 82,227
市民公共领域 194
市民待遇 234
市场治理 54,202
事件史 239

输入性故障 178
示范性院校 141,149,163
视觉美学 220
失败者的教育 102
熟人社会 61,83
双轨制 21,107,150
双证书 24,28,135
双师型 24,68,136
双轨制审议民主 194

T

他者 7,102,103
他群 208
特殊知识分子 79
弹性学制 37,41,43
体制压制型 191
体制调整型 191
替代规范 232
条块分割 74
铁三角 45,46,47
铁板一块 46,58,84
统招统配 112
同辈中的长者 206
突生规范论 179,180

W

外包 5,197,202
外交学 238
外部磋商 186,187
外部性 84,222
外生发展 166,167,188
外群体歧视 103
网络治理 2,6,7
网络管理 55,57,191
网络主义 45,52

网络宪政 55,204
网络关系 50,56,65
网络结构 5,46,60
网络互动 46,51,56
网内互动 69,111,199
网间互动 69,70,200
网络规模 65,199,201
网络边界 65,199,200
网络联盟 199,236
网络行政组织型 203
网络能力 204
网络开放程度 204
网络管理者能力 204
网络特征 49,51,73
未来合理性 226
微观政治 4,87,107
微观史 6,7,8
微观叙事/修辞构造 194
微群体实验范式 103
委任 74,77,78
文化人类学 6
文凭主义 100
文化主义 185,211,212
文化建构论 185,188
问题化技术 188
温顺的抗拒 109
我们感 7,70,82
我群 208
污名 4,76,87
误现 104
五年一贯制 30,38,40
五年制 26,37,40
无前途的教育 102
无知之幕 74
乌普萨拉学派 230

X

系统性忽视 216,217

吸引力困境 106

现代职业教育体系 5,29,41

先发制人 217,223

衔接效率 225

先赋性 209

相对剥夺感 179,180,181

项目合同约束 31,36,117

协商治理 4,223,226

协商治理秩序 223,237,239

协商不平等 88

修业年限 3,6,8

需求诱致型 83,150

虚拟社会身份 208

虚拟性在场 88

悬置 6,96

选择性忽略 191

选择理性 231

学制 3,5,8

学院知识分子 79

学位授予权高校 106

学术本科 128

学位序列 147

学历证书 152

学位授予权 41,104,106

学历层次体系 44,155,156

学历病 64

显价值 76

显性化 87,154,200

镶嵌 44,62,65

新制度主义 57,60,205

新闻专业主义 88,194

信息规则 205

信息披露原则 218

心智归一法则 179

心理、物理结构 187

心理机制 208

象征性 57,76,87

象征性现实 87

项目合同约束 31,36,117

校企合作 26,68,95

行动立场 3

行动中的组织 7,86,213

行动单位 8

行为—后果 59

行为主义 59,182

行动领域 212,213,214

行动者—系统—动力学 230,231

行动力 173,200,232

行为主义交换论 182

行动动员 183,186,187

行政吸纳社会 89

行为性联邦 77

寻租 74,221

循环反应论 179

Y

衍生 150

演化生成论 223

严格服从规则地工作 224

意识形态权 232

意义建构 185,186,187

意识提升层次 186

意向性 224

议程设置 4,53,69

一般化信念 180,185,229

一元主导型 57,193

依附关系 196,202

议题网络 46,49,50

隐喻 57

隐蔽议程 75,76

隐价值 76

印象控制 188

硬约束 106,167

应用技术学院 117,127,137

应用型技能人才 35,143,167

应用型本科 30,35,86

应用科技大学 164,193

有限理性 1,63,77

有效学时 39,225

有组织的行动 182,212,224

有组织的无序现象 213

有意图行为的意外后果 235

有组织的无政府状态 100

有机知识分子 79

用脚投票 85,94

预防性原则 216

舆论竞技场 194

舆论争辩"设场者" 194

原子主义 103

原子化 89,187

原子式 192

元叙事 108

院校分流 18,19,236

约束性制度安排 218

越轨 4,6,100

越轨者 220

Z

再现 102,103,104

灾难预防原则 218

资源互赖 7,65

资格框架 44,154

资源依赖理论 197

资源禀赋 46,71,191

资源动员 71,182,183

资源优势 67,79,81

资源交换 2,48,55

姊妹大学/教席计划 92

自组织 48,99,100

自我 7,79,101

自生秩序 4,100,223

自我类别化 208

自我的他性 208

自由主义家长式作风 218

自治性程度 204

资政层 72,78,79

阻力学 75

组织社会学 108

组织偏见 233

组织强度 183,185,229

组织身份 4,6,207

组织化 70,71,89

组织研究 4,7,207

作为行动者的组织 212

综合高中 163

秩序 1,3,4

秩序生成 1,4,6

制度规定的非大学 106

制度性机会 179

制度化程度 65,200

制度分析与发展框架 205

制度设计论 223

制度力 233

智库 5,8,67

知识复杂性 81,82

治理 1,2,3

治理结构 6,48,190

网络治理与秩序生成——教育政策变迁中的治理演化

治理能力 1,162,194
治理现代化 1,3,4
治理过度 226
直接性程度 204
直线式行政治理 237
职业大学 12,13,15
职业学校谬误论 91
职教普教化 103,211
知识普遍主义自负 219
知识理性 227,228,229
战略库 179
真实社会身份 208
整合规则 205,206
政策变迁 1,3,6
政策社会学 4,5
政策失灵 1,3,9
政策网络 2,4,6
政策工具 5,11,33
政策内容 3,6,8
政策价值 6,11
政策博弈 32,77,84
政策气球 35,88,162
政策共同体 46,49,66
政策社群 46,47,50
政策企业家 69,173,182
政策问题结构 70
政策场地 71
政策之窗 75,93,158
政策议程 20,47,69
政策论辩 88
政策回应 76
政策分析师 196
政策民主化 52,71,200

政策管理 55,204
政策过程研究 2,4,52
政策创新 69,129,231
政府失灵 2
政府治理 162,190,207
政府中心论 53
政治信仰 177
政治过程理论 183
政治机会结构 65,71,183
政治机遇 187
政治理性 189,228
政治系统理论 178
政治公共领域 194
政企合一型规制 221
正当性 72,190,197
主位观点 3,6
主客二分 7
主体主义 59
主体间关系 7
主导组织型 203
注册入学 29,154
专科 3,12,14
专升本 3,33,120
专业学士学位 126,192
转型 1,6,27
专业网络 49,66,69
中层理论 11,55
中间扩散型 83,150
中心主义 102,103,108
中介失灵 197,198
中专办大专 39,118,225
中华职教社 64,85,116
终结教育 107

后 记

　　置身于转型期的中国,教育研究者应提出"要命"且"有趣"的问题并给出解答,例如"教育治理失灵"问题等。相关高职院校自授能力学士、地方新建本科转型发展广遭质疑等,既展现了教育领域中的"不服从",也暴露出既有教育治理还不能适应治理模式从"全景监狱"到"共景监狱"①转换的社会环境的问题。

　　教育治理体系与治理能力的现代化命题的提出,是既有体制做出"调整性反应",将溢出体制的行为"消化吸收",增强国家制度化能力的契机。自主权下放后,院校创新与政府治理的张力关系关乎如何才能走出"放乱收死"的历史循环。

　　分析教育政策变迁,立意在于考察教育治理现状。通过"跳出教育看教育"、叙述性再现、动态关联分析,希冀提供一种透镜,以更好地观察教育与社会,特别是政府与高校的互动关系,揭示一些不为人知或被视而不见的问题,如越轨的祛魅、规制的神话、组织身份的单一幻想,特别是作为"行动者"的高教利益相关者,是如何通过协商治理的集体行动与秩序结构实现同构互生的。当然,本书研究仅是一个开端,相较于所解决的问题而言,提出的问题更多。

　　整个研究过程着实不易,经验研究使自己"深度被套"。为尽可能挖掘到翔实史料,解开政策"黑箱",笔者辗转于不同图书馆,经历过酷暑、严冬转换。古籍过刊不能外借,经常一坐即是一天。

　　由于笔者在职读博,夜晚、周末及寒暑假就是"黄金时间",日子就这样平淡无奇地过去了。身体部分"零件"开始"出状况",特别是眼睛罢工,让人心急如焚又苦叹无奈。痛苦并快乐着,便成为研究过程中的一种意境。

---

　　① "全景监狱"是福柯对传统社会人类社会控制方式的比喻。而"共景监狱"则代表一种围观结构,如管理者身处场中心位置,感受到了集体凝视和挑战的压力。参见:喻国明.媒体变革:从"全景监狱"到"共景监狱"[J].人民论坛,2009(16).

有幸遇到眭依凡教授，恩师以其渊博学识、严谨治学态度，更以其心怀大学、敢于批判、不屈不挠的人格魅力激励着学子前行。导师为学、做人的"不言之教"，足以令笔者受益终身。

这里要感谢的还有华东师范大学的各位教师！阎光才教授涉猎渊博，可谓学术道路上的"重要他人"；戚业国教授语言风格平和质朴，问题剖析却"一针见血"；唐玉光教授善于引导学生从应然遐想中回归现实逻辑；张民选教授的政策课，使学生能快速感知决策者和学者间现实主义和理想主义的"两种文化"差异。高教所张东海、李梅、陈曦等老师，教科院李政涛、吴遵民、石伟平、马庆发等教授也给予了笔者很大帮助。

另外，还要感谢华东师范大学的博士学友们！与张斌、潘奇、焦磊、孙艳丽、吴淑芳、马玲、于汝霜、阮平、牛梦虎等互相砥砺、谈笑风生是无法磨灭的愉快记忆。

感谢调研中给予支持的领导、校长、专家！黄尧司长身体稍显好转就接受了晚辈"不近情理"的访谈。台南科技大学张鸿德教务长、德明财经科技大学陈祯祥教务长、龙华科技大学王延年学务长等，丰富了笔者对台湾技职教育体系等的认识。还有相关院校领导，助我把握办学者的政策诉求。

感谢前后供职单位领导、同事给予的支持便利，惟恐挂一漏万，不再一一言谢！感谢浙江大学出版社蔡圆圆编辑的艰辛付出，使文稿在格式体例等方面趋于规范并增色不少！

感谢家人！嘘寒问暖之外，默默承担了家中诸多琐事，使我少了后顾之忧。点滴铭刻于心，谨以此作献给他们！

张　衡

2017 年 10 月 8 日